D1662805

Verfassungsrechtliche Probleme Großer Koalitionen

ERLANGER SCHRIFTEN
ZUM ÖFFENTLICHEN RECHT

Herausgegeben von Andreas Funke, Max-Emanuel Geis,
Heinrich de Wall, Markus Krajewski , Jan-Reinard Sieckmann
und Bernhard W. Wegener

Band 9

PETER LANG

Jörg Bundle

Verfassungsrechtliche Probleme Großer Koalitionen

PETER LANG

Bibliografische Information der Deutschen Nationalbibliothek
Die Deutsche Nationalbibliothek verzeichnet diese Publikation
in der Deutschen Nationalbibliografie; detaillierte bibliografische
Daten sind im Internet über http://dnb.d-nb.de abrufbar.

Zugl.: Erlangen-Nürnberg, Univ., Diss., 2019

Umschlaggestaltung:
© Olaf Gloeckler, Atelier Platen, Friedberg

Umschlagabbildung:
Historisches Siegel der Universität Erlangen-Nürnberg.

Gedruckt auf alterungsbeständigem, säurefreiem Papier.
Druck und Bindung: CPI books GmbH, Leck

D 29 (n 2)
ISSN 2192-8460
ISBN 978-3-631-79170-7 (Print)
E-ISBN 978-3-631-79670-2 (E-PDF)
E-ISBN 978-3-631-79671-9 (EPUB)
E-ISBN 978-3-631-79672-6 (MOBI)
DOI 10.3726/b15935

© Peter Lang GmbH
Internationaler Verlag der Wissenschaften
Berlin 2019
Alle Rechte vorbehalten.

Peter Lang – Berlin · Bern · Bruxelles · New York ·
Oxford · Warszawa · Wien

Diese Publikation wurde begutachtet.

www.peterlang.com

Dem Andenken meines Vaters
meiner Mutter
Sabine und Theresa

Vorwort

Diese Arbeit wurde vom Fachbereich Rechtswissenschaften der Rechts- und Wirtschaftswissenschaftlichen Fakultät der Friedrich-Alexander-Universität Erlangen-Nürnberg als Dissertation genehmigt.

Anlass für die Aufarbeitung der verfassungsrechtlichen Probleme Großer Koalitionen gab die Dritte Große Koalition im 18. Deutschen Bundestag (22. Oktober 2013 bis 24. Oktober 2017), in welchem die Regierungsfraktionen – bestehend aus CDU/CSU und SPD – über eine Zweidrittelmehrheit verfügten. Eine Regierungsmehrheit von über zwei Drittel ist verfassungsrechtlich bedenklich, denn die Mitglieder der Oppositionsfraktion können wesentliche Minderheitenrechte nicht mehr aus eigener Kraft geltend machen.

Es erfolgt in dieser Arbeit zunächst eine Bestandsaufnahme der minderheitsschützenden Normen auf Bundesebene. Im Anschluss werden die Aktivitäten des Gesetzgebers und der Rechtsprechung in der 18. Wahlperiode hinsichtlich der Erweiterung und Auslegung von Minderheitenrechten aufgezeigt und bewertet. Dem schließt sich eine Analyse der relevanten Minderheitenrechte im Grundgesetz in Hinblick auf eine Zweidrittelmehrheit der Regierungsfraktionen an. Als Lehre aus der Dritten Großen Koalition wird die Notwendigkeit der Senkung von Quoren der relevantesten minderheitsschützenden Rechte auf Verfassungsebene erkannt. Realpolitisch ist die Opposition die Wächterin der Regierung im Parlament, wofür ihr grundsätzliche Rechte zustehen müssen, die diese auch tatsächlich ausüben kann.

Bei der Ausarbeitung wurde die Literatur bis April 2018 berücksichtigt, in der überarbeiteten Fassung der Arbeit wurde die Literatur auf den Stand von März 2019 gebracht.

München im April 2019
Jörg Bundle

Danksagungen

Mein Dank gilt zuallererst Herrn Prof. Dr. Max-Emanuel Geis, mit dem ich das Thema dieser Arbeit gemeinsam entwickelt habe, und der die Betreuung meines Promotionsvorhabens übernahm. Ich konnte mich bei Fragen jederzeit an Herrn Prof. Dr. Geis wenden. Zu danken habe ich zudem Herrn Prof. Dr. Markus Krajewski für die rasche und gründliche Zweitbegutachtung der Arbeit. Weiter danke ich Frau Ingrid Mümmler vom Lehrstuhl von Prof. Dr. Geis, die stets helfend zur Stelle war und mir immer schnell und umstandslos weiterhalf.

Danke auch an all jene, die mich in der Promotionszeit unterstützten, die meine Arbeit Korrektur lasen und die eine oder andere Formulierung anpassten, sodass die Arbeit jetzt flüssiger zu lesen ist. Abschließend danke ich besonders meiner Familie für ihre fortwährende Unterstützung, Aufmunterung und Motivation.

Inhaltsverzeichnis

A. Einführung 21

   I.   Aktuelle Fragen zum Minderheitenschutz in der 18.
       Wahlperiode des Deutschen Bundestages 21

   II. Verfassungsrechtliche Probleme Großer Koalitionen 28

   III. Die Einordnung einer Großen Koalition mit
       Zweidrittelmehrheit in das verfassungsrechtliche Gefüge des
       Grundgesetzes 29

      1. Die bisherigen Großen Koalitionen in der Geschichte der
          Bundesrepublik Deutschland im Deutschen Bundestag und
          in den Landesparlamenten 29

          a) Deutscher Bundestag 30

          b) Landesparlamente 31

          c) Fazit: Übermächtige Große Koalitionen sind
              Verfassungswirklichkeit 32

      2. Verfassungsrechtliche Probleme Großer Koalitionen – eine
          Begriffsbestimmung der Großen Koalition 32

      3. Die „Opposition" im Grundgesetz und deren
          verfassungsmäßige Garantie 34

          a) Das Institut der „Opposition" im staatsrechtlichen Sinne,
              ein Überblick über die Historie ab 1945 und die bisher
              gescheiterten Reformbestrebungen 35

              aa) Entwicklungen ab 1945 bis zum Parlamentarischen
                   Rat 35

              bb) Erstmalige Normierung der Opposition im Bereich
                   des Staatsschutzes 37

              cc) Eine „kleine Parlamentsreform" als Auswirkung der
                   Ersten Großen Koalition 38

              dd) Enquetekommission des Deutschen Bundestages
                   zur Reform des Grundgesetzes (1991–1993) 39

          b) Normierung der Opposition und Rechtezuweisungen in
              den Länderverfassungen 41

               aa) Freie und Hansestadt Hamburg 41

bb) Land Schleswig-Holstein 43

cc) Land Berlin 45

dd) Freistaat Sachsen 45

ee) Land Sachsen-Anhalt 47

ff) Land Brandenburg 47

gg) Land Mecklenburg-Vorpommern 48

hh) Freistaat Thüringen 49

ii) Land Niedersachsen 50

jj) Freie Hansestadt Bremen 51

kk) Freistaat Bayern 52

ll) Land Rheinland-Pfalz 53

mm) Zwischenfazit 54

c) Der Begriff der Opposition in der Politikwissenschaft 55

d) Der Begriff der Opposition in der Rechtswissenschaft 56

aa) Das Verständnis der Opposition in der Literatur 56

bb) Die Ansicht des Bundesverfassungsgerichts zur
Opposition und deren Gefüge im Grundgesetz 58

(1) Bildung und Ausübung einer Opposition
als Prinzip der freiheitlich demokratischen
Grundordnung 58

(2) Die Garantie von Minderheitenrechten
der Opposition durch das
Bundesverfassungsgericht mittels
Verfassungsinterpretation 59

e) Zwischenfazit 61

4. Die Minderheitenrechte im parlamentarischen Prozess 63

a) Definition der Minderheitenrechte 63

b) Die Entwicklung des Enqueterechts zum
Minderheitenrecht 64

c) Herleitung und Umfang der heutigen Minderheitenrechte 71

d) Differenzierung zwischen absoluten und relativen
Minderheitenrechten 72

e) Rechtsschutzmöglichkeiten für die Minderheit 72

f) Zwischenergebnis 73

B. Verfassungsrechtliche Probleme Großer Koalitionen mit Zweidrittelmehrheit 75

I. Bestandsaufnahme: Die Rechte der Parlamentarier im Deutschen Bundestag – Einzeln, in Zusammenschlüssen und als Gruppe 75

1. Die Rechte des einzelnen Abgeordneten 76

   a) Die parlamentarischen Mitwirkungsrechte des einzelnen Abgeordneten 77

   b) Die parlamentarischen Mitwirkungsrechte des einzelnen Abgeordneten im Untersuchungsausschuss und im Parlamentarischen Kontrollgremium 78

   c) Zwischenfazit zu den Rechten des einzelnen Abgeordneten 79

2. Die Rechte einer Fraktion oder eines der gleichgestellten Quoren 79

   a) Die Rechtsfigur der Fraktion im Deutschen Bundestag 79

      aa) Die Rechtsstellung der Fraktionen nach den Vorstellungen der Legislativen 80

      bb) Die fehlende Stellungnahme des Bundesverfassungsgerichts zur Rechtstellung der Fraktionen 81

      cc) Die Rechtsnatur der Fraktion nach Ansichten in der Rechtswissenschaft 83

   b) Aufstellung der Rechte der Fraktion oder eines dem gleichgestellten Quorum 86

      aa) Rechte aus Bundesgesetzen 87

         (1) Parlamentsbeteiligungsgesetz 87

         (2) Bundesverfassungsgerichtsgesetz 89

         (3) Zwischenergebnis 91

      bb) Rechte in der Geschäftsordnung des Deutschen Bundestages 92

         (1) Fraktionsrechte oder Rechte eines fraktionsstärkengleichen Quorums von fünf vom Hundert der Mitglieder des Deutschen Bundestages sowie Rechte einer Fraktion und eines Drittels der Ausschussmitglieder in Ausschüssen 93

(a) Notwendigkeit der verfassungsrechtlichen Gleichstellung von Fraktionen und (anerkannten) Gruppen nach § 10 Abs. 4 GO-BT 93

(b) Exklusive Fraktionsrechte 96

(2) Rechte einer Fraktion oder eines fraktionsstärkengleichen Quorums von fünf vom Hundert der Mitglieder des Bundestages 97

(a) Allgemeine Verfahrensrechte 98

(b) Verfahrensrecht im Rahmen der Gesetzgebung, bei Vorlagen und Wahlen 99

(c) Verfahrensrechte im Rahmen der Angelegenheit der Europäischen Union 100

(d) Kontrollrechte 102

(3) Rechte einer Fraktion und eines Drittels der Ausschussmitglieder in Ausschüssen 103

c) Zwischenergebnis 103

3. Rein quorenabhängige Rechte 104

a) Quoren nach dem Wahlprüfungsgesetz 105

b) Quoren von einem Viertel 106

aa) Quoren von einem Viertel der Mitglieder des Deutschen Bundestag nach dem Grundgesetz 106

(1) Das Quorum von einem Viertel der Mitglieder des Deutschen Bundestages zur Durchführung einer Subsidiaritätsklage vor dem Europäischen Gerichtshof 106

(2) Das Quorum von einem Viertel der Mitglieder des Deutschen Bundestages zur Durchführung eines Untersuchungsausschusses 107

(3) Das Quorum von einem Viertel der Mitglieder des Deutschen Bundestages zur Durchführung einer abstrakten Normenkontrolle 107

(4) Zwischenergebnis 107

bb) Rechte eines Quorums bei Vorlagen, die Angelegenheiten der Europäischen Union betreffen, aus einfachem Gesetz 108

cc) Quoren von einem Viertel der Mitglieder des Deutschen Bundestag in der Geschäftsordnung des Deutschen Bundestages 108

dd) Quoren von einem Viertel der Mitglieder des jeweiligen Ausschusses 109

(1) Untersuchungsausschuss 110

(2) Verteidigungsausschuss als exklusiv zuständiger Untersuchungsausschuss auf dem Gebiet der Verteidigung 112

(3) Haushaltsausschuss 112

(4) Federführende Ausschüsse 113

(5) Zwischenergebnis 113

c) Quoren von einem Drittel der Mitglieder des Deutschen Bundestages 114

d) Quoren von zwei Drittel der Mitglieder des Deutschen Bundestages oder der anwesenden Mitglieder 114

aa) Anklage des Bundespräsidenten 114

bb) Änderung des Grundgesetzes 115

cc) Ausschluss der Öffentlichkeit von den Verhandlungen des Plenums 115

dd) Zwischenergebnis 116

4. Zusammenfassung 116

II. Entwicklungen in der 18. Wahlperiode 118

1. Maßnahmen der Opposition und des Gesetzgebers zur Wahrung der Minderheitenrechte und Reaktion durch die Regierungsfraktionen 119

a) Antrag auf Änderung der Geschäftsordnung des Deutschen Bundestages zwecks Sicherung der Minderheitenrechte der Opposition im 18. Deutschen Bundestag (BT-Drs. 18/379) 120

b) Entwurf eines Gesetzes zur Sicherung der Oppositionsrechte in der 18. Wahlperiode des Deutschen Bundestages (BT-Drs. 18/380) 122

c) Antrag auf Änderung der Geschäftsordnung zur besonderen Anwendung der Minderheitenrechte in der 18. Wahlperiode (BT-Drs. 18/481) 125

d) Entwurf eines … Gesetzes zur Änderung des Grundgesetzes (Artikel 23, 39, 44, 45a, 93) (BT-Drs. 18/838) 128

e) Beschlussempfehlung und Bericht des Ausschusses für Wahlprüfung, Immunität und Geschäftsordnung vom 2. April 2014 (BT-Drs. 18/997) 129

2. Urteil des Bundesverfassungsgerichts vom 3. Mai 2016, Az. 2 BvE 4/14 131

   a) Zulässigkeit 132

      aa) Statthafter Antragsgegenstand nach § 64 Abs. 1 BVerfG 132

      bb) Prozessstandschaft 135

      cc) Rechtsschutzbedürfnis 136

      dd) Zwischenergebnis zur Zulässigkeit des Antrags 137

   b) Begründetheit 138

      aa) Antrag auf Effektuierung der Kontrollfunktion der Opposition durch Einräumung von weiteren Oppositionsrechten auf Ebene der Verfassung 138

      bb) Antrag auf Effektuierung der Kontrollfunktion der Opposition durch Einräumung von weiteren Oppositionsrechten auf Ebene des einfachen Rechts und auf Ebene der Geschäftsordnung des Deutschen Bundestages 145

   c) Zwischenergebnis zum Urteil des Bundesverfassungsgerichts vom 3. Mai 2016, Az. 2 BvE 4/14 145

3. Beschlüsse des Bundesverfassungsgerichts vom 13. Oktober 2016, Az. 2 BvE 2/15, und des Bundesgerichtshofs vom 23. Februar 2017, Az. 3 ARs 20/16, zum sog. NSA-Untersuchungsauschuss der 18. Wahlperiode des Deutschen Bundestages 149

   a) Gang des Untersuchungsausschusses und gerichtliche Verfahren 150

      aa) Verfahren vor dem Bundesverfassungsgericht, Az. 2 BvE 2/15 150

      bb) Verfahren vor dem Bundesgerichtshof, Az. 3 ARs 201/16 151

b) Beschluss des BVerfG vom 13. Oktober 2016, Az. 2 BvE 2/15 152

c) Beschluss des BGH vom 23. Februar 2017, Az. 3 Ars 20/16 ... 153

d) Kritik an der Rechtsprechung des Bundesverfassungsgerichts und des Bundesgerichtshofes 154

III. Einfluss einer Großen Koalition mit Zweidrittel-/ Dreiviertelmehrheit auf die Rechte der Parlamentarier 159

1. Erhebung einer Subsidiaritätsklage nach Art. 23 Abs. 1a Satz 2 GG 159

   a) Art. 23 Abs. 1a Satz 2 GG als minderheitsschützende Norm 159

   b) Unionsrechtliche Einordnung des Klagerechts des Parlaments 160

   c) Unionsrechtliche Zulässigkeit der Zuweisung eines Klagerechts an eine parlamentarische Minderheit 161

   d) Einordnung des Antragsrechts der parlamentarischen Minderheit im Lichte einer Großen Koalition mit Zweidrittelmehrheit 162

2. Einberufung des Deutschen Bundestages nach Art. 39 Abs. 3 Satz 3 GG 163

   a) Einordnung des Einberufungsrechts des Bundestagspräsidenten 164

   b) Weiterer Inhalt des Art. 39 Abs. 3 Satz 3 GG und Ausübung in der parlamentarischen Praxis 166

   c) Auswirkung einer Großen Koalition mit Zweidrittelmehrheit auf die Ausübung des Einberufungsverlangens der parlamentarischen Minderheit 166

3. Ausschluss der Öffentlichkeit von den Verhandlungen des Plenums nach Art. 42 Abs. 1 Satz 2 GG 167

   a) Der Ausschluss der Parlamentsöffentlichkeit 168

   b) Der Ausschluss der Öffentlichkeit als unbedeutendes Ausnahmerecht? 169

   c) Materiell-rechtliche Voraussetzungen für einen Antrag auf Ausschluss der Öffentlichkeit 170

aa) Notwendigkeit des Vorliegens von Gründen für den Ausschluss der Öffentlichkeit und Konsequenz eines fehlerhaften Ausschlusses der Öffentlichkeit 170

bb) Zusammenfassung 173

4. Der neuralgische Punkt: Das Recht der Minderheit einen Untersuchungsausschuss, nach Art. 44 Abs. 1 Satz 1 Alt. 2 GG einzusetzen 174

a) Die Bedeutung des Art. 44 GG als Minderheitenrecht 175

b) Die Ausgestaltung des parlamentarischen Untersuchungsausschussrechts als Minderheitenrecht 178

c) Die Bedeutung der Minderheitenenquete in einer Großen Koalition mit Zweidrittelmehrheit und Lösungsansätze 185

5. Tätigwerden des Verteidigungsausschusses als Untersuchungsausschuss nach Art. 45a Abs. 2 Satz 2 GG 186

a) Ursprung und Reichweite der Norm 186

b) Der Verteidigungsausschuss als Untersuchungsausschuss bedarf einer gesonderten Konstituierung 190

c) Qualität und Umfang des Minderheitenschutzes nach Art. 45a Abs. 2 Satz 2 GG 191

d) Zusammenfassung 192

6. Änderung des Grundgesetzes nach Art. 79 Abs. 2 GG 194

a) Problemaufriss 194

b) Historische Spurensuche 195

c) Ansichten in der Literatur 196

d) Zwischenergebnis 197

7. Die abstrakte Normenkontrolle nach Art. 93 Abs. 1 Nr. 2 GG ... 197

a) Die abstrakte Normenkontrolle als objektives Beanstandungsverfahren eines beschränkten Antragstellerkreises 198

b) Die Bedeutung der abstrakten Normenkontrolle als Recht der parlamentarischen Minderheit 199

c) Einfluss einer Großen Koalition mit Zweidrittelmehrheit auf die Ausübung der abstrakten Normenkontrolle durch eine parlamentarische Minderheit 202

8. Das Rederecht des einzelnen Abgeordneten im Licht einer
   Großen Koalition mit Zweidrittelmehrheit 204

   a) Die Geschäftsordnungsautonomie des Deutschen
      Bundestages nach Art. 40 Abs. 1 Satz 2 GG 205

   b) Die Rolle des einzelnen Abgeordneten nach Art. 38 Abs.
      1 Satz 2 GG 206

   c) Zwischenfazit 208

C. Korrekturmöglichkeiten zur Aufwertung der effektiven
   parlamentarischen Opposition bei einer Großen
   Koalition mit Zweidrittelmehrheit 209

D. Thesen 215

Literaturverzeichnis 219

A. Einführung

I. Aktuelle Fragen zum Minderheitenschutz in der 18. Wahlperiode des Deutschen Bundestages

Der Parlamentarische Rat, der auch als die sog. „Väter und Mütter des Grundgesetzes"[1] bezeichnet wird, entschied sich bei der Reorganisation des deutschen Staates nach dem Zweiten Weltkrieg für ein parlamentarisches Regierungssystem mit zentraler Stellung des durch das Volk direkt gewählten Bundestages sowie des vom Deutschen Bundestag gewählten Bundeskanzlers.[2] Der Bundestag ist eine parlamentarische Volksvertretung und wird dadurch legitimiert, dass Abgeordnete nach demokratischen Wahlgrundsätzen vom Volk berufen werden.[3] Die Verfassung verbürgt nach der Auslegung durch das Bundesverfassungsgericht mit Art. 38 GG, dass dem Bürger ein Wahlrecht zum Deutschen Bundestag zusteht und die verfassungsmäßigen Wahlgrundsätze eingehalten werden, und es wird gewährleistet, dass den wahlberechtigten Deutschen das subjektive Recht zusteht, an den Wahlen teilzunehmen, dadurch an der Legitimation der Staatsgewalt durch das Volk auf Bundesebene mitzuwirken und auf ihre Ausübung Einfluss zu nehmen.[4] Mit der Konstituierung des Bundestages als Volksvertretung wird dieser Körperschaft kraft Staatsform der parlamentarischen Demokratie ein unentziehbarer Kernbestand an Befassungs-, Entscheidungs- und Regelungsvollmachten zugewiesen.[3]

Spannungsfelder in Form von kollidierenden Verfassungsgrundsätzen können sich jedoch ergeben, wenn eine (gewählte) Mehrheit im Deutschen Bundestag so groß ist, dass die Minderheit bzw. die Nichtregierungsparteien über keine Möglichkeit mehr verfügen, ihre Minderheitenrechte autark – *also ohne Mithilfe von Abgeordneten der die Regierung tragenden Fraktionen* – geltend zu machen. Namentlich ist hier die sog. „*Minderheitsenquete*"[5] zu nennen. Auf Antrag eines Viertels der Mitglieder des Bundestages kann ein Untersuchungsausschuss nach Art. 44 Abs. 1 GG eingesetzt werden. Sollte aber solch eine (Große) Koalition aus verschiedenen im Deutschen Bundestag vertretenen Parteien über drei

---

1   *Lange*, Seite: „Die Mütter und Väter des Grundgesetzes", http://www.bpb.de/geschichte/ deutsche-geschichte/grundgesetz-und-parlamentarischer-rat/39043/biografien.
2   *Hopfauf* in Schmidt-Bleibtreu/Hofmann/Henneke, GG, Einleitung Rn. 72
3   *Badura* in HStR II, § 25 Rn. 4.
4   BVerfGE 89, S. 155 (171f.).
5   *Magiera* in Sachs, GG, Art. 44 Rn. 13.

Viertel der Abgeordnetenmandate des Deutschen Bundestages verfügen, ist eine „*Minderheitsenquete*" weiterhin rechtlich möglich, aber faktisch bzw. realpolitisch schwierig umsetzbar. Gerade aber die nicht die Regierung tragenden Abgeordneten sind typischerweise auf Untersuchungsausschüsse angewiesen, wenn eine Sachaufklärung erfolgen soll. *Klein* bezeichnet es als „*Grunddilemma der Untersuchungsausschüsse*", dass ihre Mitglieder unter den Bedingungen des parlamentarischen Regierungssystems in aller Regel kein gemeinsames Aufklärungsinteresse verfolgen, da sich in diesem Ausschuss die Regierungsmehrheit und Opposition gegenüberstehen.[6]

Das Wahlergebnis bei der Bundestagswahl 2013 führte zu einer Großen Koalition zwischen den Parteien Christlich Demokratische Union Deutschlands (CDU), Christlich-Soziale Union in Bayern e.V. (CSU) und Sozialdemokratische Partei Deutschlands (SPD), die Dritte Große Koalition in der Geschichte der Bundesrepublik Deutschland. Die 631 Sitze im Deutschen Bundestag teilten sich in der 18. Wahlperiode[7] folgendermaßen auf:

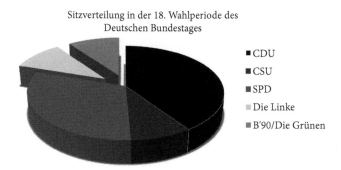

Abb. 1: Sitzverteilung, eigene Grafik

Tab. 1: Sitzverteilung in der 18. Wahlperiode des Deutschen Bundestags

CDU	CSU	SPD	Die Linke	Bündnis 90/ Die Grünen
255 Sitze	56 Sitze	193 Sitze	64 Sitze	63 Sitze

---

6 *Klein* in Maunz/Dürig, GG, Art. 44 Rn. 252.
7 *Bundeswahlleiter*, Wahl zum 18. Deutschen Bundestag am 22. September 2013, Heft 3, S. 353.

Die Freie Demokratische Partei (FDP) war erstmals in der Geschichte der Bundesrepublik Deutschland nicht mehr im Deutschen Bundestag vertreten, die selbsternannte Wunschkoalition aus CDU/CSU und FDP (Kabinett Merkel II) aus der 17. Wahlperiode konnte demnach nicht mehr fortgesetzt werden. Der Vorsitzenden der CDU, Angela Merkel, stand als realistischer Koalitionspartner neben der CSU nur die SPD oder Bündnis 90/Die Grünen zur Verfügung. Nach kurzen Sondierungsgesprächen traten die CDU/CSU und SPD in (längere) Koalitionsverhandlungen und präsentierten einen Koalitionsvertrag. Für die Wahl von Angela Merkel zur Bundeskanzlerin waren nach Art. 63 Abs. 2 GG somit 316 Stimmen der Abgeordneten notwendig.[8] Die Abgeordneten der Fraktionen der CDU/CSU und der SPD kamen in ihrer Gesamtheit sogar auf 504 Mandate. Die Regierungskoalition verfügte in der 18. Wahlperiode des Deutschen Bundestages über eine Zweidrittelmehrheit von 79,87 %; demnach entfielen auf das Lager der nicht die Regierung tragenden Fraktionen nur noch 20,13 % der Sitze des Deutschen Bundestages.

Das Phänomen einer Großen Koalition[9] mit Zweidrittelmehrheit ist nicht neu. In der Ersten Großen Koalition von 1966 bis 1969 (Kabinett Kiesinger) vereinten die CDU/CSU und SPD insgesamt 468 der 518 Abgeordnetenmandate auf sich;[10] dies entsprach prozentual sogar 90,3 % der Sitze. Die nicht die Regierung tragende Fraktion bestand lediglich aus der FDP mit 9,7 % der Abgeordnetenmandate. Auch wenn dieser Umstand keine juristische Aufarbeitung der verfassungsrechtlichen Probleme einer Großen Koalition nach sich zog, wie noch gezeigt werden wird, führte dies aber realpolitisch u.a. zur Gründung der Außerparlamentarischen Opposition, der sog. „APO".[11] Die Zweite Große Koalition

---

8   Nach Art. 63 Abs. 2 GG ist die Mehrheit der Stimmen der Mitglieder des Deutschen Bundestages notwendig. Bei 631 Abgeordnetenmandaten (Fn. 7) entspricht die Hälfte rechnerisch 315,5 Stimmen, was somit eine Mehrheit von 316 Stimmen ergibt.

9   Eine „Große Koalition" wird in dieser Arbeit als eine Koalition zwischen den zwei (bzw. drei) stimmenstärksten Parteien in einem Parlament verstanden, was in der bisherigen Geschichte der Bundesrepublik Deutschland immer eine Koalition aus CDU/CSU und SPD bedeutete. Die Fraktionen CDU/CSU werden hierbei als eine gesamtdeutsche Fraktion betrachtet.

10 *Bundeswahlleiter*, Seite: „Wahl zum 5. Deutschen Bundestag am 19. September 1965", https://www.bundeswahlleiter.de/bundestagswahlen/1965.html.

11 Die Gründung der ‚Außerparlamentarischen Opposition' ist auf folgenden Gemengelage zurückzuführen: Der „*Verfall der politischen Autorität von Adenauers Nachfolger Erhard, das Auseinanderbrechen der Koalition zwischen CDU/CSU und FDP und das Warnsignal des Erfolges der NPD bei den Landtagswahlen in Bayern und Hessen*" führte zur Bildung der Ersten Großen Koalition (*Tränhardt*, Artikel: Opposition in

von 2002 bis 2009 (Kabinett Merkel I) fand sich erst weit über 30 Jahre später im 16. Deutschen Bundestag zusammen, diese bestand wiederum aus CDU/CSU und SPD. Das Regierungslager vereinte 499 der 603 Sitze des Deutschen Bundestages und somit 73 % der Abgeordnetenmandate auf sich; die restlichen Mandate entfielen auf Abgeordnete von Bündnis 90/Die Grünen und der FDP.[12]

Die Erste Große Koalition (1966–1969) führte nicht dazu, dass die verfassungsrechtlichen Probleme einer Großen Koalition mit Zweidrittelmehrheit in der Rechtswissenschaft – soweit ersichtlich – vertieft diskutiert wurde. Es bestand wohl keine realpolitische Notwendigkeit hierfür und eine Große Koalition wurde wohl eher als seltenes Ereignis für ‚große Aufgaben‘ gesehen. Zwischen der Zweiten (2002–2009) und Dritten (2013–2017) Großen Koalition lag nur eine Legislaturperiode. Der Abstand, in dem sich eine Große Koalition auf Bundesebene konstituierte, wurde kürzer, und es ist nicht auszuschließen, dass das Phänomen ‚Große Koalition‘ zukünftig häufiger anzutreffen sein wird.[13] Zeitgleich mit der Bundestagswahl in der Bundesrepublik Deutschland fand die Nationalratswahl in der Republik Österreich statt. Die Große Koalition zwischen der konservativen Österreichischen Volkspartei und der Sozialdemokratischen Partei Österreichs wurde wieder fortgesetzt; seit dem Jahr 1945 hatte es lediglich zwischen den Jahren 1966 bis 1987 sowie 2000 bis 2007 keine Große Koalition gegeben.[14] Im historischen Kontext und bei einem Blick über den bundesdeutschen Tellerrand lohnt sich die juristische Auseinandersetzung mit dem

---

Andersen/Woyke [Hrsg.], Handwörterbuch des politischen Systems der Bundesrepublik Deutschland, S. 512). Diese neue politische Situation wurde von der Bevölkerung aufgrund der *„neu gewachsenen Traditionen der Bundesrepublik Deutschland"* weitgehend als undemokratisch empfunden (*Tränhardt*, aaO). Nachdem eine parlamentarische Auseinandersetzung fehlte, die FDP als alleinige Oppositionspartei dies nicht auffangen konnte, trafen sich viele Enttäuschte in nichtöffentlichen Zirkeln (*Tränhardt*, aaO). Hieraus gründete sich schließlich die Außerparlamentarische Opposition, welche durch Demonstrationen und Aktionen konfrontativ auftrat und insbesondere in der Studentenschaft auf einen Nährboden traf (*Tränhardt*, aaO).

12 *Bundeswahlleiter*, Seite: „Wahl zum 15. Deutschen Bundestag am 22. September 2015", https://www.bundeswahlleiter.de/bundestagswahlen/2002.html.

13 Freilich kann bei drei Großen Koalitionen in der Geschichte der Bundesrepublik Deutschland noch nicht auf einen Trend geschlossen werden, jedoch zeigt die derzeitige politische Entwicklung, dass der die Entwicklung weg von den großen Volksparteien hin zu kleineren Parteien führt. Hierbei handelt es sich aber um eine Momentaufnahme und ein gegenteiliger Trend ist auch nicht undenkbar.

14 *Bundeskanzleramt Österreich*, Seite: „Kanzler und Regierungen seit 1945", https://www.bundeskanzleramt.at/regierungen-seit-1945.

Phänomen einer Großen Koalition mit Zweidrittelmehrheit im Deutschen Bundestag und mit der Frage, inwieweit das Grundgesetz gerade für solch einen Fall gewappnet ist.

So sehr sich das Grundgesetz auch stabile Regierungsverhältnisse[15] wünscht und im Kontext zur fortschrittlichen, aber zu wehrlosen Weimarer Reichsverfassung zu sehen ist, stellt sich angesichts der aktuellen politischen Lage die Frage, inwieweit das Grundgesetz für solche politischen Gegebenheiten überhaupt gerüstet ist. Konkret formuliert: Kann sich eine Demokratie eine Zweidrittelmehrheit der die Regierung tragenden Abgeordneten im Deutschen Bundestag (dauerhaft) leisten, oder wird das Verhältnis von Regierung und parlamentarischer Opposition zu sehr gestört? Staatspolitisch wird eine Große Koalition mit Zweidrittelmehrheit nicht unkritisch gesehen. So führt der ehemalige Präsident des Bundesverfassungsgerichts, *Papier,* im Jahr 2013 in einem Interview aus:

> *„Sie müssen bedenken, dass jedenfalls dann, wenn eine Große Koalition quasi zur Regel werden sollte im parlamentarischen System der Bundesrepublik, das parlamentarische System als solches wirklich eminent geschwächt würde. Die Politik würde, ich sage es mal etwas salopp, entparlamentarisiert werden. Das heißt, die politischen Auseinandersetzungen würden sich dann weitgehend verlagern auf eine außerparlamentarische Opposition, was wiederum extremistische Parteien, sei es im linken, sei es im rechten Lager, stärken würde."*[16]

Papier hatte bei seiner Äußerung wohl die Entparlamentarisierung zu Zeiten der Ersten Großen Koalition (1964–1969) und die Reaktion aus Teilen der politischen Bevölkerung zur Gründung einer außerparlamentarischen Opposition vor Augen. *Schönberger* befürchtete, *„dass die Ankündigungen von CDU/CSU und SPD, die Rechte der Opposition in dieser Legislaturperiode mit besonderer Sorgfalt zu schützen, sich als leere Versprechungen erweisen könnten."*[17]

Staatspolitisch wurde dieses Thema dennoch im Koalitionsvertrag zwischen CDU/CSU und SPD (Kabinett Merkel III, 2013–2017) aufgegriffen, denn die zukünftige Bundesregierung sah dieses Problem selbst. Dazu führten unter der Überschrift „Rechte der Opposition" die Fraktionen der CDU/CSU und SPD in ihrem Koalitionsvertrag näher aus:

---

15 Ein Misstrauensvotum gegenüber dem Bundeskanzler ist nach Art. 67 Abs. 1 GG nur möglich, wenn der Deutsche Bundestag zugleich eine neue Bundeskanzlerin bzw. einen neuen Bundeskanzler als Nachfolger wählt.

16 *Papier,* Seite: „Das parlamentarische System würde eminent geschwächt", Interview mit Deutschlandradio Kultur vom 12. Oktober 2013.

17 *Schönberger,* Seite: „L'isola che non c'è – ein Vorgeschmack auf Opposition in Zeiten der Großen Koalition" (verfassunsgblog.de).

> *„Eine starke Demokratie braucht die Opposition im Parlament. CDU, CSU und SPD werden die Minderheitenrechte im Bundestag schützen.* Auf Initiative der Koalitionspartner wird der Bundestag einen Beschluss fassen, der den Oppositionsfraktionen die Wahrnehmung von Minderheitenrechten ermöglicht sowie die Abgeordneten der Opposition bei der Redezeitverteilung angemessen berücksichtigt.*"[18]

Natürlich wurde dieses Dilemma auch von der Opposition aufgegriffen und politisiert. So forderte der Sprecher der fraktionsstärksten Nichtregierungsfraktion und Abgeordnete der Partei Die Linke, Gregor Gysi, eine Grundgesetzänderung zur weiteren Sicherung der Oppositionsrechte.[19] Bereits kurz nach der Bundestagswahl lehnte die Unionsfraktion eine Grundgesetzänderung zur Stärkung von Minderheitenrechten zugunsten der Opposition ab.[20] Der Unions-Fraktionsgeschäftsführer Michael Grosse-Brömer (CDU) meinte, die Befugnisse einer Opposition können auch auf anderem Wege gewährleistet werden.[20] Welche Wege damit gemeint waren, wurde aber nicht näher erläutert. In einem weiteren Entwurf legte die Große Koalition einen Vorschlag zur Erweiterung der Oppositionsrechte im Bundestag vor; mit diesem sollte die Geschäftsordnung des Bundestages geändert werden, die Verfassung bliebe aber unberührt.[21] Man

---

18 Koalitionsvertrag zwischen CDU, CSU und SPD, „Deutschlands Zukunft gestalten", 18. Legislaturperiode, S. 184.

19 beck-aktuell Redaktion, Seite: „Gysi fordert Grundgesetzänderung zur Sicherung der Oppositionsrechte", Nachricht vom 18. Dezember 2013; becklink 1030225: *„Die Linksfraktion besteht weiter auf einer Grundgesetzänderung zur Sicherung der Oppositionsrechte. Nur so könne die Möglichkeit von Normenkontrollverfahren zur Überprüfung von Bundesgesetzen gewährleistet bleiben, sagte Fraktionschef Gregor Gysi vor der Vereidigung des schwarz-roten Bundeskabinetts der Deutschen Presse-Agentur."*

20 beck-aktuell Redaktion, Seite: „Union: Keine Grundgesetzänderung zur Stärkung der Minderheitenrechte im Bundestag", Nachricht vom 21. Oktober 2013; becklink 1029208: *„Die Unionsfraktion lehnt eine Verfassungsänderung zugunsten der Grünen und Linken im Bundestag ab. Zwar müsse im Fall einer großen Koalition überlegt werden, wie die Kontrollmöglichkeiten der Opposition gewährleistet werden könnten, sagte Unions-Fraktionsgeschäftsführer Michael Grosse-Brömer (CDU) am 20.10.2013. (…) «Einer erneuten Änderung des Grundgesetzes bedarf es aus unserer Sicht nicht. Die Befugnisse der Opposition können auch auf anderem Weg gewährleistet werden», sagte Grosse-Brömer."*

21 beck-aktuell Redaktion, Seite: „Koalition legt Vorschlag zur Erweiterung der Oppositions-Rechte im Bundestag vor", Nachricht vom 11. Februar 2014; becklink 1030954: *«Wir wollen der Opposition entgegenkommen, wo Minderheitenrechte möglicherweise nicht geltend gemacht werden können», sagte Unions-Fraktionsgeschäftsführer*

entschied sich seitens der Regierungsfraktionen also für eine kleine Lösung und keine große, verfassungsrechtliche Lösung.

Auch wenn diese Änderung der Geschäftsordnung durch die Bundesregierung versuchte die Wogen etwas zu glätten, war die parlamentarische Opposition im Deutschen Bundestag noch immer auf das „Wohl und Wehe" der Regierungsfraktionen angewiesen, denn die Geschäftsordnung des Deutschen Bundestages kann auch von der Mehrheit der Parlamentarier – in Form einer Rolle rückwärts durch eine erneute Änderung der Geschäftsordnung – erneut geändert werden. Gerade bei hochbrisanten politischen Themen oder der Regierung unangenehmen Fragestellungen könnte eine Große Koalition mit Zweidrittelmehrheit die altruistisch großzügig gewährten Rechte wieder – ohne größeren Aufwand – zurücknehmen. Die Nichtregierungsfraktion Die Linke legte wegen der kleinen Lösung beim Bundesverfassungsgericht eine Verfassungsbeschwerde ein, über die am 3. Mai 2016 entschieden wurde, jedoch ohne den Antragstellern spezifische Oppositionsschutzrechte zuzusprechen.[22] Bei einer ex post Betrachtung der 18. Wahlperiode im Lichte der Minderheitenrechte könne als Resümee gezogen werden, dass die Nichtregierungsfraktionen in der 18. Wahlperiode nicht zu einer hinsichtlich ihrer Kontrollfunktion bedeutungslosen Opposition verkommen wären, was jedoch nur maßgeblich dem auf die 18. Wahlperiode befristeten Geschäftsordnungskompromiss in § 126a GO-BT zu verdanken sei.[23]

Für das Thema dieser Arbeit heißt das konkret: Ist eine effektive Kontrolle der Regierung durch die Nichtregierungsfraktionen überhaupt noch möglich? Was sind die unveräußerlichen und unabdingbaren Rechte einer parlamentarischen Opposition in einem Parlament? Bei alldem ist aber auch zu beachten, dass es sich hierbei um ein Ergebnis von demokratischen Wahlen handelt. Dies führt zu einem verfassungsrechtlichen Dilemma, denn diese verfassungsrechtlich nicht unproblematische Lage wurde durch eine freie Wahl durch den Souverän herbeigeführt. Unweigerlich treten hier Erinnerungen an das Ende der Weimarer Republik hervor, auch wenn die aktuelle Situation und politische Lage derzeit fernab der Verhältnisse des Weimarer Reichs sind. Es stellt sich daher weiter die Frage, inwiefern Korrekturen aufgrund von demokratischen Wahlen um der Demokratie willen erfolgen müssen/dürfen.

Michael Grosse-Brömer (CDU) am 11.02.2014 in Berlin. Ein Entwurf von Union und SPD sieht eine Änderung der Bundestags-Geschäftsordnung für die laufende Wahlperiode vor."

22 BVerfG, Urteil vom 3. Mai 2016, Az. 2 BvE 4/14, Leitsätze.

23 *Cancik*, ZParl 48 (2017), S. 516 (518).

II. Verfassungsrechtliche Probleme Großer Koalitionen

Wenn sich zwei Große zusammentun und einem Kleinen gegenübertreten, kann es für den Kleinen unangenehm werden – je nachdem, mit welcher Gesinnung die Großen handeln. In dem vorgenannten Sandkastenbeispiel ist es nicht anders, wenn sich Fraktionen in einem Parlament zu einer Koalition zusammenschließen und diese Koalition eine zahlenmäßig übermächtige Regierungsmehrheit bildet. Ist diese Mehrheit derart groß, dass die parlamentarischen Wirkungsmöglichkeiten der Nichtregierungsparteien eingeschränkt sind, ist das zumindest bedenklich. Verfassungsrechtlich kann das jedoch kritisch werden, wenn die parlamentarische Opposition nicht oder nicht effektiv Minderheitenrechte ausüben kann. Namentlich sei hier das Recht eines Viertels der Mitglieder des Bundestages auf Einberufung eines Untersuchungsausschusses nach Art. 44 Abs. 1 Satz 1 GG genannt, was später noch vertieft werden wird.

Diese Problematik um eine übermächtige Regierung ist aber keine neue Erscheinung der 18. Legislaturperiode des Deutschen Bundestages. Zu Meinungsverschiedenheiten bei Reichweite, Umfang und Schutz von Minderheitenrechten im Untersuchungsausschuss zwischen der Regierung und der parlamentarischen Opposition kam es bereits in der Vergangenheit; nicht im Deutschen Bundestag, aber in den Landesparlamenten. Besonders in den späten 1970er-Jahren bis ins Jahr 1980 hatte es zu diesem Problempunkt drei Eklats in den Länderparlamenten gegeben: Im Jahr 1978 klagte die Opposition im Schleswig-Holsteiner Landtag erfolgreich ihr Recht vor dem Bundesverfassungsgericht ein, dass die Mehrheit grundsätzlich den von der Minderheit bezeichneten Untersuchungsgegenstand durch Zusatzfragen, gegen den Willen der Minderheit, erweitern darf;[24] das sog. Bepackungsverbot. Im Baden-Württembergischen Landtag kam es im Jahr 1979 zu einem Eklat, nachdem die Mehrheit ein Minderheitenmitglied aus dem Untersuchungsausschuss ausgeschlossen hatte, da sie dieses für befangen gehalten hatte.[25] Im Jahr 1980 klagte schließlich die Opposition als Minderheit im Untersuchungsausschuss des Bayerischen Landtags, da die Regierungsmehrheit ihre Anträge in diesem Ausschuss abgelehnt hatte.[25]

Die verfassungsrechtlichen Problematiken, welche sich aus dem Zusammenschluss von zwei oder drei großen politischen Parteien ergeben können, sind vielfältig und konfrontieren das Grundgesetz mit einer neuen Politikrealität. Das vorbezeichnete deutliche Beispiel um die Schwächung einer Minderheitsenquete

---

24 BVerfGE 49, S. 70 (Leitsatz).
25 *Hesse/Ellwein*, Das Regierungssystem der Bundesrepublik Deutschland, IV. 1.2., S. 381.

wurde nur als ein markantes Problem herausgegriffen und kurz angerissen. Eine Bestandsaufnahme und eine Untersuchung sollen daher den Gegenstand der nachfolgenden Betrachtungen bilden.

Es ist vorrangig zu klären, welche Rechte der Nichtregierungsfraktionen, oder allgemein gesprochen: der (nicht notwendigerweise deckungsgleichen) Minderheit, überhaupt verletzt werden können.

III. Die Einordnung einer Großen Koalition mit Zweidrittelmehrheit in das verfassungsrechtliche Gefüge des Grundgesetzes

In einem Vorschritt soll hinsichtlich der aktuellen Problematik einer Großen Koalition mit Zweidrittelmehrheit zunächst mit einem geschichtlichen Rückblick in die Geschichte der Großen Koalitionen in der Bundesrepublik Deutschland begonnen werden (Seiten 29ff.); hierfür werden die bisherigen Großen Koalitionen auf Bundes- und Landesebene betrachtet. Zur Gewährleistung einer konsequenten Begrifflichkeit werden die Definitionen auf den Seiten 75ff. vereinheitlicht. Welche Rolle die Opposition im Vorfeld um die Beratung über das Grundgesetz spielte, welche Reformvorschläge der Gesetzgeber umsetzen wollte oder umsetzte, und wie der bisher verwendete Begriff „Opposition" überhaupt zu verstehen ist, wird ab Seite 34 ausgeführt. Von der Opposition ist die parlamentarische Minderheit zu unterscheiden, die im Anschluss ab Seite 63 betrachtet wird.

1. Die bisherigen Großen Koalitionen in der Geschichte der Bundesrepublik Deutschland im Deutschen Bundestag und in den Landesparlamenten

In der Geschichte der Bundesrepublik Deutschland gab es bisher, wie bereits erwähnt, dreimal eine Große Koalition im Deutschen Bundestag,[26] in welcher den Abgeordneten der Regierungsparteien (hier jedes Mal eine sog. Große Koalition bestehend aus den Fraktionen CDU/CSU und SPD) eine kleine parlamentarische Opposition gegenüberstand. Da in den 18 Wahlperioden des Deutschen Bundestages bisher nur dreimal eine Große Koalition gebildet wurde, wird

---

26 Erste Große Koalition (Kabinett Kiesinger) von 1966–1969, Zweite Große Koalition (Kabinett Merkel I) von 2005–2009 und die Dritte Große Koalition (Kabinett Merkel III) von 2013–2017.

die Betrachtung zur Wahrung eines umfassenden Gesamtüberblicks auf die Landesparlamente ausgedehnt.

a) Deutscher Bundestag

Die Erste Große Koalition bildete sich in der 5. Wahlperiode (1965–1969) aus den Parteien CDU/CSU und SPD.[27] Insgesamt umfasste der Deutsche Bundestag 518 Sitze, wovon 251 auf die CDU/CSU, 217 auf die SPD und 50 auf die FDP entfielen.[28] Die parlamentarische Opposition bestand aus der FDP und vereinigte nur 9,65 % der Sitze des Deutschen Bundestages, somit weniger als **ein Zehntel** der Gesamtsitze, auf sich.

Die Bundestagswahl 2005 (16. Wahlperiode, 2005–2009) wird in der Politikwissenschaft als Durchbruch zu einem echten bundesweiten Fünf-Parteien-System in Deutschland verstanden.[29] Von den insgesamt 614 Mandanten des Deutschen Bundestages entfielen 226 auf die CDU/CSU-Fraktion, 222 auf die SPD-Fraktion, 61 auf die FDP-Fraktion, 53 auf die Fraktion Die Linke und 51 auf die Fraktion Bündnis 90/Die Grünen.[30] Die Opposition, bestehend aus den Fraktionen FDP, Die Linke und Bündnis 90/Die Grünen, hielten 26,87 % der Sitze des Deutschen Bundestages, somit knapp **über ein Viertel** der Gesamtsitze. Die Zweite Große Koalition verfehlte demnach die Zweidrittelmehrheit nur knapp.

In der 18. Wahlperiode (2013–2017) standen von allen 630 Sitzen des Deutschen Bundestages den Regierungsfraktionen, bestehend aus CDU/CSU mit 310 Sitzen und SPD mit 193 Sitzen, insgesamt 504 Sitze zu; denen gegenüber standen den Oppositionsparteien Die Linke 64 Sitzen und Bündnis 90/Die Grünen 63 Sitze – somit insgesamt 127 Oppositionssitze – zu.[31] Die Oppositionsparteien Die Linke und Bündnis 90/Die Grünen hielten 20,15 % der Mandate, was rund **einem Fünftel** der Sitze entspricht.

---

27 *Schindler*, Datenhandbuch zur Geschichte des Deutschen Bundestages 1949 bis 1999, Band I, S. 903.
28 *Schindler*, Datenhandbuch zur Geschichte des Deutschen Bundestages 1949 bis 1999, Band I, S. 904.
29 *Niedermayer*, Das fluide Fünfparteiensystem nach der Bundestagswahl 2005, S. 9.
30 *Deutscher Bundestag*, Die Fraktionen im 16. Deutschen Bundestag, https://www.bundestag.de/blob/190450/62ecba0815a88ed79772d97db5a3d87e/fraktionen_16wp-data.pdf.
31 *Bundeswahlleiter*, Seite: „Bundestagswahl 2013", https://www.bundeswahlleiter.de/bundestags-wahlen/2013/ergebnisse.html.

b) Landesparlamente

Von allen bisherigen Großen Koalitionen in den Landesparlamenten existierte einmal in Bremen und in Schleswig-Holstein jeweils eine Große Koalition, die über mehr als zwei Drittel der Abgeordnetenmandate verfügte.

In der 16. Wahlperiode der Bremischen Bürgerschaft (2003–2007) zählte die Große Koalition, bestehend aus den Fraktionen der SPD mit 40 Sitzen und der CDU mit 29 Sitzen, insgesamt 69 Sitze und die Opposition 14 Sitze, verteilt auf die Fraktionen von Bündnis 90/Die Grünen mit zwölf Sitzen und jeweils einem Sitz für die Parteien FDP und DVU.[32] Im Ergebnis umfassten die Oppositionsparteien 16,86 % der Sitze der Bremischen Bürgerschaft, was weniger als **einem Fünftel** der Gesamtsitze entspricht.

Ebenfalls in der 16. Wahlperiode des Schleswig-Holsteinischen Landtags (jedoch im Zeitraum 2005–2009) bestand eine Große Koalition aus den Fraktionen CDU und SPD. Die Regierungsfraktionen der Großen Koalition hielten von allen 69 Sitzen gemeinsam 59 Sitze, die CDU 30 und SPD 29, die FDP vier, Bündnis 90/Die Grünen ebenfalls vier und die Regionalfraktion Südschleswigscher Wählerverband (SSW) zwei Sitze.[33] Die Oppositionsfraktionen erhielten somit 10,42 % der Sitze des Schleswig-Holsteinischen Landtags, was wiederum **einem Zehntel** der Gesamtsitze entsprach.

Der Vollständigkeit halber sei erwähnt, dass bei den Wahlen zum 15. Bayerischen Landtag am 21. September 2003 auf die CSU von insgesamt 180 Sitzen 124 entfielen, auf die Fraktionen SPD 41 und auf die Fraktion Bündnis 90/Die Grünen 15.[34] Die Oppositionsfraktionen erhielten somit 31,1 % der Sitze des Bayerischen Landtags, was **rund einem Drittel** der Gesamtsitze entspricht. Hier vereinigte erstmals in der Geschichte der Bundesrepublik Deutschland eine einzige Fraktion über zwei Drittel der Sitze des Landtags auf sich. Die Gefahren die sich für die Fraktionen der parlamentarischen Opposition ergaben waren mindestens vergleichbar mit jenen bei einer übermächtigen Großen Koalition – wenn sie nicht sogar höher sind –, da keine interfraktionelle Abstimmung innerhalb der Regierungsfraktionen erfolgen muss.

---

32 *Statistisches Landesamt Bremen*, Bürgerschaftswahl im Lande Bremen am 25. Mai 2003, Statistische Mitteilungen, Heft 106/Mai 2003, S. 7.

33 *Statistisches Amt für Hamburg und Schleswig-Holstein*, Landtagswahl in Schleswig-Holstein am 20. Februar 2005, Statistischer Bericht B VII 2 - 5/05 S, S. 7.

34 *Bayerisches Landesamt für Statistik*, Seite: „Landtagswahlen in Bayern seit 1946", https://www.wahlen.bayern.de/lw/lt0sit.htm.

c) Fazit: Übermächtige Große Koalitionen sind Verfassungswirklichkeit

Aufgrund der Tatsache, dass es bisher in Bund und Ländern insgesamt fünf Große Koalitionen mit Zweidrittelmehrheit, bestehend aus den Parteien CDU/ CSU und SPD, gab, zeigt sich, dass die Große Koalition eine realpolitische Wirklichkeit geworden ist. Die Große Koalition ist in der Parteienlandschaft der Bundesrepublik Deutschland angekommen, und die Schlagzahl, in der diese gebildet wird, hat sich erhöht. Zudem ist aufgrund von äußeren Faktoren nicht auszuschließen, dass wir auch zukünftig weiterhin Große Koalitionen sehen werden.[35] Die Summe von unterschiedlichen Kontrolleuren der Bundesregierung (Oppositionsfraktionen, Bundesverfassungsgericht und Bundespräsident) gewährleistet nach *Strohmeier* zwar eine gute zeitliche, rechtliche und thematische Abdeckung wichtiger Kontrollbereiche, doch dieses System ist nicht ausreichend auf eine politische Kontrolle einer Großen Koalition eingestellt.[36]

2. Verfassungsrechtliche Probleme Großer Koalitionen – eine Begriffsbestimmung der Großen Koalition

In der Politikwissenschaft wird nach *Strohmeier* zwischen Großen Koalitionen, somit einem Regierungsbündnis, an dem die beiden mandatsstärksten Parteien bzw. Fraktionen beteiligt sind, und Minderheitskoalitionen als einer minimalen Mehrheitskoalition und einer überzähligen Mehrheitskoalition unterschieden.[37]

---

35 Diese Behauptung führt darauf zurück, dass wir in den letzten Jahren gesehen haben, dass sich die klassischen politischen Lager „Rechts" und „Links" zersplittern. Aus den (enttäuschten) Wähler der SPD ging die Wahlalternative Soziale Gerechtigkeit (WASG) hervor und mit der Fusion von WASG und PDS zur Partei Die Linke etablierte sich diese als eine dauerhafte gesamtdeutsche Partei auf Bundesebene links neben der SPD. Eine gleiche Entwicklung zeigte sich zeitverzögert im politisch rechten Lager, wo sich die rechtspopulistische Alternative für Deutschland (AfD) derzeit als Partei rechts neben der CDU/ CSU etabliert. Sofern der Trend der Zersplitterung der politischen Lager unter dem gleichzeitigen Festhalten an der 5 % Sperrklausel (§ 6 Abs. 3 BWahlG, zu den verfassungsrechtlichen Problemen Strelen in *Schreiber*, BWahlG, § 6 Rn. 36) sich fortsetzt, wird sich die Wahrscheinlichkeit für eine Große Koalitionen als ein Dauerzustand verstärken. Durch die Zersplitterung ist eine Regierungsbildung erheblich erschwert, da eine große Partei sich mit mehreren kleinen Parteien konsensual auf Personalien und Regierungsprogramm einigen muss, solch eine Abstimmung ist zwischen zwei großen Parteien einfacher.

36 *Lorenz*, Schutz vor der Mehrheitstyrannei, S. 59 (81): Nach *Lorenz* ist das System und damit die verfügbaren Kontrollinstrumente dafür ausgelegt, dass eine große mit einer kleinen Partei regiert und nicht zwei große Parteien miteinander.

37 *Strohmeier*, ZPol 2009, S. 5 (8f.).

Eine weitere Binnendifferenzierung wäre zwischen der Großen Koalition als Minderheitskoalition, Minimaler Mehrheitskoalition und Überzähliger Mehrheitskoalition vorzunehmen.[37] Erstere liegt vor, wenn ein Regierungsbündnis weniger als die Hälfte der Parlamentsmandate hält;[37] Zweitere betrifft ein Regierungsbündnis mit mehr als der Hälfte der Parlamentsmandate, bei dem der Austritt eines Koalitionspartners aber zum Verlust der absoluten Mehrheit führt, und Letztere ist ein Regierungsbündnis mit mehr als der Hälfte der Parlamentsmandate, bei dem der Austritt eines Koalitionspartners aber nicht zwingend zum Verlust der absoluten Mehrheit führt.[37] Eine Große Koalition als Minderheitskoalition oder Überzählige Mehrheitskoalition im Sinne der Politikwissenschaft wird verfassungsrechtlich bedenklich, wenn diese Form der Großen Koalition über zwei Drittel der Mandate des Parlaments verfügt. Die vorgenannte Differenzierung aus der Politologie ist aber für die Frage der verfassungsrechtlichen Bearbeitung von Großen Koalitionen mit Zweidrittelmehrheit nicht zweckmäßig. Bei der rein verfassungsrechtlichen Betrachtung ist die Zusammensetzung einer Großen Koalition unerheblich. Relevant ist hier rein der Status *nunc* – verfügt eine Große Koalition über eine Zweidrittelmehrheit oder nicht. Bei der juristischen Bewertung dieses Sachverhaltes spielt es daher eine untergeordnete Rolle, wie sich diese Große Koalition tatsächlich zusammensetzt. Maßgeblich ist, ob eine Zweidrittelmehrheit originär erreicht wird. Daher ist der Begriff „GROSSE KOALITION MIT ZWEIDRITTELMEHRHEIT" im Sinne dieser Arbeit so zu verstehen, dass sich mindestens zwei meistens, aber nicht unbedingt mandatsstärkste Parteien bzw. Fraktionen in einem Parlament zu einer Koalition zusammenschließen und diese Koalition nach dem Zusammenschluss über mindestens zwei Drittel der Stimmen des gesamten Parlaments verfügt.[38] Eine Große Koalition ist in Deutschland typischerweise, aber nicht zwangsweise ein Zusammenschluss der Volksparteien SPD und CDU/CSU[39] zu einem Regierungsbündnis.

Brocker spricht bei einer Großen Koalition mit Zweidrittelmehrheit von einer *„ganz großen Koalition".*[40] *Cancik* definiert eine Große Koalition mit einer

---

38 Sollte im Folgenden eine Großen Koalition mit einer von Zweidrittel abweichenden Mehrheit gemeint sein oder behandelt werden, wird dies ausdrücklich gekennzeichnet.

39 Die Parteien CDU und CSU können aufgrund der langjährigen Fraktionsgemeinschaft und der fehlenden Konkurrenz untereinander – auf analytischer Ebene – als eine Einheit gewertet werden. Siehe hierzu Fn. 1 in *Strohmeier*, ZPol 2009, S. 5 (8).

40 *Brocker*, DÖV 2014, S. 475 (475). Wobei Brocker dies wohl nicht als Definition gesehen hat.

großen Parlamentsmehrheit, welche die Wahrnehmung der Fraktionsrechte der Minderheit entwertet und die Wahrnehmung der Quorenrechte unmöglich macht, verfassungsrechtlich als eine „*qualifizierte Große Koalition*".[41] Der Begriff ist wohl an die rechtstechnische „*qualifizierte Mehrheit*", z.B. nach Art. 79 Abs. 2 GG, angelehnt, nach welcher bei einer Verfassungsänderung eine Zustimmung von zwei Dritteln der Mitglieder des Bundestages und Zweidritteln der Stimmen des Bundesrates notwendig ist.[42] *Cancik* kleidet das Phänomen einer Großen Koalition mit Entwertung der Rechte der Minderheit und Pervertierung der Minderheitenrechte treffend in bekanntes juristisches Vokabular ein,[43] dennoch wird nachfolgend dieser Definition nicht uneingeschränkt gefolgt.

Die verschiedenen Minderheitenrechte, welche normativ garantiert werden, sind an verschiedene Quoren gebunden, wie noch gezeigt werden wird. Es ist daher insbesondere die Frage zu stellen, welche Quoren eine schützende Wirkung für die Abgeordneten der Nichtregierungsfraktionen haben, und welche nicht. Aus diesem Grund wird die „*qualifizierte Große Koalition*" in eine „Große Koalition mit Zweidrittelmehrheit" und „Große Koalition mit Dreiviertelmehrheit" differenziert. Eine Befassung mit einer Großen Koalition mit einfacher Mehrheit ist im Rahmen dieser Arbeit überflüssig, da hierdurch nicht die Minderheitenrechte entwertet werden.

In dieser Arbeit wird daher der Frage nachgegangen, inwieweit Große Koalitionen mit Zweidrittelmehrheit und mehr verfassungsrechtlich bedenklich sind bzw. verfassungsrechtliche Problematiken hervorrufen.

3. Die „Opposition" im Grundgesetz und deren verfassungsmäßige Garantie

Das Wort „Opposition" kommt aus dem lateinischen *opponere*[44], was so viel wie entgegenstellen oder gegenüberstellen bedeutet. Nach der allgemeingültigen lexikarischen Definition ist eine Opposition eine Partei/Gruppe oder Parteien/Gruppen, deren Angehörige die Politik der herrschenden Partei/Gruppe oder Parteien/Gruppen ablehnen.[44] Nach der allgemeinen Definition wird also nicht

---

41 *Cancik*, NVwZ 2014, S. 18 (18).

42 *Klein* in Maunz/Dürig, GG, Art. 42 Rn. 77. *Klein* abstrahiert die qualifizierte Mehrheit, dass zur Wirksamkeit von Beschlüssen eine Zustimmung eines weiteren Staatsorgans notwendig sei.

43 *Ingold*, Das Recht der Oppositionen, S. 622, bezeichnet die Definition als treffend.

44 „Opposition, die" auf Duden online, http://www.duden.de/node/650230/revisions/1372311/view.

zwischen der parlamentarischen und der außerparlamentarischen Opposition unterschieden. In der politischen Wirklichkeit ist nach der vorbezeichneten Definition die Opposition im Parlament die Nichtregierungspartei(en) nebst etwaigen partei- bzw. fraktionslosen Abgeordneten im selben Parlament wie die Regierungspartei.

Im nachfolgenden Abschnitt wird die Begrifflichkeit „Opposition" ausgehend von der verfassungsrechtlichen Entwicklung ab 1945 über die Rezeption der Opposition *expressis verbis* in den Landesverfassungen bis hin zu einer interdisziplinären Auseinandersetzung mit der Definition in der Rechts- und Politikwissenschaft analysiert.

a) Das Institut der „Opposition" im staatsrechtlichen Sinne, ein Überblick über die Historie ab 1945 und die bisher gescheiterten Reformbestrebungen

Das Grundgesetz kennt – auf den ersten Blick überraschenderweise – gerade keine eigenständige Verfassungsinstitution der „Opposition", ebenso findet sich diese Begrifflichkeit nicht in der Geschäftsordnung des Deutschen Bundestages wieder.[45] Im Grundgesetz wird als eine verfassungsunmittelbare Verfassungsinstitution lediglich namentlich die Bundesregierung im VI. Abschnitt (Art. 62–69 GG) genannt. Dies überrascht, denn die Opposition gehört wie selbstverständlich zur politischen und in die Medienlandschaft. Im Gegensatz zum Grundgesetz wird in den Verfassungen der Bundesländer der Begriff der Opposition aufgegriffen und teilweise sogar ausdrücklich genannt; vereinzelt, wie z.B. in der Hansestadt Hamburg, werden der Opposition zuzurechnenden Fraktionen sogar Pflichten zugesprochen.[46]

aa) Entwicklungen ab 1945 bis zum Parlamentarischen Rat

Nach der nationalsozialistischen Unrechtsherrschaft in Form eines Ein-Parteien-Regimes wandelte sich das Oppositionsverständnis in der Verfassungsentwicklung der deutschen Länder.[47] Als vorkonstitutionelle Vorreiterin entschloss sich die

---

45 *Steffani* in Schneider/Zeh, Parlamentsrecht und Parlamentspraxis, § 49 Rn. 110.
46 z.B. Art. 16a Abs. 1 BV: „*Parlamentarische Opposition ist ein grundlegender Bestandteil der parlamentarischen Demokratie.*"; Art. 24 Abs. 1 HambVerf.: „*Die Opposition ist ein wesentlicher Bestandteil der parlamentarischen Demokratie.*" und Art. 24 Abs. 2 HambVerf.: „¹*Sie hat die ständige Aufgabe, die Kritik am Regierungsprogramm im Grundsatz und im Einzelfall öffentlich zu vertreten.* ²*Sie ist die politische Alternative zur Regierungsmehrheit.*"; *Huber* in HStR III, § 47 Rn. 5, Fn. 6 und 7 m.w.N.
47 *Schneider, H.-P.*, Die parlamentarische Opposition, § 38 Rn. 10.

Beratende Versammlung des Landes Baden in Verbindung mit der staatsrechtlichen Anerkennung der politischen Parteien nach Art. 120 der Badischen Verfassung vom 22. Mai 1947[48] zu einer positiven Normierung der parlamentarischen Opposition:

> *„(1) Parteien müssen sich als mitverantwortlich für die Gestaltung des politischen Lebens und für die Lenkung des Staates fühlen, gleichgültig, ob sie an der Bildung der Landesregierung mitbeteiligt sind oder zu ihr in Opposition stehen.*
> *(2) (...)*
> *(3) Stehen sie in Opposition zur Regierung, so obliegt ihnen, die Tätigkeit der Regierung und der an der Regierung beteiligten Parteien zu verfolgen und nötigenfalls Kritik zu üben. Ihre Kritik muss sachlich, fördernd und aufbauend sein. Sie müssen bereit sein, gegebenenfalls die Mitverantwortung in der Regierung zu übernehmen."*[48]

Bereits an der Formulierung erkennt man die Vorsicht des Verfassungsgebers und dessen Versuch, einerseits staatsfeindliche und destruktive Oppositionsbildung im Keim zu ersticken und andererseits die redliche Opposition verfassungsrechtlich zu verankern.[47] Die Badische Verfassung von 1947 wurde im Jahr 1953 durch die Verfassung des neu gegründeten Bundeslandes Baden-Württemberg abgelöst, welche die Opposition nicht mehr in ihrer Verfassung nannte.[49] Im Schleswig-Holsteiner Landtag wurde am 5. August 1947 der Beschluss gefasst, dem Oppositionsführer eine besondere Aufwandsentschädigung zu zahlen.[50] Bereits damals ging man wohl davon aus, das Informationsdefizit der parlamentarischen Opposition gegenüber der Regierung monetär ausgleichen zu müssen.

Am 1. September 1948 trat der Parlamentarische Rat, welcher aus Delegierten aus Landesparlamentariern bestand, zusammen, um die Ergebnisse des Verfassungskonvents in Herrenchiemsee vom 10./23. August 1948 zu diskutieren.[51] Bei der Gestaltung einer neuen Verfassung spielten die damaligen politischen und historischen Rahmenbedingungen eine enorme Rolle; zudem sollten die Erfahrungen aus der Weimarer Zeit und eine liberal-rechtsstaatliche Grundeinstellung neben dem Wunsch nach deutlicher Abgrenzung gegenüber dem

---

48 Art. 120 der Badischen Verfassung (RegBl. 1947, S. 139), zitiert nach *Schneider, H.-P.,* Die parlamentarische Opposition, § 38 Rn. 10, dort Fn. 15.

49 *Linck* in Linck/Baldus/Lindner/Poppenhäger/Ruffert, Die Verfassung des Freistaates Thüringen, Art. 59 Rn. 2.

50 *Schneider, H.-P.,* Die parlamentarische Opposition, § 38 Rn. 10; mit Verweis in Fn. 16 auf das Gesetz über die Entschädigung der Abgeordneten des schleswig-holsteinischen Landtages (GVBl. S. 21).

51 *Willoweit,* Deutsche Verfassungsgeschichte, § 42 Rn. 6.

politischen System der Sowjetzone die Kernaussagen der Verfassung sein.[52] Es bestand im Parlamentarischen Rat eine Furcht vor einer staatsfeindliche Ziele verfolgenden Opposition und die Ungewissheit, ob eine parlamentarische Minderheit überhaupt die Bereitschaft zur Wahrnehmung einer effizienten Opposition hatte.[53] Die interessanten und oppositionsfreundlichen Ansätze aus Baden und Schleswig-Holstein wurden aber leider nicht aufgegriffen.

Im Parlamentarischen Rat wurden die Rolle und die Aufgaben der Opposition anhand des Wahlrechtsystems diskutiert. In dem Organisationsausschuss und im Ausschuss für Wahlrechtsfragen herrschte jedoch die Ansicht vor, eine starke, konstruktive und homogene Parlamentsopposition zu benötigen.[54] Im Hauptausschuss und im Plenum verfolgte man dagegen den Ansatz, durch die Einführung eines konstruktiven Misstrauensvotums alle der Weimarer Reichsverfassung angelasteten Schwierigkeiten wirksam behoben zu haben.[54] Trotz vielversprechender Ansätze in den Bundesländern unterblieben eine Ausgestaltung der Rechte der Opposition sowie deren bloße Erwähnung im Grundgesetz bis heute. Bei den Gedankengängen des Parlamentarischen Rates schwingt heute noch deutlich die Furcht vor einer verfassungsfeindlichen und destruktiven Opposition mit. Man machte sich damals aber keine Gedanken darüber, was passieren würde, wenn die Regierungsparteien im Gegensatz zur Opposition übermächtig werden.

bb) Erstmalige Normierung der Opposition im Bereich des Staatsschutzes

Einen neuen Schwung bekam die Debatte um die Normierung der Opposition erst im Jahr 1966 wieder, als die SPD-Fraktion im Deutschen Bundestag einen Antrag zur Änderung der Geschäftsordnung stellte, mit welchem der Opposition ein Rederecht zugestanden werden sollte.[55] Trotz des Scheiterns des Antrags

---

52 *Schneider, H.-P.,* Die parlamentarische Opposition im Verfassungsrecht, Band I, § 7 II., S. 187.

53 *Hassenpflug-Hunger,* Verfassungsrechtliche Abmessungen parlamentarischer Opposition, S. 53.

54 *Schneider, H.-P.,* Die parlamentarische Opposition, § 38 Rn. 11.

55 Antrag der SPD-Fraktion vom 09.03.1966, BT-Drs. V/396; Der Wortlaut des Antrags:

„Der Bundestag wolle beschließen:
Der § 33 Abs. 1 der Geschäftsordnung wird wie folgt ergänzt:
1. In Satz 2 werden nach dem Wort „Beratung," die Worte „die Auseinandersetzung zwischen Regierung und Opposition," eingefügt.
2. Folgender neuer Satz wird angefügt: „Insbesondere nach der Rede eines Mitgliedes der Bundesregierung soll die oppositionelle oder abweichende Meinung zu Wort kommen."

fand die Opposition kurze Zeit später mit dem 8. StrÄndG vom 25. Juni 1968[56] ihren Weg in den strafrechtlichen Staatsschutz. Als Verfassungsgrundsatz wurde in § 88 Abs. 2 Ziff. 3 StGB a.F., nunmehr § 92 Abs. 2 Ziff. 3 StGB, das „*Recht auf die Bildung und Ausübung einer parlamentarischen Opposition*" ausdrücklich aufgenommen. Mit diesen Verfassungsgrundsätzen war exklusiv das Gleiche gemeint wie mit dem Begriff der „*freiheitlichen demokratischen Grundordnung*" in Art. 18, 21 Abs. 2 und 91 Abs. 1 GG.[57] Die normative Institutionalisierung der Opposition über das Strafgesetzbuch war als Hinweis zu werten, dass die Opposition als verfassungsrechtliche Kategorie selbst auf Ebene des Verfassungsschutzes gesehen wurde.[58] Gleichwohl kann das Strafrecht aber als unterkonstitutionelles Gesetz nicht die parlamentarische Opposition zu einem Verfassungsgrundsatz erklären; dies ist alleinige Aufgabe des Verfassungsgebers. Dennoch erachtete der Gesetzgeber den Schutz der Opposition durch Strafrechtsnormen als notwendig.

cc) Eine „kleine Parlamentsreform" als Auswirkung der Ersten Großen Koalition

Während der sog. Ersten Großen Koalition zwischen den Jahren 1969 und 1972 (Kabinett Kiesinger) kam aufgrund eines Antrags von jungen Abgeordneten aller Parteien eine sog. „*kleine Parlamentsreform*" zustande.[59] Der Umstand, dass die Große Koalition über eine Zweidrittelmehrheit verfügte, war jedoch nicht Gegenstand der verfassungsrechtlichen Diskussion und wurde in der Literatur zur Parlamentsreform 1969 nicht thematisiert.[60]

Im Jahr 1969, also kurz vor Ablauf der Regierungszeit der Ersten Großen Koalition, kam es zu Änderungen und Ergänzungen der Geschäftsordnung des Deutschen Bundestages durch die „*Kleine Parlamentsreform*".[61] Die Reformbestrebungen des Parlamentes wurden – aus heutiger Sicht überraschend – nicht wegen der übermächtigen Regierungsparteien vollzogen. Vielmehr wurde von den Regierungsfraktionen befürchtet, dass einer der Koalitionspartner zukünftig wieder eine Oppositionspartei werden könnte; die Erste Große Koalition

---

56 BGBl. I, 1968, S. 741.
57 *Paeffgen* in Kindhäuser/Neumann/Paeffgen, StGB, § 92 Rn. 3.
58 *Zeh* in HStR II, § 42 Rn. 21.
59 *Schneider, H.-P.*, Die parlamentarische Opposition im Verfassungsrecht, § 3, S. 42f.
60 *Scheuner* in Lehmbruch/von Beyme/Fetscher, Demokratisches System und politische Praxis der Bundesrepublik Deutschland, S. 143 (151ff.); *Giesing*, DÖV 1970, S. 124 (124f.); *Achterberg*, Parlamentsrecht, § 3, S. 63.
61 *Thaysen/Schindler*, ZParl 0 (1969), S. 20 (20).

hätte demnach die „*Kleine Parlamentsreform*" aus reinen Selbstzweck durchgesetzt.[62] Die Redeordnung zu Plenardebatten durch Rede und Gegenrede wurde neu gestaltet, die Fraktionsmindeststärke von 15 Parlamentarier auf fünf vom Hundert angehoben, das Quorum für die Beantragung namentlicher Abstimmungen und das Verlangen von Aussprachen zu aktuellen Stunden auf die Fraktionsmindeststärke herabgesetzt; weiter wurden die Bestimmungen zu Großen Anfragen und über die Haushalts- und Finanzvorlagen überarbeitet.[63] Die Stellung der parlamentarischen Opposition im Deutschen Bundestag wurde durch die Parlamentsreform nur indirekt und relativ über die Stärkung der Fraktionsrechte verbessert.[64]

Bei dieser nicht unerheblichen Stärkung der Rechte des Deutschen Bundestages fehlte aber in der Literatur jeglicher Hinweis auf die Sonderkonstellation einer Großen Koalition.[65] Von der Fraktion der FDP als einziger parlamentarische Oppositionsfraktion ging keine Initiative zur Absenkung des Quorums für Untersuchungsausschüsse oder Schaffung von zusätzlicher Redezeit aus.[66] Ihr wohl wichtigstes Anliegen war vielmehr die Schaffung von mehr Öffentlichkeit in den Ausschusssitzungen.[67] Überraschenderweise lieferte die bisher übermächtigste Große Koalition von 1966 bis 1969 in der Geschichte des Deutschen Bundestages keinen Anlass, um die bisherigen Minderheitenrechte neu zu überdenken. Dennoch legte diese zaghafte Initiative den Grundstein für die Ausfüllung und Erweiterung der Minderheitenrechte nach Gründung der Bundesrepublik Deutschland.

dd) Enquetekommission des Deutschen Bundestages zur Reform des Grundgesetzes (1991–1993)

In der Vergangenheit gab es mehrere Bemühungen, die Opposition im Grundgesetz zu verankern. In der Zeit von November 1991 bis Oktober 1993 tagte eine

---

62 *Thaysen/Schindler*, ZParl 0 (1969), S. 20 (21).

63 *Achterberg*, Parlamentsrecht, § 3, S. 63. Umfassend zu den Änderungen und Auswirkungen auf die parlamentarische Praxis: *Scholz*, ZParl 12 (1981), S. 273–286.

64 *Schneider, H.-P.,* AöR 105 (1989), S. 4 (11).

65 *Ennuschat*, VR 2015, S. 1 (4).

66 *Ennuschat* vermutet insoweit, die FDP sah hierzu keine Veranlassung da ihr Antrag auf Einsetzung eines Untersuchungsausschusses von der Mehrheit des Parlaments getragen wurde, *Ennuschat*, VR 2015, S. 1 Fn. 30.

67 *Giesing*, DÖV 1970, S. 124 (125): Der Antrag der FDP-Fraktion fand aber keine Zustimmung im Parlament; *Zundel*, Seite: „Mehr Qualität – weniger Langeweile", Die Zeit vom 14. Februar 1969.

Enquetekommission des Deutschen Bundestages hinsichtlich einer Grundgesetzreform. In einem neu gefassten Art. 49 GG[68] sollte auf Antrag der SPD-Mitglieder der Gemeinsamen Verfassungskommission des Deutschen Bundestages das Recht der Opposition auf Bildung und Ausübung einer parlamentarischen Opposition gewährleistet werden.[69] Der Änderungsvorschlag im Wortlaut:

> *„(1) Die Fraktionen sind freiwillige Zusammenschlüsse von Abgeordneten. Sie wirken an der parlamentarischen Willensbildung mit. Art. 38 Abs. 1 bleibt unberührt. Das Nähere regelt das Bundesgesetz.*
>
> *(2) Das Recht auf Bildung und Ausübung einer Opposition wird gewährleistet."[70]*

Die Befürworter dieser Normierung der Opposition sahen eine Veränderung des parlamentarischen Systems als Anknüpfungspunkt und argumentierten, dass die Opposition in Wirklichkeit die Kontrollfunktion des Parlamentes übernommen hatte; daher sollte diese als Institution verfassungsrechtlich abgesichert und die Rolle der Opposition als strukturelles Verfassungselement festgeschrieben werden.[71] Dem wurde von den Gegnern solch einer Formulierung entgegengehalten, diese ausdrückliche Nennung hätte nur deklaratorischen Charakter, das Recht, als parlamentarische Opposition zu wirken, würde bereits durch Art. 20 Abs. 1 und 21 GG gewährleistet, und der Begriff *„parlamentarische Opposition"* wäre ein untechnischer Begriff, da er der Politikwissenschaft entsprungen und als Rechtsbegriff noch nicht allgemein definiert wäre.[71] Die Gegner dieses Änderungsvorschlages setzten sich durch, und die Opposition fand ihre Erwähnung nicht im Grundgesetz.[72]

Der Änderungsvorschlag der Initiatoren war aber nur ein rein funktionales Oppositionsmodell, angelehnt an die Formulierung des Bundesverfassungsgerichts und die Opposition wurde hierdurch weder definiert noch mit Aufgaben und Rechten ausgestattet – demnach überzeugte die Kritik der Gegner dieser Grundgesetzänderung nicht.[73] Gleichwohl setzten sich die Kritiker durch, und die Opposition fand nicht ihren berechtigten Weg ins Grundgesetz.

---

68 Art. 49 GG war zum damaligen und ist auch noch zum jetzigen Zeitpunkt durch Wegfall der Regelung unbesetzt. Vgl. Dreiunddreißigstes Gesetz zur Änderung des Grundgesetzes (Artikel 29 und 39) (BGBl. I, 1976, S. 2381 [2382]).

69 Gemeinsame Verfassungskommission, Bericht, BT-Drs. 12/6000, S. 89.

70 Gemeinsame Verfassungskommission, Bericht, BT-Drs. 12/6000, Kommisionsdrs Nr. 55, S. 152.

71 Gemeinsame Verfassungskommission, Bericht, BT-Drs. 12/6000, S. 90.

72 Dieser Antrag erreichte nicht die erforderliche Zweidrittelmehrheit (20 Ja-Stimmen, 17 Nein-Stimmen und 3 Enthaltungen), Gemeinsame Verfassungskommission, Bericht, BT-Drs. 12/6000, S. 89.

73 *Cancik*, Parlamentarische Opposition in den Landesverfassungen, S. 103.

b) Normierung der Opposition und Rechtezuweisungen in den Länderverfassungen

Nachdem der historische Verfassungsgeber aus reiner, historisch nachvollziehbarer Vorsicht die Opposition nicht in das Grundgesetz aufnahm und Reformbestrebungen diesbezüglich nicht erfolgreich waren, lohnt ein kurzer Blick in die jeweiligen Landesverfassungen, welche die Opposition bereits landesverfassungsrechtlich normiert haben. Die Bundesländer Bayern, Berlin, Brandenburg, Bremen, Hamburg, Mecklenburg-Vorpommern, Niedersachen, Rheinland-Pfalz, Sachsen, Sachsen-Anhalt, Schleswig-Holstein und Thüringen verfügen über eine verfassungsrechtlich verankerte Opposition, teilweise mit der Zuweisung von speziellen Rechten.

Die Aufnahme der Opposition in eine Länderverfassung war zunächst nur in der Hansestadt Hamburg erfolgt, erst einige Zeit später folgten weitere Bundesländer diesem Vorbild. Die Verfassung der Deutschen Demokratischen Republik[74] sah – bis kurz vor dem Zusammenbruch des Staates –[75] entsprechend der Vorstellung eines alleinigen politischen Führungsanspruchs einer marxistisch-leninistischen Partei selbstredend keine Opposition vor. Von dem hanseatischen Gedanken, die Opposition verfassungsrechtlich zu verankern, weitete sich dieser in immer mehr Landesverfassungen aus, und gerade durch die Wiedervereinigung Deutschlands wurde diese Entwicklung nochmals befeuert.

aa) Freie und Hansestadt Hamburg

Bei Art. 23a HambVerf a.F.[76], der inhaltlich in dem jetzigen Art. 24 HambVerf.[77] unverändert aufging, handelte es sich um die älteste Oppositionsregelung in

---

74 Verfassung der Deutschen Demokratischen Republik vom 9. April 1968 in der Fassung vom 7. Oktober 1974 (GBl. I S. 243).

75 Durch das Gesetz vom 1. Dezember 1989 (GBl. I S. 265) wurde Art. 1 der Verfassung der Deutschen Demokratischen Republik dahin gehend angepasst, dass der Führungsanspruch der Sozialistischen Einheitspartei Deutschlands durch die Streichung der Textstelle *„unter Führung der Arbeiterklasse und ihrer marxistisch-leninistischen Partei"* beseitigt wurde.

76 Verfassung der Freien und Hansestadt Hamburg in der Fassung der Bekanntmachung vom 6. Juni 1952 (HmbBL. I 100-a), geändert durch Gesetz vom 18. Februar 1971 (HmbGVBI. S. 21).

77 Verfassung der Freien und Hansestadt Hamburg in der Fassung der Bekanntmachung vom 6. Juni 1952 (HmbBL. I 100-a), zuletzt durch Artikel 1 des Gesetzes vom 20. Juli 2016 (HmbGVBl. S. 319) geändert.

einer Landesverfassung; diese wurde (erst) im Jahr 1971 normiert.[78] In Art. 24 Abs. 1 HambVerf. wird die Opposition als wesentlicher Bestandteil der parlamentarischen Demokratie genannt. Augenscheinlich werden der Opposition in Art. 24 Abs. 2 HambVerf. nur Aufgaben, aber keine Rechte vermittelt:

> *„(1) Die Opposition ist ein wesentlicher Bestandteil der parlamentarischen Demokratie.*
> *(2) Sie hat die ständige Aufgabe, die Kritik am Regierungsprogramm im Grundsatz und im Einzelfall öffentlich zu vertreten. Sie ist die politische Alternative zur Regierungsmehrheit."*

Art. 24 Abs. 1 HambVerf. komme nach Ansicht der Kommentarliteratur eine rein deklaratorische Funktion und keine konstitutive Funktion zu.[79] *Schachtschneider* meint, das hamburgische Oppositionsprinzip ziehe eine Allparteienregierung sowie eine Große Koalition mit Dreiviertelmehrheit verfassungsrechtlich in Zweifel.[80] Sofern der parlamentarischen Opposition rein rechnerisch nicht die Möglichkeit bleibt, mit jeweils einem Viertel der Mitglieder der Bürgerschaft nach Art. 11 Abs. 1 S. 2 HambVerf. einen Antrag auf Auflösung der Bürgerschaft zu stellen, die Bürgerschaft zur Einsetzung eines Untersuchungsausschusses nach Art. 25 Abs. 1 S. 1 HambVerf. a.F.[81] zu zwingen oder nach Art. 65 Abs. 2 Nr. 1 - 3 HambVerf. a.F.[82] die Entscheidung beim Hamburger Verfassungsgericht zu einer Verfassungsstreitigkeit zu beantragen, sind diese Minderheitenrechte als Oppositionsinstrumente nicht mehr wahrnehmbar; daraus ergebe sich die oppositionelle Mindeststärke von einem Viertel.[83] Abschließend plädiert er für die ersatzlose Streichung des Art. 23a HambVerf. a.F.[84] Nach der neueren Kommentarliteratur zu Art. 24 HambVerf. hat der Verfassungsgeber der Opposition keine besonderen Instrumente zur Erfüllung ihrer Aufgaben in die Hand gelegt.[79] Die weite Ansicht von *Schachtschneider* überspannt den Wortlaut von Art. 24 HambVerf., denn Art. 24 HambVerf. soll nur die besondere Rolle der Opposition im parlamentarischen System hervorheben, nicht aber Regierungskonstellationen verbieten. Hätte der Verfassungsgeber eine Allparteienregierung oder eine Große Koalition mit Dreiviertelmehrheit verbieten wollen, hätte er dieses

---

78 *Cancik*, Parlamentarische Opposition in den Landesverfassungen, A. IV., S. 80.
79 *David*, Verfassung der Freien und Hansestadt Hamburg, Art. 24 Rn. 3.
80 *Schachtschneider*, Der Staat Nr. 2 (1989), S. 173 (174). Wobei dieser aber in Fn. 3 auf eine Vielzahl von a.A. verweist.
81 jetzt: Art. 26 Abs. 1 S. 1 HambVerf.
82 jetzt: Art. 65 Abs. 3 Nr. 1 bis 3 HambVerf. jedoch mit einem niedrigeren Quorum von einem Fünftel der Mitglieder der Bürgerschaft.
83 *Schachtschneider*, Der Staat Nr. 2 (1989), S. 173 (182).
84 *Schachtschneider*, Der Staat Nr. 2 (1989), S. 173 (200).

einschneidende Verbot positiv in der Verfassung festschreiben müssen. Im Einklang mit der neueren Kommentarliteratur ist in Art. 24 HambVerf. daher nur
eine deklaratorische Funktion zu sehen.

bb) Land Schleswig-Holstein

Am 1. August 1990 trat die umfassend novellierte Verfassung des Landes Schleswig-Holstein in Kraft.[85] Nach dem Hamburger Vorbild wurde bei der Neufas-
sung der Verfassung auch eine Regelung zur parlamentarischen Opposition
aufgenommen.[86] Der Schutz der parlamentarischen Opposition im Schleswig-
Holsteiner Landtag erfolgt jetzt durch Art. 18 Abs. 1 SchlHolVerf.[87]:

> *„(1) Die parlamentarische Opposition ist ein wesentlicher Bestandteil der parlamentari-*
> *schen Demokratie. Die Opposition hat die Aufgabe, Regierungsprogramm und Regie-*
> *rungsentscheidungen zu kritisieren und zu kontrollieren. Sie steht den die Regierung*
> *tragenden Abgeordneten und Fraktionen als Alternative gegenüber. Insoweit hat sie*
> *das Recht auf politische Chancengleichheit."*

Die besondere Betonung der parlamentarischen Opposition als wesentlicher
Bestandteil der parlamentarischen Demokratie könne nach *Caspar* so verstanden werden, dass eine Allparteienregierung unzulässig sei.[88] Es sei aber darauf hinzuweisen, dass besondere Sanktions- oder Kontrollrechte, wie etwa die
Einsetzung eines Untersuchungsausschusses, nicht an den Oppositionsstatus
geknüpft, sondern über Minderheitenrechte vermittelt werden.[89] Die Chancengleichheit nach Art. 18 Abs. 1 S. 4 SchlHolVerf. habe insbesondere Bedeutung
bei der Verteilung der Redezeit.[90] Auch könnte sich bei einer Großen Koalition
die Pflicht der Regierungsmehrheit ergeben, einen Untersuchungsausschuss einzusetzen, der durch alle Mitglieder der Oppositionsfraktionen getragen wird,
da durch das Recht auf Gleichbehandlung der Opposition dieser nicht weniger

---

85 Verfassung des Landes Schleswig-Holstein vom 13. Juni 1990 (GVOBl. S. 391).
86 *Rohn*, NJW 1990, S. 2782 (2784).
87 Verfassung des Landes Schleswig-Holstein vom 2. Dezember 2014 (GVOBl. S. 344),
     zuletzt durch Gesetz vom 19. Dezember 2016 (GVOBl. S. 1008) geändert.
88 *Caspar* in Caspar/Ewer/Nolte/Waack, Verfassung des Landes Schleswig-Holstein,
     Art. 12 Rn. 5 (jetzt unveränderter Wortlaut in Art. 18 SchlHolVerf.).
89 *Caspar* in Caspar/Ewer/Nolte/Waack, Verfassung des Landes Schleswig-Holstein,
     Art. 12 Rn. 9.
90 *Caspar* in Caspar/Ewer/Nolte/Waack, Verfassung des Landes Schleswig-Holstein,
     Art. 12 Rn. 16.

Recht zustehen soll als der Regierungsmehrheit.[91] Subjektive Einzelrechte, wie ein finanzieller Oppositionszuschlag, sollen nur im Einzelfall gelten.[92]

Die Verfassung von Schleswig-Holstein weist aber noch eine einzigartige Besonderheit auf, als in ihr in Art. 18 Abs. 2 SchlHolVerf. die Rolle des Oppositionsführers besonders hervorgehoben wird:

> *„(2) Die oder der Vorsitzende der stärksten die Regierung nicht tragenden Fraktion ist die Oppositionsführerin oder der Oppositionsführer. Bei gleicher Fraktionsstärke ist das bei der letzten Landtagswahl erzielte Stimmenergebnis der Parteien maßgeblich. Im Übrigen entscheidet das von der Präsidentin oder dem Präsidenten des Landtages zu ziehende Los.“[87]*

Hierbei handelt es sich um ein ‚Relikt‘ aus der britischen Besatzungszeit.[93] Der Oppositionsführer entstand historisch bedingt unter der britischen Besatzungshoheit, hat in der Parlamentspraxis jedoch eher nur einen symbolischen Wert.[94] Bei den Verfassungsberatungen im Herbst 1947 wurden Konstitutionen aus aller Welt angefordert.[95] Da dies aber nicht unbedingt freiwillig seitens des Schleswig-Holsteiner Verfassungsausschusses erfolgte, wurden diese Texte zunächst nicht berücksichtigt, und man griff bei der Verfassungsgenese zunächst auf rein deutsche Verfassungstexte zurück.[95] Um gegenüber den Briten keine mangelnde Kooperationsbereitschaft an den Tag zu legen, wurden später weitere Verfassungen durch das Verfassungsreferat angefordert.[96] Trotz der Vorbehalte auf Schleswig-Holsteiner Seite konnten die Briten bestimmte britische Institutionen und Regelungen im Verfassungstext verankern, so z.B. den aus dem englischen Regierungssystem stammenden *„leader of the opposition“*, den Oppositionsführer.[97]

---

91 So wohl *Caspar* in Caspar/Ewer/Nolte/Waack, Verfassung des Landes Schleswig-Holstein, Art. 12 Rn. 22.

92 *Caspar* in Caspar/Ewer/Nolte/Waack, Verfassung des Landes Schleswig-Holstein, Art. 12 Rn. 23.

93 *Rohn*, NJW 1990, S. 2782 (2784): Eine Definition des Oppositionsführers erfolgte jedoch erst mit der Verfassungsnovelle im Jahr 1990.

94 *Caspar* in Caspar/Ewer/Nolte/Waack, Verfassung des Landes Schleswig-Holstein, Art. 12 Rn. 25, 27.

95 *Schnakenberg*, Democracy-building. Britische Einwirkungen auf die Entstehung der Verfassungen Nordwestdeutschlands 1945–1952, S. 213.

96 *Waller*, Die Entstehung der Landessatzung von Schleswig-Holstein vom 13.12.1949, S. 99.

97 *Schnakenberg*, Democracy-building. Britische Einwirkungen auf die Entstehung der Verfassungen Nordwestdeutschlands 1945–1952, S. 213f.

cc) Land Berlin

Unmittelbar nachdem das Land Schleswig-Holstein die Opposition in die Verfassung aufgenommen hatte, folgte das Land (West-)Berlin diesem Vorbild. Mit Wirkung zum 7. September 1990 wurde die Opposition Gegenstand der Verfassung von Berlin.[98] Durch Art. 1 Abs. 2 EinigungsV[99] wurde geregelt, dass die 23 Bezirke Berlins das Land Berlin bilden. Spätestens seit dem 11. Januar 1991 gilt für Gesamtberlin die westdeutsche Verfassung von Berlin.[100] Die Opposition wird nunmehr seit deren erstmaliger Einführung in Art. 25 Abs. 2 BerlinVerf. a.F.[98] unverändert in Art. 38 Abs. 3 BerlinVerf.[101] erwähnt:

> *„(3) Die Opposition ist notwendiger Bestandteil der parlamentarischen Demokratie. Sie hat das Recht auf politische Chancengleichheit."*

Mit der Opposition ist ausschließlich die parlamentarische Opposition gemeint.[102] Es wird keine institutionelle Garantie für eine Opposition begründet, sondern ihr lediglich politische Chancengleichheit zugesprochen.[103] In den Anwendungsbereich des Art. 38 Abs. 3 BerlinVerf. sollen auch diejenigen kommen, die den Senat von Berlin stützen oder tolerieren; hier wird der Schutzbereich des Artikels weit ausgelegt.[104] Das Recht auf Chancengleichheit ist in Berlin ebenso nicht hinreichend klar bestimmt, und so soll es die Möglichkeit geben, durch entsprechende Anträge die Parlamentsmehrheit zur Wahrnehmung ihrer Kontroll- und Mitwirkungsmöglichkeiten zu drängen.[105]

dd) Freistaat Sachsen

Die Verfassung des Freistaates Sachsen vom 27. Mai 1992[106] sah als Erste der neuen Bundesländer eine Regelung zur Opposition vor. Konzeptionell folgte diese Verfassung nach *Bönninger* der Verfassung von Schleswig-Holstein, die den Landtag als höchstes Organ der politischen Willensbildung sah, umfangreiche

---

98 Verfassung von Berlin in der Fassung der Bekanntmachung vom 1. September 1950 (VOBl. I S. 433), zuletzt geändert durch Gesetz vom 3. September 1990 (GVBl. S. 1877).

99 Einigungsvertrag vom 31. August 1990 (BGBl. II, 1990, S. 889).

100 *Ortloff*, LKV 1991, S. 145 (147).

101 Verfassung von Berlin in der Fassung der Bekanntmachung vom 23. November 1995 (GVBl. S. 779), zuletzt durch Gesetz vom 22. März 2016 (GVBl. S. 114) geändert.

102 *Driehaus* in Driehaus, Verfassung von Berlin, Art. 38 Rn. 8.

103 *Driehaus* in Driehaus, Verfassung von Berlin, Art. 38 Rn. 9.

104 *Driehaus* in Driehaus, Verfassung von Berlin, Art. 38 Rn. 10.

105 *Driehaus* in Driehaus, Verfassung von Berlin, Art. 38 Rn. 11.

106 Verfassung des Freistaates Sachsen vom 27. Mai 1992 (SächsGVBl. S. 243).

Kontrollrechte gegenüber der Regierung enthielt, die parlamentarische Opposition verfassungsrechtlich verankerte und diverse Minderheitenrechte vorsah.[107] Es verwundert daher nicht, dass die Opposition auch in dieser Landesverfassung auftauchte. Art. 40 SachsVerf.[108] befasst sich mit der parlamentarischen Opposition im Landtag:

> *„Das Recht auf Bildung und Ausübung parlamentarischer Opposition ist wesentlich für die freiheitliche Demokratie. Die Regierung nicht tragende Teile des Landtages haben das Recht auf Chancengleichheit in Parlament und Öffentlichkeit."*

Art. 40 SächsVerf. ist als reine parlamentarische Staatszielbestimmung zu verstehen, da die Grundlage der parlamentarischen Oppositionsrechte im Demokratieprinzip liegt.[109] Für den Begriff Opposition gilt ein normatives Verständnis, doch wird hier ein Institutsverständnis zugrunde gelegt.[110] Dazu fallen unter die Opposition diejenigen Abgeordneten und Fraktionen, welche die sächsische Staatsregierung nicht stützen – somit im Einzelfall auch Abgeordnete der Regierung.[110] Der Begriff Chancengleichheit bedeutet vor allem einen gleichen Zugang zu den öffentlichen Medien; eine gewisse Basisgleichheit ist herzustellen.[111] Die Chancengleichheit erfolgt aber nicht durch Normierung von konkreten Rechten, sondern ist relativ zu verstehen.[112] Art. 40 Satz 2 SächsVerf. bildet weiter Anspruchsgrundlage für eine besondere Mittelzuweisung an die Oppositionsfraktionen, selbst wenn der Oppositionszuschlag nur einfachgesetzlich normiert ist.[113]

---

107 *Bönninger*, LKV 1991, S. 9 (11).
108 Verfassung des Freistaates Sachsen vom 27. Mai 1992 (SächsGVBl. S. 243), zuletzt durch Gesetz vom 11. Juli 2013 (SächsGVBl. S. 502) geändert.
109 *Schulte/Kloos* in Baumann-Hasske/Kunzmann, Die Verfassung des Freistaates Sachsen, Art. 40 Rn. 3.
110 *Schulte/Kloos* in Baumann-Hasske/Kunzmann, Die Verfassung des Freistaates Sachsen, Art. 40 Rn. 5.
111 *Müller,* Verfassung des Freistaates Sachsen, Art. 40, S. 291
112 *Schulte/Kloos* in Baumann-Hasske/Kunzmann, Die Verfassung des Freistaates Sachsen, Art. 40 Rn. 13.
113 *Schulte/Kloos* in Baumann-Hasske/Kunzmann, Die Verfassung des Freistaates Sachsen, Art. 40 Rn. 12.

ee) Land Sachsen-Anhalt

Dem Freistaat Sachsen schloss sich unmittelbar das Land Sachsen-Anhalt mit seiner Verfassung vom 16. Juli 1992[114] an. In Art. 48 SachsAnhVerf.[115] wird in Absatz 1 die parlamentarische Opposition definiert; in Absatz 2 bekommt diese das Recht auf Chancengleichheit zugesprochen:

> *„(1) Die Fraktionen und die Mitglieder des Landtages, die die Landesregierung nicht stützen, bilden die parlamentarische Opposition.*
>
> *(2) Die Oppositionsfraktionen haben das Recht auf Chancengleichheit in Parlament und Öffentlichkeit sowie Anspruch auf eine zur Erfüllung ihrer besonderen Aufgaben erforderliche Ausstattung."*

Die Formulierungen mit Bezug auf die Landesregierung in Art. 48 Abs. 1 SachsAnhVerf. bezieht sich nicht allein auf die Wahl des Ministerpräsidenten, sondern geht von einer durchgehenden Wahl aus.[116] Eine die Landesregierung tolerierende Fraktion ist auch eine Oppositionsfraktion, da das ‚Nicht-Stützen‘ eng mit dem Begriff des Vertrauens verbunden ist.[116] Der Regierungsvorsprung der Regierungsfraktionen soll gegenüber den Oppositionsfraktionen durch Art. 48 Abs. 2 SachsAnhVerf. ausgeglichen werden.[117] Die Oppositionsfraktionen sollen im Ergebnis nicht bevorzugt, aber auch nicht benachteiligt werden; jedoch ist eine Besserstellung in der Ausstattung gegenüber den Regierungsfraktionen gerechtfertigt.[117]

ff) Land Brandenburg

Als dritte neue Landesverfassung in den neuen Bundesländern trat die Verfassung des Landes Brandenburg am 20. August 1992[118] in Kraft. Die Nennung der Opposition und von deren Rechtes in Art. 55 Abs. 2 BrandenbVerf.[119] deckt sich nahezu mit Art. 38 Abs. 3 BerlinVerf.:

---

114 Verfassung des Landes Sachsen-Anhalt vom 16. Juli 1992 (GVBl. LSA 1992 S. 600).

115 Verfassung des Landes Sachsen-Anhalt vom 16. Juli 1992 (GVBl. LSA 1992 S. 600), zuletzt durch Gesetz vom 5. Dezember 2014 (GVBl. LSA S. 494) geändert.

116 *Reich*, Verfassung des Landes Sachsen-Anhalt, Art. 48 Rn 1.

117 *Reich*, Verfassung des Landes Sachsen-Anhalt, Art. 48 Rn 2.

118 Verfassung des Landes Brandenburg in der Fassung der Bekanntmachung vom 20. August 1992 (GVBl.I /92 S. 298).

119 Verfassung des Landes Brandenburg in der Fassung der Bekanntmachung vom 20. August 1992 (GVBl.I /92 S. 298), zuletzt durch Gesetz vom 18. März 2015 (GVBl.I/15 Nr. 6) geändert.

> *„(2) Die Opposition ist ein wesentlicher Bestandteil der parlamentarischen Demokratie.*
> *Sie hat das Recht auf politische Chancengleichheit."*

Bei der Erarbeitung der Verfassung wurde auf die Verfassungen der alten Bundesländer zurückgegriffen und wurden gewisse Elemente zumindest punktuell übernommen.[120] Aufgrund der räumlichen Nähe der Bundesländer Berlin und Brandenburg lässt sich wohl auch die textlich fast identische Übernahme der Oppositionsregelung aus der Verfassung von Berlin erklären. Durch den brandenburgischen Verfassungsgeber wird der Opposition in Art. 55 Abs. 2 BrandenbVerf. eine Einrichtungsgarantie gewährt.[121] Der Umfang der Rechte der Opposition ist auch hier nicht eindeutig definiert, ergibt sich aber aus der Verfassung und der Geschäftsordnung des Landtags.[122]

gg) Land Mecklenburg-Vorpommern

Am 23. Mai 1993 trat die Verfassung des Landes Mecklenburg-Vorpommern[123] in Kraft. Mit Art. 26 MecklenbVorpVerf.[124] findet sich die bisher ausführlichste Regelung der Rechte der Opposition in einem Landesparlament:

> *„(1) Die Fraktionen und die Mitglieder des Landtages, welche die Regierung nicht stützen,*
> *bilden die parlamentarische Opposition.*
>
> *(2) Sie hat insbesondere die Aufgabe, eigene Programme zu entwickeln und Initiativen*
> *für die Kontrolle von Landesregierung und Landesverwaltung zu ergreifen sowie*
> *Regierungsprogramm und Regierungsentscheidungen kritisch zu bewerten.*
>
> *(3) Die parlamentarische Opposition hat in Erfüllung ihrer Aufgaben das Recht auf politische Chancengleichheit."*

Die Verfassung des Landes Mecklenburg-Vorpommern wurde als Kabinettsentwurf intensiv auf mehreren Ebenen diskutiert, und die Behandlung in den Ausschüssen des Landtages entsprach *„parlamentarischer Kultur im bestverstandenen Sinne".*[125] Der Entwurf wurde im Ganzen diskutiert, Änderungsanträge wurden überparteilich eingearbeitet oder verworfen, und die Regelungen wurden

---

120 *Sachs*, LKV 1993, S. 241 (247).
121 *Lieber* in Lieber/Iwers/Ernst, Verfassung des Landes Brandenburg, Art. 55 Ziff. 2.1.
122 *Lieber* in Lieber/Iwers/Ernst, Verfassung des Landes Brandenburg, Art. 55 Ziff. 2.3.
123 Verfassung des Landes Mecklenburg-Vorpommern in der Fassung der Bekanntmachung vom 23. Mai 1993 (GVOBl. M-V S. 372).
124 Verfassung des Landes Mecklenburg-Vorpommern in der Fassung der Bekanntmachung vom 23. Mai 1993 (GVOBl. M-V S. 372), zuletzt durch Artikel 1 des Gesetzes vom 14. Juli 2016 (GVOBl. M-V S. 573) geändert.
125 *Darsow*, LKV 1994, S. 417 (417f.).

weitestgehend konsensual getroffen.[125] Hieraus entstand die wohl umfang-
reichste Regelung zur Opposition in einer Landesverfassung in der Bundesrepublik Deutschland.
Nach dem legal definierten Oppositionsbegriff in Art. 26 Abs. 1 MecklenbVorpVerf. sollen diejenigen Kräfte im Landtag, welche die Regierung stützen,
nicht in den Anwendungsbereich dieser Norm kommen.[126] Die Formulierung
in Art. 26 Abs. 3 MecklenbVorpVerf. wird als misslungen angesehen, denn
die Verfassung könne selber keine politische Chancengleichheit einräumen.[127]
Interessanterweise wird die Chancengleichheit in diesem Zusammenhang so
verstanden, dass ein Anspruch in der Opposition als Minderheit besteht, ihre
parlamentarische und politische Arbeit in dem Umfang und mit dem Gewicht
vertreten und umsetzen zu können, der ihrem Anteil im Parlament entspricht.[127]
Verfassungshistorisch sollte diese Norm ein Auffangtatbestand sein, wenn ein
lex specialis nicht existiert, jedoch seien die Fragen um Inhalt und Ausfüllung
größtenteils ungeklärt.[128]

hh) Freistaat Thüringen

Schließlich findet sich im Freistaat Thüringen ebenso die parlamentarische
Opposition in Art. 59 ThürVerf.[129] verankert:

> „(1) Parlamentarische Opposition ist ein grundlegender Bestandteil der parlamentari-
> schen Demokratie.
>
> (2) Oppositionsfraktionen haben das Recht auf Chancengleichheit sowie Anspruch auf
> eine zur Erfüllung ihrer besonderen Aufgaben erforderliche Ausstattung."

Als letztes der neuen Bundesländer gab sich der Freistaat Thüringen am
25. Oktober 1993 eine neue Landesverfassung.[130] Sprachlich lehnte man sich, wie
bereits der Freistaat Sachsen, an der Verfassung des Landes Schleswig-Holstein

---

126 *Wiegand-Hoffmeister* in Classen/Litten/Wallerath, Verfassung des Landes Mecklen-
   burg-Vor-pommern, Art. 26 Rn. 4: Jedoch soll bei der Tolerierung einer Minderheitsregierung, sofern eine Tolerierungs- oder Wahlzusagen außerhalb von ad-hoc
   Verständigungen vorliegt, einen Willen zu konstruktiver Mitwirkung an politischen
   Gestaltungen beinhalten.
127 *Wiegand-Hoffmeister* in Classen/Litten/Wallerath, Verfassung des Landes Mecklenburg-Vorpommern, Art. 26 Rn. 6.
128 *Wiegand-Hoffmeister* in Classen/Litten/Wallerath, Verfassung des Landes Mecklenburg-Vorpommern, Art. 26 Rn. 7.
129 Verfassung des Freistaates Thüringen vom 25. Oktober 1993 (GVBl. S. 625), zuletzt
   durch Gesetz vom 11. Oktober 2004 (GVBl. S. 745) geändert.
130 Verfassung des Freistaates Thüringen vom 25. Oktober 1993 (GVBl. S. 625).

an. Die Verwaltungshilfe für Thüringen teilten sich die Länder Bayern, Hessen und Rheinland-Pfalz,[131] somit Bundesländer, von denen keines die Opposition verfassungsrechtlich verankert hatte. Außerdem kam es zwischen den alten Bundesländern zu Koordinationsschwierigkeiten.[131]

Das Verfassungsgericht von Thüringen legte Art. 59 Abs. 2 ThürVerf. weit aus: Jede Fraktion sei Opposition, wenn nicht eine andauernde gegenseitige Vertrauensbeziehung durch koalitionsähnliche Handlungen zu einem abgestimmten politischen Programm vorliege.[132] Die Verfassungsgeber der Thüringer Verfassung verzichteten darauf, der Opposition gewisse Aufgaben zuzuschreiben; diese auszufüllen sei Aufgabe ihrer Fraktionsautonomie.[133] Art. 59 Abs. 1 ThürVerf. solle der Opposition direkt das Recht vermitteln, auf die parlamentarische Willensbildung in effektiver Weise Einfluss nehmen zu können, was grundsätzlich alle parlamentarischen Informations-, Kontroll-, Mitwirkungs- und Beteiligungsrechte für jede Oppositionsfraktion umfasse.[134] Alle parlamentarischen Informations-, Kontroll-, Mitwirkungs- und Beteiligungsrechte sollen im Grundsatz jeder Oppositionsfraktion unabhängig von ihrer Größe zustehen, was sogar für die Vertretung in parlamentarischen Gremien gelten soll.[134] Konkrete Rechte werden der parlamentarischen Opposition mit Art. 59 Abs. 2 ThürVerf. jedoch nicht vermittelt; vielmehr wird eine Waffengleichheit zugunsten der Oppositionsfraktionen durch die Normierung von Minderheitenrechten sowie sachliche und finanzielle Ressourcen gewährleistet.[135]

ii) Land Niedersachsen

Nachdem sich alle neuen Bundesländer eine Landesverfassung mit einer Oppositionsregelung gegeben hatten, folgte mit der Niedersächsischen Verfassung

---

131 *Scheytt* in Pitschas (Hrsg.), Verwaltungsintegration in den neuen Bundesländern, S. 81f.

132 LVerfG LSA, LKV 1998, S. 101 (107); a.A. *Schneider* in Schneider/Zeh, Parlamentsrecht, § 38 Rn. 32.

133 *Linck* in Linck/Baldus/Lindner/Poppenhäger/Ruffert, Die Verfassung des Freistaates Thüringen, Art. 59 Rn. 12.

134 *Linck* in Linck/Baldus/Lindner/Poppenhäger/Ruffert, Die Verfassung des Freistaates Thüringen, Art. 59 Rn. 15.

135 *Linck* in Linck/Baldus/Lindner/Poppenhäger/Ruffert, Die Verfassung des Freistaates Thüringen, Art. 59 Rn. 18.

vom 19. Mai 1993[136] ein weiteres Bundesland mit solch einer Regelung. Die Opposition wird in Art. 19 Abs. 2 NiedersachsVerf.[137] angeführt:

> *„(2) Die Fraktionen und die Mitglieder des Landtages, die die Landesregierung nicht stützen, haben das Recht auf Chancengleichheit in Parlament und Öffentlichkeit. Sie haben Anspruch auf die zur Erfüllung ihrer besonderen Aufgaben erforderliche Ausstattung; das Nähere regelt ein Gesetz."*

Diese Verfassungsnorm wird so verstanden, dass es sich hierbei lediglich um einen Verfassungsauftrag handelt.[138] Das Recht auf Chancengleichheit ist durch einfaches Gesetz und Geschäftsordnungsrecht so auszugestalten, dass dieses eine wirkungsvolle Opposition durch Kontrollieren, Kritisieren und Entwicklung von politischen Alternativen sicherstellen kann.[138] Es wird bewusst darauf verzichtet, die Opposition als grundlegenden bzw. wesentlichen Bestandteil der parlamentarischen Demokratie zu bezeichnen, um kein verfassungsrechtliches Gebot aufzustellen, dass in jedem Fall eine Opposition zu bilden ist.[138] Der Gesetzesvorbehalt am Ende von Art. 19 Abs. 2 NiedersachsVerf. bezieht sich nur auf die finanzielle Ausstattung der Opposition.[138]

jj) Freie Hansestadt Bremen

Durch Art. 78 BemVerf.[139], welcher durch Gesetz vom 1. November 1994 (Brem. GBl. S. 289) eingefügt wurde, findet die parlamentarische Opposition der bremischen Bürgerschaft ihre Erwähnung in einer weiteren Landesverfassung:

> *„Das Recht auf Bildung und Ausübung parlamentarischer Opposition wird gewährleistet. Oppositionsfraktionen haben das Recht auf politische Chancengleichheit sowie Anspruch auf eine zur Erfüllung ihrer besonderen Aufgaben erforderliche Ausstattung."*

Indem der Landesverfassungsgeber die parlamentarische Opposition gewährleistet, schaffte er eine institutionelle Garantie.[140] Definitionsmäßig ist unter dem Tatbestand der parlamentarischen Opposition jede Fraktion zu verstehen,

---

136 Niedersächsische Verfassung in der Fassung der Bekanntmachung vom 19. Mai 1993 (Nds. GVBl. S. 107).

137 Niedersächsische Verfassung in der Fassung der Bekanntmachung vom 19. Mai 1993 (Nds. GVBl. S. 107), zuletzt durch Artikel 1 des Gesetzes vom 30. Juni 2011 (Nds. GVBl. S. 210) geändert.

138 *Hagebölling*, Niedersächsische Verfassung, Art. 19 Ziff. 2.

139 Landesverfassung der Freien und Hansestadt Bremen in der Fassung der Bekanntmachung vom 21. Oktober 1947 (Brem.GBl. S. 251), zuletzt durch Artikel 1 des Gesetzes vom 02. Oktober 2018 (Brem.GBl. S. 433) geändert.

140 *Neumann*, Verfassung der Freien Hansestadt Bremen, Art. 78 Rn. 4.

welche die Regierung weder trägt noch duldet sowie regierungswillig und regierungsfähig ist,[141] demnach auch die Mehrheitsopposition, welche eine Minderheitenregierung toleriert.[142] Schließlich wird die politische Chancengleichheit so verstanden, dass diese bereits durch das Homogenitätsprinzip gegeben ist und alle Fraktionen grundsätzlich die gleichen parlamentarischen Rechte und Pflichten haben.[143] Zuletzt soll die parlamentarische Opposition eine höhere Ausstattung erhalten, um den Vorsprung der Regierungsfraktionen an größeren personellen und sachlichen Mitteln auszugleichen.[144]

kk) Freistaat Bayern

Die parlamentarische Opposition und deren Rechte sind in Bayern in Art. 16a BV[145] geregelt:

> „(1) Parlamentarische Opposition ist ein grundlegender Bestandteil der parlamentarischen Demokratie.
>
> (2) Die Fraktionen und die Mitglieder des Landtags, welche die Staatsregierung nicht stützen, haben das Recht auf ihrer Stellung entsprechende Wirkungsmöglichkeiten in Parlament und Öffentlichkeit. Sie haben Anspruch auf eine zur Erfüllung ihrer besonderen Aufgaben erforderliche Ausstattung.
>
> (3) Das Nähere wird durch Gesetz geregelt."

Art. 16a BV wurde relativ spät, im Jahr 1998, im Wege einer Verfassungsreform in die Landesverfassung eingefügt.[146] Mit der Einfügung desselben sollte die Opposition im Landtag ausdrücklich gestärkt werden.[147] Art. 16a Abs. 1 BV stellt lediglich einen Programmsatz dar, der für sich keine konkreten Rechte und Pflichten begründet und nur als Hintergrund für Art. 16a Abs. 2 BV dient.[148] Die Regelung in Art. 16a Abs. 2 Satz 1 BV wird so verstanden, dass neben der

---

141 *Neumann*, Verfassung der Freien Hansestadt Bremen, Art. 78 Rn. 5.
142 *Neumann*, Verfassung der Freien Hansestadt Bremen, Art. 78 Rn. 8.
143 *Neumann*, Verfassung der Freien Hansestadt Bremen, Art. 78 Rn. 10.
144 *Neumann*, Verfassung der Freien Hansestadt Bremen, Art. 78 Rn. 12.
145 Verfassung des Freistaates Bayern in der Fassung der Bekanntmachung vom 15. Dezember 1998 (GVBl. S. 991, 992), zuletzt durch Gesetze vom 11. November 2013 (GVBl. S. 638, 639, 640, 641, 642) geändert.
146 § 1 Nr. 4 Verfassungsreformgesetz – Reform von Landtag und Staatsregierung v. 20.02.1998 (GVBl. S. 39).
147 *Möstl* in Lindner/Möstl/Wolff, Verfassung des Freistaates Bayern, Art. 16a Rn. 2; *Huber* in Meder/Brechmann, Die Verfassung des Freistaates Bayern, Art. 16a Rn. 1.
148 *Möstl* in Lindner/Möstl/Wolff, Verfassung des Freistaates Bayern, Art. 16a Rn. 5; *Huber* in Meder/Brechmann, Die Verfassung des Freistaates Bayern, Art. 16a Rn. 2.

Fraktion auch der fraktionslose Oppositionsabgeordnete geschützt ist, nicht aber das Mitglied der Oppositionsfraktion.[149] Der Schutzbereich des Art. 16a Abs. 2 BV („*nicht stützen*") ist eng auszulegen und greift erst, wenn eine koalitionsähnliche, feste Vereinbarung zwischen der/den Regierungsfraktion(en) und der parlamentarischen Opposition geschlossen wird.[150] Der Regelungsinhalt von Art. 16a Abs. 2 BV ist jedoch nach wie vor weitestgehend unklar und wird daher als Recht auf Chancengleichheit in Parlament und Öffentlichkeit verstanden.[151] Die Normen werden allgemein so verstanden, dass die Rechte der Opposition und der Fraktionen lediglich festgeschrieben werden, jedoch nicht verändert oder erweitert werden sollen.[152]

ll) Land Rheinland-Pfalz

Zuletzt, jedoch nicht als letztes Bundesland wurde mit Gesetz vom 8. März 2000 (GVBl. 65) ein Art. 85b RheinlPfalzVerf.[153] in die Verfassung aufgenommen, in dem die parlamentarische Opposition folgendermaßen Erwähnung findet:

> „*(1) Parlamentarische Opposition ist ein grundlegender Bestandteil der parlamentarischen Demokratie.*
>
> *(2) Die Fraktionen und die Mitglieder des Landtags, welche die Landesregierung nicht stützen, haben das Recht auf ihrer Stellung entsprechende Wirkungsmöglichkeiten in Parlament und Öffentlichkeit. Ihre besonderen Aufgaben sind im Rahmen der Ausstattung nach Artikel 85a Abs. 3 zu berücksichtigen.*"

Die Rechte der parlamentarischen Opposition werden nicht durch Art. 85b Abs. 1 RheinlPfalzVerf. weiter als bereits unmittelbar aus dem Demokratieprinzip aus Art. 74 Abs. 1 und 2 RheinlPfalzVerf. folgend erweitert werden.[154] Die parlamentarische Opposition wird durch die Verfassung nicht definiert; eine

---

149 *Möstl* in Lindner/Möstl/Wolff, Verfassung des Freistaates Bayern, Art. 16a Rn. 6.

150 *Huber* in Meder/Brechmann, Die Verfassung des Freistaates Bayern, Art. 16a Rn. 4, der den Schutzbereich für die Opposition nur bei Koalitionsvereinbarungen mit der Regierung ausschließen will. So auch LVerfG S-A, LKV 1998, S. 101 (101ff.), zu dem identischen Verfassungswortlaut in Sachsen-Anhalt: Ein bloßes Dulden, Tolerieren und fallweises Kooperieren ohne koalitionsähnliche Abrede reiche für ein „nicht stützen" aus; a.A. *Möstl* in Lindner/Möstl/Wolff, Verfassung des Freistaates Bayern, Art. 16a Rn. 6 mit Verweis auf a.A.

151 *Möstl* in Lindner/Möstl/Wolff, Verfassung des Freistaates Bayern, Art. 16a Rn. 7.

152 *Heitsch*, BayVerwBl. 1998, S. 715 (715) m.w.N. in Fn. 7.

153 Verfassung für Rheinland-Pfalz in der Fassung der Bekanntmachung vom 18. Mai 1947 (VOBl. S. 209), zuletzt durch Gesetz vom 8. Mai 2015 (GVBl. S. 35) geändert.

154 *Hummrich* in Brocker/Droege/Jutzi, Verfassung für Rheinland-Pfalz, Art. 85b Rn. 1.

Allparteienregierung ist daher ebenso wenig ausgeschlossen wie eine Mehrheits-opposition.[155] Art. 85b Abs. 2 RheinlPfalzVerf. soll das Recht auf eine politische Chancengleichheit gegenüber der Regierung beinhalten, während Art. 85b Abs. 2 Satz 1 RheinlPfalzVerf. einen Verfassungsauftrag zum Ausgleich der strukturellen Benachteiligungen der Oppositionsfraktionen in Parlament und Öffentlichkeit enthält.[156] Es kann sich aber aus Art. 85b Abs. 2 Satz 1 RheinlPfalzVerf. viel-mehr sogar die Pflicht des Parlaments ergeben, etwa durch Geschäftsordnungs-beschluss die verfassungsmäßigen Quoren (insbesondere zur Einberufung eines Untersuchungsausschusses) zugunsten der diese Quoren auch gemeinsam nicht erreichenden Oppositionsfraktionen herabzusetzen.[157] Eine andere Ansicht leitet aus Art. 85b Abs. 2 Satz 1 RheinlPfalzVerf. keine unmittelbaren Ansprüche der Opposition her, sondern nur einen Maßstab für die Auslegung von Parlaments-recht und Handlungsmaxime für die parlamentarische Praxis.[158] Weiter kommt aufgrund von Art. 85b Abs. 2 RheinlPfalzVerf. sogar ein fraktionsgerichteter Untersuchungsausschuss gegen eine Oppositionsfraktion nur dann in Betracht, wenn sich diese Oppositionsfraktion auf Tatsachen gegründeten Verdacht gewichtiger Missstände oder Rechtsverletzungen ausgesetzt hat, mit der Folge, dass sich dies zu einer Gefährdung für die parlamentarische Demokratie auszu-weiten droht.[159] Die Rechte der parlamentarischen Opposition werden im Bun-desland Rheinland-Pfalz bisher am breitesten geschützt und exzessiv ausgelegt.

mm) Zwischenfazit

Der Blick in diejenigen Landesverfassungen, welche die parlamentarische Opposition ausdrücklich nennen, vermittelt wegen der unterschiedlichen Regelungsansätze zunächst kein einheitliches Bild. Eine Gemeinsamkeit in den verschiedenen Landesverfassungen lässt sich jedoch finden: Die Normen zur Opposition beziehen sich ausschließlich auf die parlamentarische Opposition und machen diese zu einem exklusiven Gegenstand des Parlamentsrechts.[160]

---

155 *Hummrich* in Brocker/Droege/Jutzi, Verfassung für Rheinland-Pfalz, Art. 85b Rn. 6; *Edinger* in Grimm/Caesar, Verfassung für Rheinland-Pfalz, Art. 85b Rn. 3, jedoch ohne die Mehrheitsopposition zu nennen.

156 *Hummrich* in Brocker/Droege/Jutzi, Verfassung für Rheinland-Pfalz, Art. 85b Rn. 11.

157 *Hummrich* in Brocker/Droege/Jutzi, Verfassung für Rheinland-Pfalz, Art. 85b Rn. 12, ohne nähere Begründung jedoch mit Verweis auf *Cancik*, NVwZ 2014, S. 18 (20ff.).

158 *Edinger* in Grimm/Caesar, Verfassung für Rheinland-Pfalz, Art. 85b Rn. 12.

159 *Hummrich* in Brocker/Droege/Jutzi, Verfassung für Rheinland-Pfalz, Art. 85b Rn. 14 mit Verweis auf RhPflVerfGH, AS 38, S. 322 (327).

160 *Ingold*, Das Recht der Oppositionen, S. 171.

Die Aufnahme der parlamentarischen Opposition in die Verfassung der Freien und Hansestadt Hamburg erwies sich als landesverfassungsrechtlicher Erfolgsschlager. Die Wiedervereinigung Deutschlands gab dieser verfassungsrechtlichen Regelung noch mal einen Impuls, die parlamentarische Opposition als Gegenstück zur SED-Alleinregentschaft auf Verfassungsebene zu normieren. Weitere Bundesländer folgten bei Verfassungsreformen in den späten 1990er und frühen 2000er-Jahren diesem Vorbild. Die Normierung der Oppositionsregelungen in den Landesverfassungen wurde u.a. vorgenommen, um über eine Rechtszuweisung an die Opposition einen Beitrag zur Stärkung der Parlamente zu erreichen.[161] Ferner soll nahezu durchweg Chancengleichheit gegenüber der jeweiligen Landesregierung gewährleistet werden; der Inhalt dieser Zielbestimmung ist aber ebenso unklar. Die Chancengleichheiten nach den Landesverfassungen sollen vielmehr nur reine Deklaration sein; aufgrund der Oppositionszugehörigkeit dürfe nicht diskriminiert werden.[162] Dieses Diskriminierungsverbot besteht aber bereits aufgrund der Abgeordnetengleichheit.[162] Weitestgehend Einigkeit besteht darin, dass die parlamentarische Opposition als Verfassungsinstitution (deklaratorisch) verankert ist, diese jedoch keine eigenen Rechte vermitteln soll. Auch lange nach der Konstitutionalisierung der parlamentarischen Opposition in den jeweiligen Landesverfassungen stellt sich die Frage, was diese Normierung auf Verfassungsebene gebracht hat. Für die parlamentarische Opposition in den Landesparlamenten hat die Festschreibung ihresgleichen in der Verfassung keinen maßgeblichen Einfluss, denn konkrete Rechte werden ihr nicht vermittelt.

c) Der Begriff der Opposition in der Politikwissenschaft

In der Politikwissenschaft wird das Oppositionsverständnis auf den Engländer *Bolingbrock* Mitte des 18. Jahrhunderts zurückgeführt.[163] Dieser postulierte, eine Mehrheit werde nach zu langer Amtsdauer nur noch die Eigeninteressen befriedigen und müsse daher von der parlamentarischen Minderheit abgelöst werden, da diese eine andere Sichtweise vertritt oder andere Vorschläge bereithält und ihrerseits später wieder wegen der Verfolgung von Eigeninteressen abgelöst werden müsse.[163] Die Opposition sei zu unterscheiden in eine parlamentarische Opposition, die ihre Ziele innerhalb des parlamentarischen Systems verfolge,

---

161 *Cancik*, Parlamentarische Opposition in den Landesverfassungen, C. IV., S. 246.
162 *Cancik*, Parlamentarische Opposition in den Landesverfassungen, B. V., S. 193.
163 *Schüttemeyer*, Artikel: „Opposition" in Nohlen/Schulze (Hrsg.), Lexikon der Politikwissenschaft, Band 2, S. 685.

eine außerparlamentarische Opposition, die ihre Ziele durch gesellschaftliche
Opposition durchzusetzen suche, und eine fundamentale Opposition, die ihre
Ziele außerhalb der gegebenen Verfassungsordnung verfolge.[164] Eine parlamentarische Opposition sind diejenigen Parteien, die sich (als Minderheit) gegen
die Regierung und die Regierung tragenden Parteien stellen.[164] Die verschiedenen Definitionen der Opposition sind demnach lexikarische Begriffe. Die
Kritik der Politik der regierenden Mehrheit, die Kontrolle der Regierung nach
Recht und Gesetz sowie des Wahlversprechens und der Entwurf einer alternativen Politik werden der parlamentarischen Opposition als Hauptfunktionen
zugeschrieben.[165] Im Rahmen dieser Arbeit erfolgt daher im Folgenden nur die
Beschäftigung mit der parlamentarischen Opposition, da lediglich diese verfassungsrechtlich greifbar ist und sich ins Gefüge des Grundgesetzes einreiht.

d) Der Begriff der Opposition in der Rechtswissenschaft

Ein Blick auf die Landesverfassungen, die eine parlamentarische Opposition
ausdrücklich nennen, führte nicht zu einer näheren Klarheit. Teilweise wird die
parlamentarische Opposition verfassungsunmittelbar definiert, teilweise bleibt
diese als unbestimmter Rechtsbegriff auslegungsbedürftig stehen. Daher wird
nachstehend der Begriff der Opposition allgemein von der Literatur bis hin zur
Rechtsprechung des Bundesverfassungsgerichts untersucht.

aa) Das Verständnis der Opposition in der Literatur

Die Staatsform der Bundesrepublik Deutschland ist nach *Kirchhof* eine repräsentative, mittelbare oder parlamentarische Demokratie.[166] Diese repräsentative
Demokratie gewinnt im Parlament ihre Entscheidungsmitte, denn die gewählten
Volksvertreter gewährleisten, dass die Staatsgewalt auf Billigung und Anerkennung des Volkes beruht.[167] Das Parlament ist traditionell und grundsätzlich in
eine Mehrheit von regierungstragenden Abgeordneten und eine Minderheit von
regierungskritischen Abgeordneten aufgeteilt.[168] Dieses Zusammenspiel von

---

164 *Schubert/Klein*, Artikel: „Opposition", Das Politiklexikon, S. 248.
165 *Kevenhörster*, Artikel: „Opposition" in Görres-Gesellschaft (Hrsg.), Staatslexikon,
   Band 4, S. 170; *Vogt,* Parlamentarische und außerparlamentarische Opposition, S. 43;
   Tränhardt, Artikel: „Opposition" in Anders/Woyke (Hrsg.), Handwörterbuch des politischen Systems der Bundesrepublik Deutschland, S. 513.
166 *Kirchhof* in Brenner/Huber/Möstl, Festschrift für Peter Badura, S. 241.
167 *Kirchhof* in Brenner/Huber/Möstl, Festschrift für Peter Badura, S. 242.
168 Auf die Besonderheiten einer Minderheitsregierung bzw. einer Regierung ohne
   eigene Mehrheit unter Tolerierung von einer Oppositionspartei soll in diesem

Regierung und Opposition ist kein „*klassisches*" Thema der deutschen Staats-rechtslehre, da dieses im traditionellen Konzept der Gewaltenteilung keinen Platz findet.[169] Die maßgebende juristische Bearbeitung des Gegenstandes der parlamentarischen Opposition im Verfassungsrecht geht vermutlich auf *H.-P. Schneider* Mitte der 1970er-Jahre zurück.[170] Nach *Cancik* legt Schneider Aussa-gen des Bundesverfassungsgerichts zum „*Recht auf Bildung und Ausübung einer Opposition*" im Sinne seiner Vorstellung von Opposition als organisatorische Institution aus, mit der Konsequenz, dass auch die Opposition als Rechtsbe-griff zu sehen ist.[171] Dieser Wertung ist aber zu widersprechen, da das Bundes-verfassungsgericht ein „*Recht auf verfassungsmäßige Bildung und Ausübung einer Opposition*" konstituiert, das als Element der freiheitlich demokratischen Grundordnung im Sinne des Art. 21 Abs. 2 GG eingeordnet wird.[172] Die parla-mentarische Opposition ist somit ein Produkt des Parteienstaates.[173] Unter die-ser Opposition werden juristisch „*alle jene politischen Kräfte im Parlament, die die amtierende Bundesregierung typischerweise nicht unterstützen und nach ihrer Ablösung trachten*"[174], definiert.

Gemäß dieser Definition gehören jene Abgeordneten, die eine Minderhei-tenregierung tolerieren, kraft Definition nicht zur Opposition dazu, obwohl sie gerade nicht Teile der Bundesregierung sind oder sein wollen. Folglich kann die Frage gestellt werden, ob die Opposition nach der Ablösung der Bundes-regierung trachten muss. Hierbei zeigt sich die Schwierigkeit, den Begriff der Opposition überhaupt juristisch greifbar zu machen. Gleichwohl ist die frak-tionsmäßig aufgebaute parlamentarische Opposition das wichtigste Gegenge-wicht zur Regierung sowie zu(r) Mehrheitsfraktion(en) und damit eine zentrale und unverzichtbare Größe des Verfassungslebens.[175] Die Opposition bzw. die Minderheit überwacht im parlamentarischen Regierungssystem in erster Linie die Regierung bzw. die Mehrheit.[176] Im Ergebnis ist nach vorherrschender Ansicht in der Literatur die Opposition ein fester unverzichtbarer Bestandteil

---

Zusammenhang nicht eingegangen werden, denn eine klare Stimmenverteilung in Mehrheitsgruppen und Minderheitsgruppen ist noch immer der Regelfall.
169 *Huber* in HStR III, § 47 Rn. 1.
170 *Cancik*, Parlamentarische Opposition in den Landesverfassungen, S. 46.
171 *Cancik*, Parlamentarische Opposition in den Landesverfassungen, S. 47.
172 *Cancik*, Parlamentarische Opposition in den Landesverfassungen, S. 47f.
173 *Huber* in HStR III, § 47 Rn. 31.
174 *Huber* in HStR III, § 47 Rn. 40.
175 *Scholz* in Badura/Dreier, Festschrift 50 Jahre BVerfG, Bd. 2, S. 681.
176 BVerfGE 49, S. 70 (86).

der Verfassungswirklichkeit, auch wenn sie im Grundgesetz nicht ausdrücklich – trotz verschiedener Anläufe – ihren Platz fand.

bb) Die Ansicht des Bundesverfassungsgerichts zur Opposition und deren Gefüge im Grundgesetz

Das Bundesverfassungsgericht hat sich bereits in mehreren Entscheidungen zur Opposition im Deutschen Bundestag und in den Landesparlamenten geäußert.

(1) Bildung und Ausübung einer Opposition als Prinzip der freiheitlich demokratischen Grundordnung

Bereits in einer frühen Entscheidung des Bundesverfassungsgerichts wurde näher ausgeführt, dass die Bildung und Ausübung einer Opposition ein grundlegendes Prinzip der *„freiheitlich demokratischen Grundordnung"* ist.[177] In diesem Urteil wurde das erste Parteienverbotsverfahren unter dem jungen Grundgesetz behandelt:

> *„Zu den Grundlegenden Prinzipien dieser Ordnung sind mindestens zu rechnen: die Achtung vor den im Grundgesetz konkretisierten Menschenrechten, vor allem vor dem Recht der Persönlichkeit auf Leben und freie Entfaltung, die Volkssouveränität, die Gewaltenteilung, die Verantwortlichkeit der Regierung, die Gesetzmäßigkeit der Verwaltung, die Unabhängigkeit der Gerichte, das Mehrparteienprinzip und die Chancengleichheit für alle politischen Parteien mit dem Recht auf verfassungsmäßige Bildung und Ausübung einer* **Opposition.**"[177] (Herv. d. Verf.)

Das Gericht führte – mangels Unerheblichkeit für die damalige Entscheidung – nicht näher aus, was unter einer Opposition sowie der Ausübung einer Opposition gemeint war. In einem weiteren Urteil, diesmal zum EVG-Vertrag, wurde lediglich die Opposition im politischen Sinn beschrieben.[178] Im KPD-Urteil des Bundesverfassungsgerichts vom 17. August 1956, dem zweiten Parteienverbotsverfahren, bekannte sich das Bundesverfassungsgericht zu einem *„Recht auf Ausübung von Opposition"* sowie zu einer allgemeinen *„Freiheit zur Opposition"*.[179] Im Gegensatz zur vorgenannten Entscheidung wurde nunmehr das Recht zur Bildung einer Opposition um das Recht der Freiheit zur Opposition ergänzt.

---

177 BVerfGE 2, S. 1 (13).
178 BVerfGE 2, S. 143 (170): *„Es ist nicht nur das Recht der Opposition, außer in ihren politischen auch ihre verfassungsrechtlichen Bedenken geltend zu machen, sondern im parlamentarisch-demokratischen Staat geradezu ihre Pflicht".*
179 BVerfGE 5, S. 85 (350f.).

In einem Urteil über die Beschlussfähigkeit des Deutschen Bundestages griff das Bundesverfassungsgericht seine frühere Entscheidung (BVerfGE 2, 1ff.) auf, sprach der Opposition aber keine neuen gesonderten Rechte zu; vielmehr wurde der bloße verfassungsgerichtliche Ist-Zustand dokumentiert:

> *„Das Recht auf verfassungsmäßige Bildung und Ausübung einer Opposition (BVerfGE 2, 1 [131] = NJW 1952, 1407) umfasst den Anspruch der oppositionellen Minderheit, ihre eigenen politischen Ansichten im Plenum vorzutragen und die Vorstellungen der Mehrheit zu kritisieren.“*[180]

Trotzdem stärkte dieses Urteil die Rolle der Opposition weiter. Stimmen in der Literatur leiten aus dem vorbezeichneten Urteil ab, die Opposition wurde durch dieses Urteil sogar vom Bundesverfassungsgericht zum geliebten Wunschkind der parlamentarischen Demokratie erhoben.[181] Im Ergebnis bestätigt das Bundesverfassungsgericht die Ansicht in der Literatur: Die Opposition ist für das parlamentarische Regierungssystem unverzichtbar.

(2) Die Garantie von Minderheitenrechten der Opposition durch das Bundesverfassungsgericht mittels Verfassungsinterpretation

Das Bundesverfassungsgericht wurde in einer weiteren Entscheidung jedoch wieder deutlicher. Antragsgegenstand war die Erweiterung einer der Untersuchungsgegenstände des Untersuchungsausschusses im Schleswig-Holsteiner Landtag.[182] Die Opposition hatte die Einsetzung eines Untersuchungsausschusses beantragt, dieser wurde auch einstimmig eingesetzt.[183] Durch einen weiteren Beschluss wurde gegen die Stimmen der antragstellenden Fraktion der Untersuchungsgegenstand erweitert, hiergegen wandte sich die Oppositionsfraktion mit einem Antrag an das Bundesverfassungsgericht.[183] Die Karlsruher Verfassungsrichter führten zu dieser Maßnahme knapp aus:

> *„Im parlamentarischen Regierungssystem überwacht daher in erster Linie nicht die Mehrheit die Regierung, sondern diese Aufgabe wird vorwiegend von der Opposition – und damit in der Regel der Minderheit – wahrgenommen. Das durch die Verfassung garantierte Recht der Minderheit auf Einsetzung eines Untersuchungsausschusses darf, soll vor diesem Hintergrund die parlamentarische Kontrolle ihren Sinn noch erfüllen können, nicht angetastet werden.“*[184]

---

180 BVerfGE 44, S. 308 (321).
181 *Häberle*, JZ 1977, S. 361 (365).
182 BVerfGE 49, S. 70 (73).
183 BVerfGE 49, S. 70 (74).
184 BVerfGE 49, S. 70 (86).

Das Bundesverfassungsgericht statuierte hier das „Bepackungsverbot".[185] Eine Änderung des Themas des Untersuchungsausschusses ist nur mit Zustimmung der qualifizierten Antragsminderheit möglich.[186] Der Beschluss erging zwar zugunsten einer Landesopposition, die Ausführungen sind aber nicht auf die Opposition im Schleswig-Holsteiner Landtag beschränkt. Das Bundesverfassungsgericht nennt in seiner Entscheidung das parlamentarische Regierungssystem im Allgemeinen, welches sowohl auf Bundes- als auch auf Länderebene gilt. Es wurden zudem Ausführungen generell zum parlamentarischen Regierungssystem gemacht und diese nicht auf den Sachverhalt, somit die Opposition des Schleswig-Holsteiner Landtags, beschränkt. Der Begriff der parlamentarischen Opposition kann in der Bundesrepublik Deutschland nur einheitlich verstanden werden.

Nachdem das Bundesverfassungsgericht in einem weiteren Urteil zur parlamentarischen Haushaltskontrolle der Nachrichtendienste hatte Stellung nehmen müssen, wurden die Mitwirkungsmöglichkeiten der Opposition als kontradiktorisches Gegenteil der Mehrheit im Allgemeinen noch näher beschrieben:

> „Das Gebot, parlamentarische Minderheiten zu schützen, sowie das Recht auf verfassungsmäßige Bildung und Ausübung einer Opposition wurzeln im demokratischen Prinzip (Art. 20 Abs. 1 und 2; vgl. BVerfGE 2, 1 (13); 44, 308 (321). Dieser Schutz geht nicht dahin, die Minderheit vor Sachentscheidungen der Mehrheit zu bewahren (Art. 42 Abs. 2 GG), wohl aber dahin, der Minderheit zu ermöglichen, ihren Standpunkt in den Willensbildungsprozess des Parlaments einzubringen. Dem ist grundsätzlich dadurch Rechnung zu tragen, dass die Repräsentation in die Ausschüsse vorverlagert wird, wenn dort der Sache nach Entscheidungen fallen."[187]

Es wird festgestellt, dass der Opposition gewisse Rechte und Mitwirkungsmöglichkeiten zustehen müssen, ja diese sogar notwendig für die freiheitlich demokratische Grundordnung sind. Das Bundesverfassungsgericht ernennt die Bildung und Ausübung einer Opposition zu einem Prinzip der freiheitlich demokratischen Grundordnung[188] und spricht der parlamentarischen Opposition somit einen Verfassungsstatus zu.[189] Es wird aber nicht so weit gegangen, dass der Opposition ein Recht auf Chancengleichheit gegenüber der Regierung zugebilligt wird, vielmehr wird diese Frage unbeantwortet gelassen.[190] Bei der

---

185 *Ingold*, Das Recht der Oppositionen, S. 392 m.w.N.
186 *Klein* in Maunz/Dürig, GG, Art. 44 Rn. 80.
187 BVerfGE 70, S. 324 (363).
188 BVerfGE 2, S. 1 (13); 5, S. 85 (350f.).
189 *Scheider, H.-P.* in HVerfR, § 13 Rn. 101.
190 BVerfGE 10, S. 4 (16).

Bewertung der Öffentlichkeitsarbeit der Bundesregierung kam das Bundesverfassungsgericht zu dem Schluss, dass eine Parlamentsmehrheit auch eine Pflicht habe, die Rechte der Minderheit zu beachten und ihre Interessen zu berücksichtigen seien, ihr nicht die rechtliche Chance zu nehmen oder zu verkürzen, um die Mehrheit von morgen zu werden.[191] Die parlamentarische Opposition wird durch die Rechtsprechung ebenfalls mit einer Kritik-, Kontroll- und Alternativfunktion charakterisiert und bildet somit weitestgehend die Funktionsanalysen aus der Parlamentarismusforschung ab.[192]

e) Zwischenfazit

Da dem Grundgesetz und dem strengen Wortlaut nach eine Opposition gänzlich unbekannt ist, folgt daraus nicht im Umkehrschluss, dass diese nicht existent oder ohne jegliche Rechte der Regierung schutzlos ausgeliefert ist. Vielmehr bildet die Opposition einen elementaren Bestandteil des Verfassungslebens. Der Begriff Opposition oder eine ausdrückliche Zubilligung von unmittelbaren Rechten wurde aus historischen Gründen bei den Beratungen über eine Verfassung für die Bundesrepublik Deutschland nicht ausdrücklich in das Grundgesetz aufgenommen.[193] Gleichwohl vergaß der historische Gesetzgeber aber nicht die Opposition oder wollte diese gar „vergessen"; vielmehr billigte dieser der Opposition bereits eine elementare Rechtschutzmöglichkeit zu. Unbeachtet soll nicht bleiben, dass der historische Verfassungsgeber die Opposition als einen mit eigenen Rechten ausgestatteten Teil des Deutschen Bundestages nach Art. 93 Abs. 1 Nr. 1 GG, §§ 63, 64 Abs. 1 BVerfGG dazu befugte, Rechte des Deutschen Bundestages im eigenen Namen geltend zu machen – somit ein Fall der gesetzlichen Prozessstandschaft.[194] Der Schutz der Parlamentsminderheit war für den Parlamentarischen Rat Grund genug, die Formulierung des Art. 93 Abs. 1 Nr. 1 GG so anzupassen, damit eine Parlamentsminderheit von diesem Rechtschutz

---

191 BVerfGE 44, S. 125 (142).
192 *Ingold*, Das Recht der Oppositionen, S. 242.
193 *Schneider, H.-P.*, nennt es eine missglückte Verfassungsgesetzgebung, dass im Herrenchiemseer Entwurf ausdrücklich auf ein Recht der politischen Parteien auf (parlamentarische) Opposition verzichtet wurde (*Schneider, H.-P.*, Die parlamentarische Opposition im Verfassungsrecht, Band I, S. 189). Dies ginge auf eine ideologische Fehlinterpretation des Block(parteien)systems zurück, weswegen auf ein klares Bekenntnis des Grundgesetzes zum Verfahren der freiheitlichen Regierungsbildung verzichtet wurde (*Schneider, H.-P.*, ebenda).
194 *Huber* in HStR III, § 47 Rn. 49.

Gebrauch machen könnte.[195] Man wollte nicht „ganz kleine[n] Gruppen", sondern einer relevanten Minderheit als Gegenspielerin der Regierungsmehrheit
den Rechtsweg zum Bundesverfassungsgericht eröffnen.[196] In der ständigen
Rechtsprechung des Bundesverfassungsgerichts sind daher ebenso die Fraktionen des Deutschen Bundestages berechtigt, Rechte desselben im eigenen Namen
geltend zu machen.[197] So gesehen findet die Opposition nicht expressis verbis,
aber zumindest indirekt ihren verdienten Platz im Grundgesetz.

Eine freiheitlich-demokratische Grundordnung bedingt daher eine Opposition, ein notwendiges Gegenstück zur Regierung – aus Sicht der Regierung
zumeist wohl ein ‚notwendiges Übel'. Als Teil des Parlaments muss die parlamentarische Opposition auch an bestimmten Rechten partizipieren können.[198]
Deswegen ist es nur konsequent, wenn das Bundesverfassungsgericht auch den
Mitgliedern der Nichtregierungsfraktionen eine Mitwirkungsmöglichkeit in den
Ausschüssen ermöglicht, da eben gerade dort Sachentscheidungen fallen.[199] Aus-
nahmen sind nur unter Abwägung mit anderen Rechtsgütern von Verfassungsrang möglich, z.B. wenn die Opposition stark heterogen ist und aus faktischen
Gründen in kleinen Gremien nicht die tatsächlichen Mehrheitsverhältnisse
abgebildet werden.[200]

Eine parlamentarische Opposition ist daher nicht nur als ein unvermeidbares
Nebenprodukt des auf dem Mehrheitsgrundsatz basierenden parlamentarischen
Systems zu sehen, sondern als unverzichtbares Funktionselement der demokratischen Ordnung.[201] Die Opposition vollendet die Demokratie. Eine Opposition
übt das parlamentarische Wächteramt aus und zur wirksamen Erfüllung dieser
Aufgabe – ggf. auch gegen den Widerstand der Mehrheit – bedarf es als Ausnahme vom demokratischen Mehrheitsprinzip der Gewährleistung von Minderheitenrechten.[202] Aus dem Demokratieprinzip (Art. 20, 28 GG) folgt das Gebot

---

195 BVerfGE 90, S. 286 (344).
196 Deutscher Bundestag/Bundesarchiv, Der Parlamentarische Rat 1948 – 1949,
    Band 14: Hauptausschuss, 23. Sitzung des Hauptausschusses vom 8. Dezember 1948,
    S. 679 (691), so schlug der Abgeordnete de Chapeaurouge eine Fraktion mit einer
    Mindeststärke von 10 % der Mitglieder des Hauses vor.
197 BVerfGE 2, S. 142 (160); 45, S. 1 (28); 67, S. 100 (125); 68, S. 1 (65); 70, S. 324 (351);
    90, S. 286 (336).
198 Schwarz, ZRP 2013, S. 226 (226).
199 BVerfGE 70, S. 324 (363); 44, S. 308 (319).
200 BVerfGE 70, S. 324 (363f.).
201 Schneider, H.-P. in HVerfR, § 13 Rn. 99.
202 Morlok in Dreier, GG II, Art. 44 Rn. 11.

der Parlamentsmehrheit die parlamentarische Minderheit zu schützen.[203] Von diesen allgemeinen Überlegungen ausgehend, ist die Opposition schützenswert und schutzbedürftig; die Minderheit von heute könnte die Mehrheit von morgen werden. Als Wächterin der Regierung müssen ihr grundsätzliche Rechte zustehen, andernfalls ist eine lebendige parlamentarische Demokratie in Gefahr.

4. Die Minderheitenrechte im parlamentarischen Prozess

Die parlamentarische Opposition bzw. die Nichtregierungsfraktionen bilden grundsätzlich die Minderheit im Deutschen Bundestag. In einem besonderen Ausnahmefall hingegen stellen die Mitglieder der Nichtregierungsfraktionen die (zahlenmäßige) Mehrheit, und die Minderheit bilden die Regierungsfraktionen – hier wird von einer (tolerierten) Minderheitenregierung gesprochen. Dieser Ausnahmefall hätte im Übrigen aber keinen Einfluss, da Minderheitenrechte nicht dem Schutz der Opposition dienen, sondern von einem beliebig zusammengesetzten Quorum ausgeübt werden können.[204] Diesem Umstand liegt die Überlegung zugrunde, Minderheitenrechte können z.B. auch Fraktionen ausüben, ohne dass diese Oppositionsfraktionen sein müssen.[204] Im Übrigen stehen die Minderheitenrechte zumeist einem Bruchteil oder einer gewissen Anzahl von Parlamentariern zu, unabhängig davon, ob diese einer, verschiedenen oder keiner Fraktion angehören.[204]

a) Definition der Minderheitenrechte

Minderheitenrechte können von einer Gruppe aus Abgeordneten oder einer Fraktionen wahrgenommen werden, ohne Rücksicht auf ihre Zugehörigkeit zur Regierungsmehrheit oder zur Opposition.[205] Diese Rechte dienen neben der parlamentarischen Kontrolle vor allem dem Zweck, Alternativen zu präsentieren, den politischen Entscheidungsprozess offenzuhalten sowie der Mehrheit zu ermöglichen, ihren Standpunkt in den Willensprozess des Parlaments einzubringen und damit insgesamt den politischen Entscheidungsprozess zu optimieren.[206] Es liegt hier eine verfassungsrechtliche Privilegierung vor, weil eine Anzahl von Abgeordneten die Möglichkeit hat, bestimmte Prozeduren gegen

203 *Sachs* in Sachs, GG, Art. 20 Rn. 26.
204 *Achterberg*, Parlamentsrecht, S. 592. *Achterberg* negiert aber nicht, dass dies realtypisch anders zu sehen sei.
205 *Kluth* in Schmidt-Bleibtreu/Hofmann/Henneke, GG, Art. 40 Rn. 90.
206 *Dreier* in Dreier, GG II, Art. 20 (Demokratie) Rn. 74 unter Bezugnahme auf BVerfGE 70, S. 324 (363f.).

den Willen der Mehrheit dieser aufzuzwängen bzw. zu betreiben.[207] Demnach gehört der Schutz der politischen Minderheiten zu den Funktionsbedingungen der Mehrheitsdemokratie.[208]

b) Die Entwicklung des Enqueterechts zum Minderheitenrecht

Das Enqueterecht ist wohl das bedeutendste Recht einer parlamentarischen Minderheit. Im Grundgesetz ist das Enqueterecht in Art. 44 Abs. 1 S. 1 GG zu finden.[209] Dieses parlamentarische Untersuchungsrecht ist keine Selbstverständlichkeit, denn eine Machteinschränkung der Regierenden musste sich das Parlament erst mühsam „erkämpfen". Von England über Amerika bis hin nach Kontinentaleuropa fand das parlamentarische Untersuchungsrecht Eingang in die jeweiligen Verfassungen.

Das Untersuchungsrecht des Parlaments hat seine geschichtlichen Wurzeln im England des 14. Jahrhunderts.[210] Im Jahr 1340 wurde erstmals durch das Parlament ein parlamentarischer Untersuchungsausschuss („Select Committee of Inquiry") eingesetzt.[211] Dieses Recht zur Einsetzung eines Untersuchungsausschusses war nur rudimentär ausgestaltet und wenig konturiert,[212] jedoch verfügte es über klassische Beweiserhebungsrechte.[213] England ist somit als

---

207 *Hofmann/Dreier* in Schneider/Zeh, Parlamentsrecht und Parlamentspraxis, § 5 Rn. 66.

208 *Hofmann/Dreier* in Schneider/Zeh, Parlamentsrecht und Parlamentspraxis, § 5 Rn. 68.

209 Art. 44 Abs. 1 Satz 1 GG lautet: „*Der Bundestag hat das Recht und auf Antrag eines Viertels seiner Mitglieder die Pflicht, einen Untersuchungsausschuß einzusetzen, der in öffentlicher Verhandlung die erforderlichen Beweise erhebt.*" Das Enquete-Recht ist die Pflicht zur Einsetzung eines Untersuchungsausschusses bei der Erreichung eines bestimmten Quorums.

210 *Brocker* in Glauben/Brocker, Das Recht der parlamentarischen Untersuchungsausschüsse in Bund und Ländern, Kapitel 2 Rn. 1.

211 *Redlich*, Recht und Technik des englischen Parlamentarismus, S. 469ff.; *Steffani*, Die Untersuchungsausschüsse des Preußischen Landtages zur Zeit der Weimarer Republik, S. 19: Es handelte sich um einen Ausschuss „*zur Prüfung der Rechnungen über die Verausgabung der letztbewilligten Subsidie*"; *Bräcklein*, Investigativer Parlamentarismus, S. 41; *Ziemske*, Das parlamentarische Untersuchungsrecht in England, S. 31.

212 *Steffani*, Die Untersuchungsausschüsse des Preußischen Landtages zur Zeit der Weimarer Republik, S. 21: Eine wesentliche Ausdehnung der Befugnisse erfolgte erst Mitte des 16. Jahrhunderts bis Anfang des 17. Jahrhunderts und wurde erst in der Bill of Rights (1689) kodifiziert.

213 *Bräcklein*, Investigativer Parlamentarismus, S. 41; *Ziemske*, Das parlamentarische Untersuchungsrecht in England, S. 31: Das Committee hatte die Befugnis „*to send for persons, papers and records*".

„Mutterland des parlamentarischen Untersuchungsrechts" zu bezeichnen.[214] Das Untersuchungsausschussrecht wandelte sich gegen Ende des 17. Jahrhunderts vom bloßen Kontrollrecht der Finanzpolitik der Krone zum Enqueterecht heutiger Prägung.[215]

Das oberste Gesetzgebungsorgan in den Vereinigten Staaten von Amerika, der Kongress, nahm bereits 1792 das parlamentarische Untersuchungsausschussrecht für sich in Anspruch.[216] Seit diesem Jahr setzen beide Häuser des Kongresses, der Senat und das Repräsentantenhaus, parlamentarische Untersuchungsausschüsse zum Zweck von *„legislative investigations"* ein.[217] Überraschenderweise ist das selbstständige Beweiserhebungsrecht des Kongresses nicht in der Verfassung geregelt, jedoch (mittlerweile[218]) unstrittig existent.[219]

In Deutschland setzte sich das parlamentarische Untersuchungsrecht – im Gegensatz zu England mit seiner Vorreiterrolle im 17. Jahrhundert und den Vereinigten Staaten von Amerika – erst verhältnismäßig spät durch. Eine erstmalige verfassungsrechtlich verankerte Erwähnung fand das parlamentarische Untersuchungsrecht im Jahr 1816 in der Verfassung des Großherzogtums Sachsen-Weimar-Eisenach sowie 1831 in der Verfassung von Kurhessen.[220] Zum Recht des Parlaments auf Einsetzung eines Untersuchungsausschusses bekannte sich 1848/49 die vorläufige Geschäftsordnung der Frankfurter Nationalversammlung, und schließlich wurde dieses Recht dann auch in der daraus erarbeiteten

---

214 *Ziemske,* Das parlamentarische Untersuchungsrecht in England, S. 13.

215 *Steffani,* Die Untersuchungsausschüsse des Preußischen Landtages zur Zeit der Weimarer Republik, 1960, S. 19f, 21; *Ziemske,* Das parlamentarische Untersuchungsrecht in England, S. 31; *Bräcklein,* Investigativer Parlamentarismus, S. 42.

216 *Gascard,* Das parlamentarische Untersuchungsrecht in rechtsvergleichender Sicht, S. 29.

217 *Brocker* in Glauben/Brocker, Das Recht der parlamentarischen Untersuchungsausschüsse in Bund und Ländern, Kapitel 2 Rn. 6.

218 *Bräcklein,* Investigativer Parlamentarismus, S. 119: Im Jahr 1927 bestätigte das Verfassungsgericht der Vereinigten Staaten von Amerika, der Supreme Court, im Verfahren *McGrain v. Daugherty* die *„implied-powers"*-Theorie.

219 *Bräcklein,* Investigativer Parlamentarismus, S. 118; *Klein* in Maunz/Dürig, GG, Art. 44 Rn. 6: Hier liegt ein anderes Rechtsverständnis zugrunde, nach der sog. *Theorie der implied und der resulting powers* beinhalte jede Zuweisung einer Pflicht oder Kompetenz auch das Recht auf die notwendigen Mittel zu dessen Ausübung.

220 *Brocker* in Glauben/Brocker, Das Recht der parlamentarischen Untersuchungsausschüsse in Bund und Ländern, Kapitel 2 Rn. 13: Nach *Brocker* waren diese Rechte aber de facto wirkungslos, da Instrumentarien für die Ausübung nicht ausgeformt und festgeschrieben waren.

Paulskirchenverfassung kodifiziert.[221] Neben weiteren Verfassungen deutscher
Staaten[222] wurde das parlamentarische Untersuchungsrecht schließlich im Jahr
1850 in die preußische Verfassung aufgenommen.[223] Dieses Recht nach der
Preußischen Verfassung bliebe aber als parlamentarisches Untersuchungsrecht
im Endeffekt wirkungslos.[224] Tatsächlich wurden auch in den anderen Staaten, die ebenfalls eine Konstitutionalisierung der Untersuchungsausschüsse
in den jeweiligen Verfassungen vorgenommen hatten, entweder keine Untersuchungen durchgeführt, oder diese prägten zumindest nicht nachhaltig dieses Recht.[225] Nach diesen halbherzigen und proexekutivischen Umsetzungen
des parlamentarischen Untersuchungsrechtes fand dieses weder in der Verfassung des Norddeutschen Bundes von 1867 noch in der Reichsverfassung von

---

221 *Geis* in HStR III, § 55 Rn 1: In § 99 der Paulskirchenverfassung war geregelt: *„Das
Recht des Gesetzesvorschlages, der Beschwerde, der Adresse und der Erhebung von Tatsachen, sowie der Anklage der Minister, steht jedem Haus zu.“*; *Klein* in Maunz/Dürig,
GG, Art. 44 Rn. 10; *Steffani*, Die Untersuchungsausschüsse des Preußischen Landtages zur Zeit der Weimarer Republik, S. 46f.: Erstmalig wurde die parlamentarische
Untersuchungsbefugnis in Art. V., § 99 der Reichsverfassung vom 28. März 1849, auf
Ebene des Reichs festgeschrieben.
222 Übersicht bei *Platter*, Das parlamentarische Untersuchungsverfahren vor dem Verfassungsgericht, S. 22 Fn. 7: Gotha, Schleswig-Holstein, Waleck-Prymont, Hamburg
und Bayern jeweils m.w.N.
223 *Geis* in HStR III, § 55 Rn 1: In Art. 82 der Preußischen Verfassung vom 31.01.1850
hieß es: *„Eine jede Kammer hat die Befugnis, behufs ihrer Information Kommissionen
zur Untersuchung von Tatsachen zu ernennen.“*; *Brocker* in Glauben/Brocker, Das Recht
der parlamentarischen Untersuchungsausschüsse in Bund und Ländern, Kapitel 2
Rn. 14: Das parlamentarische Untersuchungsrecht in der preußischen Verfassung
beinhaltete jedoch lediglich ein allgemeines Recht des Parlaments zur Informations-
beschaffung.
224 *Geis* in HStR III, § 55 Rn 2: Der preußische König setzte im Jahr 1873 eine Spezial-
Untersuch-ungskommission ein, die aus Vertretern der Exekutiven und Legislativen
bestand. Diese Praxis wurde bis zum Ende des Preußischen Königreichs wiederholt
fortgesetzt, obwohl dies eigentlich ein parlamentarischer Untersuchungsausschuss
hätte sein müssen; *Steffani*, Die Untersuchungsausschüsse des Preußischen Landtages
zur Zeit der Weimarer Republik, S. 56f.: Die Einsetzung eines Untersuchungsausschusses konnte nur die Parlamentsmehrheit beantragen und durch Regierungserlasse
wurden preußische Staatsdiener angehalten, den Forderungen des Untersuchungsausschusses keine Folge zu leisten.
225 *Masing*, Parlamentarische Untersuchungen privater Sachverhalte, S. 11.

1871 Eingang.[226] Kommissionen wurden bei Bedarf von der Regierung oder per Gesetz eingesetzt.[227] Unter den Abgeordneten des Reichstags war die von den Sozialdemokraten zweimal beantragte verfassungsrechtliche Kodifizierung des parlamentarischen Untersuchungsrechts heftig umstritten; sogar dessen Verfassungsmäßigkeit wurde von der Regierung bestritten.[227] Die damalige Konzeption eines parlamentarischen Enqueterechts, welches insbesondere von *Max Weber* vertreten wurde, entsprach bereits weitestgehend dem heutigen Modell.[228] Weber galt als Vordenker und *„geistiger Vater des Enqueterechts".*[229] Durch *Hugo Preuß* fand das Enqueterecht schließlich Eingang in das deutsche Verfassungsleben.[230] Erst nach dem Zusammenbruch des wilhelminischen Reiches nach Ende des Ersten Weltkrieges konnte sich das Enqueterecht des Parlamentes nach dem Vorschlag von *Max Weber* endgültig durchsetzen,[231] wenngleich dies in der Staatsrechtslehre nicht unkritisch gesehen wurde.[232] Mit der Weimarer Reichsverfassung fanden erstmals Untersuchungsausschüsse Einzug in dieselbe, die ebenfalls mit Zwangsrechten ausgestattet waren und Sachverhalte selbstständig und unabhängig von Exekutive und Judikative aufklärten.[233] Das neue parlamentarische Kontrollrecht wurde aber in der Staatspraxis durch republikfeindliche Bestrebungen als Instrument der parteipolitischen Agitation verwendet.[234] Während der nationalsozialistischen Unrechtsherrschaft in der Zeit von 1933 bis 1945 spielte das parlamentarische Untersuchungsrecht selbstredend keine Rolle mehr.[235]

---

226 *Platter*, Das parlamentarische Untersuchungsverfahren vor dem Verfassungsgericht, S. 23; *Brocker* in Glauben/Brocker, Das Recht der parlamentarischen Untersuchungsausschüsse in Bund und Ländern, Kapitel 2 Rn. 14.

227 *Klein* in Maunz/Dürig, GG, Art. 44 Rn. 12; *Steffani*, Die Untersuchungsausschüsse des Preußischen Landtages zur Zeit der Weimarer Republik, S. 66ff.

228 *Geis* in HStR III, § 55 Rn 3 m.w.N.

229 *Schröder*, ZParl 30 (1999), S. 715 (716).

230 zur Historie: *Wiefelspütz*, Das Untersuchungsausschussgesetz, S. 17ff.; *Schröder*, ZParl 30 (1999), S. 715 (717f.).

231 *Schröder*, ZParl 30 (1999), S. 715 (716) m.w.N.

232 *Schröder*, ZParl 30 (1999), S. 715 (715f.) mit Verweis auf zeitgenössische Aussagen: *Ernst Müller-Meiniger* bezeichnete dies als *„Skandal erster Ordnung"* und eine *„Sabotage des Rechts"*, *Leo Wittmayer*: *„Modeerkrankung"* und *Erich Kaufmann* als *„verfassunsgrechtliche[s] Mißgebilde"*

233 *Schröder*, ZParl 30 (1999), S. 715 (720).

234 *Platter*, Das parlamentarische Untersuchungsverfahren vor dem Verfassungsgericht, S. 28; *Schneider, H.*, in HStR I, § 5 Rn. 52.

235 *Gascard*, Das parlamentarische Untersuchungsrecht in rechtsvergleichender Sicht, S. 73.

Art. 44 des Grundgesetzes knüpft – wie bereits Art. 57 Herrenchiemsee-Entwurf – nahtlos an die Regelung der Weimarer Reichsverfassung zum Enqueterecht an.[236] Sah der Herrenchiemsee-Entwurf noch vor, dass Ergebnisse des
Untersuchungsausschusses verfassungsgerichtlich nachgeprüft werden können, wurde diese Möglichkeit durch den Parlamentarischen Rat verworfen.[237]
Die Erfahrungen aus dem Weimarer Reich wurden natürlich auch im Rahmen
der Beratungen um das Grundgesetz der Bundesrepublik Deutschland kritisch reflektiert, jedoch gab es keine ernstlichen Bestrebungen, das Enqueterecht gegenständlich einzuschränken.[238] Im Parlamentarischen Rat war die
konkrete Ausgestaltung daher alles andere als unumstritten.[239] Im Ergebnis
wurde aber nur das Quorum für eine Minderheitenenquote, da dieses in der
Weimarer Zeit missbraucht worden war, von einem Fünftel bewusst auf ein
Viertel erhöht.[239]

Nach Etablierung des (modernen) Enqueterechts als unabkömmliche Notwendigkeit einer parlamentarischen Demokratie in der Weimarer Republik
überrascht es daher nicht, dass Art. 44 GG seit Inkrafttretens des Grundgesetzes
am 23. Mai 1949 noch nie durch den verfassungsändernden Gesetzgeber verändert wurde.[240] Im heutigen Art. 44 GG ist die Handschrift der durch *Max Weber*
maßgeblich geprägten Vorgängernorm, Art. 34 WRV, noch weiterhin deutlich
erkennbar, was insbesondere durch eine Synopse der Verfassungsnormen aus
der Weimarer Reichsverfassung und dem Grundgesetz deutlich wird:

---

236 *Brocker* in Glauben/Brocker, Das Recht der parlamentarischen Untersuchungsaus-
      schüsse in Bund und Ländern, Kapitel 2 Rn. 19.
237 *Geis* in HStR III, § 55 Rn 6.
238 *Klein* in Maunz/Dürig, GG, Art. 44 Rn. 22.
239 *Geis* in HStR III, § 55 Rn 6.
240 *Bauer/Jestaedt*, Das Grundgesetz im Wortlaut, Art. 44 GG, S. 254.

Art. 34 WRV	Art. 44 GG
(1) [1]Der Reichstag hat das Recht und auf Antrag von einem Fünftel seiner Mitglieder die Pflicht, Untersuchungsausschüsse einzusetzen. Diese Ausschüsse erheben in öffentlicher Verhandlung die Beweise, die sie oder die Antragsteller für erforderlich erachten. [2]Die Öffentlichkeit kann vom Untersuchungsausschuss mit Zweidrittelmehrheit ausgeschlossen werden. [3]Die Geschäftsordnung regelt das Verfahren des Ausschusses und bestimmt die Zahl seiner Mitglieder.	(1) [1]Der Bundestag hat das Recht und auf Antrag eines Viertels seiner Mitglieder die Pflicht, einen Untersuchungsausschuss einzusetzen, der in öffentlicher Verhandlung die erforderlichen Beweise erhebt. [2]Die Öffentlichkeit kann ausgeschlossen werden.
(2) Die Gerichte und Verwaltungsbehörden sind verpflichtet, dem Ersuchen dieser Ausschüsse um Beweiserhebungen Folge zu leisten; die Akten der Behörden sind ihnen auf Verlangen vorzulegen.	(2) Auf Beweiserhebungen finden die Vorschriften über den Strafprozess sinngemäß Anwendung. Das Brief-, Post- und Fernmeldegeheimnis bleibt unberührt.
(3) Auf die Erhebungen der Ausschüsse und der von ihnen ersuchten Behörden finden die Vorschriften der Strafprozessordnung sinngemäße Anwendung, doch bleibt das Brief-, Post-, Telegrafen und Fernsprechgeheimnis unberührt.	(3) Gerichte und Verwaltungsbehörden sind zur Rechts- und Amtshilfe verpflichtet.
	(4) Die Beschlüsse der Untersuchungsausschüsse sind der richterlichen Erörterung entzogen. In der Würdigung und Beurteilung des der Untersuchung zugrunde liegenden Sachverhaltes sind die Gerichte frei.

Auch die Entstehungsgeschichte vom heutigen Art. 44 GG belegt, dass Art. 34 WRV im Wesentlichen in Art. 44 GG abgebildet werden soll.[241] Seit Beginn der Arbeit des Deutschen Bundestages werden parlamentarische Untersuchungsausschüsse eingesetzt.[242] So gesehen, erwies sich der parlamentarische

---

241 *Wiefelspütz*, Das Untersuchungsausschussgesetz, S. 26.

242 Am 2. Februar 1950 stellte die Fraktion der Bayernpartei einen Antrag auf Einsetzung eines parlamentarischen Untersuchungsausschusses (BT-Drs. 1/381) und dieser wurde auch vom Deutschen Bundestag anschließend eingesetzt (BT-Drs. 1/1596). In jeder

Untersuchungsausschuss als verfassungsrechtliches Erfolgsmodell. Es überrascht etwas, dass Art. 44 GG keinen Gesetzgebungsauftrag zur Schaffung eines
Gesetzes mit Regularien eines Untersuchungsausschusses beinhaltet, analog
z.B. zu Art. 4 Abs. 3, 21 Abs. 3, 41 Abs. 3 GG etc. Aus diesem Grund wurde
in der Literatur vereinzelt auch die Meinung vertreten, ein Untersuchungsausschussgesetz sei ohne Verfassungsänderung nicht zulässig.[243] Die herrschende
Ansicht in der Literatur hält ein Untersuchungsausschussgesetz jedoch für unbedenklich und zweckmäßig oder kommentiert dieses Problem überhaupt nicht.[244]
Die Kompetenz des Deutschen Bundestages zum Erlass eines Untersuchungsausschussgesetzes wird einerseits aus Art. 40 GG[245], andererseits aus Art. 70
GG[246] abgeleitet. Nachdem das Untersuchungsausschussgesetz aktuell nicht als
verfassungswidrig eingeschätzt wird und das Bundesverfassungsgericht bei zahl-
reichen Gelegenheiten keine Bedenken äußerte, ist dessen verfassungsrechtliche
Zulässigkeit wohl heute nicht mehr bestritten.[247] In diesem Zusammenhang ist
jedoch ebenso darauf hinzuweisen, dass die Kodifizierung des Untersuchungsausschussrechts durch einfaches Recht nur eine Auslegungsmöglichkeit aufzeigt,
die in letzter Stufe durch die Verfassungsgerichtsbarkeit zu bewerten ist.[248] Die

---

Wahlperiode, bis auf die 3. Wahlperiode, wurde mindestens ein Untersuchungsausschuss eingesetzt: Übersicht bei *Schindler*, Datenhandbuch zur Geschichte des Deutschen Bundestages, Band II, S. 2188ff, bis zur 13. Wahlperiode (1949–1998); Übersicht
ab der 12. Wahlperiode (1990–1994) bis zur 18. Wahlperiode (2013–2017): *Feldkamp*,
„Datenhandbuch zur Geschichte des Deutschen Bundestages seit 1990. Kapitel 8.9
Untersuchungsausschüsse", S. 4. Insgesamt gab es bis zum Ende der 18. Walperiode
(2013–2017) somit 44 Untersuchungsausschüsse.

243 *Troßmann*, Parlamentsrecht des Deutschen Bundestages, § 63 Rn. 16.5.

244 *Klein* in Maunz/Dürig, GG, Art. 44 Rn. 27; *Morlok* in Dreier, GG II, Art. 44 Rn. 41;
Wiefelspütz, Das Untersuchungsausschussgesetz, S. 174; *Bülow* in Thaßysen/Schüt-
temeyer, Bedarf das Recht der parlamentarischen Untersuchungsausschüsse einer
Reform, S. 151 (152); *Damkowski*, ZRP 1988, S. 340 (340).

245 *Pieper* in Pieper/Spoerhase, PUAG, Einleitung Rn. 2; *Klein* in Maunz/Dürig, GG,
Art. 44 Rn. 27.

246 *Wiefelspütz*, Das Untersuchungsausschussgesetz, S. 174. Nach *Wiefelspütz* folgt die
Gesetzgebungskompetenz aus der Natur der Sache.

247 zuletzt BVerfG, Urteil vom 3. Mai 2016, Az. 2 BvE 4/14, Rn. 90 mit ausdrücklichem
Verweis auf das PUAG.

248 *Klein* in Maunz/Dürig, GG, Art. 44 Rn. 28; *Partsch*, Empfiehlt es sich, Funktion,
Struktur und Verfahren der parlamentarischen Untersuchungsausschüsse grundlegend zu ändern?, Gutachten für den 45. Deutschen Juristentag, S. 216f; *Schröder*,
Empfiehlt sich eine gesetzliche Neuordnung der Rechte und Pflichten parlamentarischer Untersuchungsausschüsse?, Gutachten für den 57. Deutschen Juristentag, S. E 7

langjährige Rechtsprechung des Bundesverfassungsgerichts, welches die Minderheitenenquete konsequent und kontinuierlich hervorgehoben hat, nahm der Gesetzgeber zum Anlass, ein Untersuchungsausschussgesetz vom 26. Juli 2001 zu beschließen, welches nochmals die Minderheiten im parlamentarischen Untersuchungsausschuss stärkte.[249]

c) Herleitung und Umfang der heutigen Minderheitenrechte

Die Minderheitenrechte wurzeln im verfassungsrechtlichen Status des einzelnen Abgeordneten, und zwar in seiner durch Art. 38 Abs. 1 GG umschriebenen Stellung als freier, seinem Gewissen verpflichteter Vertreter des Volkes, und sind teilweise im Grundgesetz oder der Geschäftsordnung des Deutschen Bundestages verankert.[250] Konsequenterweise entwickelt das Bundesverfassungsgericht den Rechtsstatus der Fraktionen[251] und parlamentarischen Gruppen[252] i.S.v. § 10 Abs. 4 Satz 1 GO-BT daher aus dem Statusrecht des Abgeordneten nach Art. 38 Abs. 1 Satz 2 GG. Teilweise wird auch vertreten, der Minderheitenschutz sei aus dem Rechtsstaatsprinzip entsprungen, da dieser der Gerechtigkeit, dem Rechtsfrieden und letztlich der Rechtssicherheit diene.[253] Die Minderheitenrechte sind weiter primär aus dem verfassungsrechtlichen Status des einzelnen Abgeordneten nach Art. 38 Abs. 1 GG herzuleiten, da nur ein Parlamentarier einzeln oder im Kollektiv diese Rechte ausüben kann, jedoch ergibt sich aus dem Rechtsstaatsprinzip der besondere Schutz (und die Bedeutung) des Minderheitenschutzes.[254] Die Grenze der Minderheitenrechte ist jedoch da zu ziehen, wo es um die Beschlussfassung über einen Beratungsgegenstand gehe, denn die Sachentscheidung unterliege uneingeschränkt der Mehrheit.[255]

---

(125): „(…) mit dem Risiko verfassungsgerichtlicher Verwerfung belasteter Interpretationsversuch (…)".

249 Geis in HStR III, § 55 Rn. 14.

250 Schindler, Datenhandbuch zur Geschichte des Deutschen Bundestages 1949 bis 1999, Band II, S. 2775; Kluth in Schmidt-Bleibtreu/Hofmann/Henneke, GG, Art. 40 Rn. 90.

251 BVerfGE 70, S. 324 (362f.).

252 BVerfGE 84, S. 304 (318).

253 Achterberg/Schulte in von Mangoldt/Klein/Starck, GG II, 6. Auflage, Art. 42 Rn. 45; Achterberg, Parlamentsrecht, § 21, S. 595.

254 So auch BVerfGE 70, S. 324 (363): „Das Gebot, parlamentarische Minderheiten zu schützen (…) wurzeln im demokratischen Prinzip (Art. 20 Abs. 1 und 2); vgl. BVerfGE 2, 1 (13); 44, 308 (321)."

255 Schindler, Datenhandbuch zur Geschichte des Deutschen Bundestages 1949 bis 1999, Band II, S. 2776.

d) *Differenzierung zwischen absoluten und relativen Minderheitenrechten*

Zu unterscheiden sind die parlamentarischen Minderheitenrechte je nach ihrer Durchsetzbarkeit in absolute (unbeschränkte) und relative (beschränkte) Minderheitenrechte.[256] Absolute Minderheitenrechte sind solche, deren Durchsetzung die Mehrheit nicht verhindern kann.[257] Relative Minderheitenrechte sind solche, vermittels derer vom Bundestag eine Entscheidung verlangt werden kann; wird ein solches (Antrags-)Recht geltend gemacht, muss der Deutsche Bundestag – aber nicht notwendigerweise im Sinne der Antragsteller – entscheiden.[257]

e) *Rechtsschutzmöglichkeiten für die Minderheit*

Weder die Opposition als solche noch der Oppositionsführer hat den Status eines Verfassungsorgans, und beide können mangels ihrer prozessualen Organstreitfähigkeit in Form der Parteifähigkeit den Rechtsweg nicht bestreiten.[258] Reine Abstimmungsmehrheiten oder -minderheiten sind im Organstreitverfahren nicht parteifähig.[259] Jedoch sind nach *Achterberg/Schulte* als Ausnahme zu dem vorgenannten Grundsatz Rechtsschutz eröffnende Minderheitenrechte vorhanden, wenn die Minderheit bzw. eine bestimmte Anzahl von Mitgliedern des Deutschen Bundestages im Grundgesetz oder in der Geschäftsordnung des Deutschen Bundestages normativ vorgesehen ist.[260] Demnach knüpft folgerichtig die Parteifähigkeit im verfassungsgerichtlichen Organstreit nur an die

---

256 *Achterberg/Schulte* in von Mangoldt/Klein/Starck, GG II, 6. Auflage, Art. 42 Rn. 47; *Klein* in Maunz/Dürig, GG, Art. 42 Rn. 96.

257 *Klein* in Maunz/Dürig, GG, Art. 42 Rn. 96. Als Beispiele für absolute Minderheitenrechte werden nach *Klein* Art. 44 Abs. 1 S. 1 GG *[Enquêterecht]*, § 14 WahlprüfG *[Einspruch gegen die Gültigkeit der Wahl]* und § 6 Abs. 1 S. 3 GOBT *[Einberufung des Ältestenrates]* genannt, als Beispiel für relative Minderheitenrechte werden Art. 42 Abs. 1 S. 2 GG *[Ausschluss der Öffentlichkeit]*, Art. 61 Abs. 1 S. 2 GG *[Bundespräsidentenanklage]*, § 82 Abs. 1 GO-BT *[Änderungsanträge und Zurückverweisung in zweiter Beratung]* und § 85 Abs. 1 S. 1 GO-BT *[Änderungsanträge und Zurückverweisung in dritter Beratung]* aufgezählt.

258 *Schwarz*, ZRP 2013, S. 226 (226); *Bethge* in Maunz/Schmidt-Bleibtreu/Klein/Bethge, BVerfGG, § 63 Rn. 52.

259 *Benda/Klein/Klein*, Verfassungsprozessrecht, § 28 Rn. 1011: Gemeint sind hier z.B. bloße Abstimmungsmehrheiten.

260 *Achterberg/Schulte* in von Mangoldt/Klein/Starck, GG II, 6. Auflage, Art. 42 Rn. 49 mit Verweis auf Art. 39 Abs. 3 GG, Art. 42 Abs. 1 GG *[Ausschluss der Öffentlichkeit]*, Art. 44 Abs. 1 GG *[Enquêterecht]*, Art. 79 Abs. 2 GG *[Verfassungsänderung]*, § 56 Abs. 1 S. 2 GO-BT *[Einsetzung einer Enquête-Kommission]*, § 97 Abs. 1 Satz 2 GO-BT

Kompetenzzuordnung an, wodurch die Minderheit parteifähig ist, wenn sie ein Recht oder eine Kompetenz geltend macht, welche ihr von der Verfassung oder in der Geschäftsordnung des Deutschen Bundestages zugeordnet ist, und zwar abhängig von der Stellung als einzelne Abgeordnete, Fraktionen und Gruppen (einschließlich der Fraktion im Ausschuss).[261] Dabei gilt es zu beachten, dass es an einer Antragsbefugnis nach § 64 Abs. 1 BVerfGG fehlt, wenn die ausgeübten Zuständigkeiten ihre Rechtsgrundlage nur in der Geschäftsordnung des Deutschen Bundestages haben.[259]

f) Zwischenergebnis

Die Opposition dient dazu, der Demokratie im parlamentarischen System Geltung zu verschaffen, daher umfasst die parlamentarische Opposition jene Abgeordneten, welche die amtierende Regierung in der Regel nicht tragen. Eine Einschränkung ist hier vorzunehmen, da es denkbar ist, dass trotz aller politischer Rabulistik nicht die Regierung tragenden Abgeordneten den Bundeskanzler[262] bei einem Misstrauensvotum unterstützen, weil diese nicht mit dem präsentierten Nachfolger einverstanden sind und die bisherige Bundesregierung im Vergleich das kleinere Übel ist. Der Oppositionsbegriff ist daher nicht starr zu verstehen, sondern als ein dynamischer Prozess. Ebenso wie die Mehrheit und die Minderheit im Parlament typischerweise keine homogenen Größen sind, ist die parlamentarische Opposition keine feste Größe. Eine parlamentarische Opposition ist nach dem aktuellen Stand der Rechtswissenschaft aber nicht mit einer durch gesonderte Rechte ausgestatteten Minderheit gleichzusetzen. Die Minderheitenrechte sind nicht primäre Oppositionsrechte, sondern stehen einer gleichwie gearteten Minderheit zu, unabhängig davon, wie diese sich zusammensetzt. Selbst wenn parlamentarische Opposition und parlamentarische Minderheit meistens deckungsgleich sein dürften, ist dies nicht zwangsläufig so. Bereits ein Blick in die Landesverfassungen zeigt deutlich, dass der Begriff der parlamentarischen Opposition alles andere als einheitlich ist. Im Gegensatz hierzu ist die Minderheit immer eine fest definierbare Größe, denn diese ist rein zahlenmäßig zu bestimmen.

[Misstrauensantrag gegen den Bundeskanzler], § 98 Abs. 2 GO-BT *[Vertrauensantrag des Bundeskanzlers]*.

261 *Klein* in Maunz/Dürig, GG, Art. 42 Rn. 99 mit Verweis auf BVerfGE 67, S. 100 (124); 105, S. 197 (220); 113, S. 113 (120 f.).

262 Das Amt des Bundeskanzlers wird geschlechtsneutral, wie nach Art. 62 GG definiert, verstanden. Selbstredend ist mit Bundeskanzler auch eine Bundeskanzlerin gemeint.

B. Verfassungsrechtliche Probleme Großer Koalitionen mit Zweidrittelmehrheit

Verfassungsrechtliche Probleme Großer Koalitionen mit Zweidrittelmehrheit können dazu führen, dass eine parlamentarische Minderheit – meistens ist diese mit der parlamentarischen Opposition identisch – rein faktisch nicht mehr ihre Minderheitenrechte geltend machen kann. Das parlamentarische System kann durch dieses Ungleichgewicht ins Wanken geraten. Diese These soll nachfolgend diskutiert werden.

I. Bestandsaufnahme: Die Rechte der Parlamentarier im Deutschen Bundestag – Einzeln, in Zusammenschlüssen und als Gruppe

Die Abgeordneten des Deutschen Bundestages sind nach Art. 38 Abs. 1 Satz 2 GG Vertreter des ganzen Volkes, an Aufträge und Weisungen nicht gebunden und nur ihrem Gewissen unterworfen. Art. 38 Abs. 1 GG stellt aber kein Individualrecht des einzelnen Abgeordneten dar.[263] Der einzelne Abgeordnete leistet seinen Beitrag zur Entscheidungsfindung im Parlament, insoweit hat er (nur) ein Teilhaberecht.[264] Neben der Verfassung werden die Rechte der einzelnen Abgeordneten in einfachgesetzlichen Regelungen oder mittels Innenrechts des Deutschen Bundestages, der Geschäftsordnung (GO-BT), paraphrasiert und somit konkretisiert.

Abgeordnete eines Parlaments können sich auf verschiedene Arten zusammenschließen: zu Fraktionen nach § 10 Abs. 1 Satz 1 GO-BT oder, sofern sie keine Fraktionsstärke erreichen, zu Gruppen nach § 10 Abs. 4 Satz 1 GO-BT; Letzteres jedoch nur, soweit die Gruppen vom Deutschen Bundestag ausdrücklich anerkannt werden. Auf die Möglichkeit, sich als Gruppe anzuerkennen wurde erstmals im Jahre 1960 zurückgegriffen.[265] Relevanz erreichte die Gruppe besonders in der 12. Wahlperiode (1990–1994) des Deutschen Bundestages, also

---

263 BVerfGE 6, S. 445 (448f.).

264 *Klein* in HStR III, § 51 Rn 31.

265 Deutscher Bundestag, 3. Wahlperiode, 28.09.1960, Sten. Prot. S. 7173: Neun Abgeordnete der Deutschen Partei wechselten zur Fraktion CDU/CSU, die restlichen sechs Abgeordneten der Deutschen Partei ließen sich vom Deutschen Bundestag als Gruppe i.S.d. § 10 Abs. 4 GO-BT anerkennen.

im ersten Gesamtdeutschen Deutschen Bundestag, in dem Bündnis 90/Grüne mit acht Sitzen und die Partei des Demokratischen Sozialismus mit 17 Sitzen jeweils eine Gruppe bildeten und als solche anerkannt wurden.[266] Weiter gibt es in der Verfassung, im Innenrecht oder einfachgesetzlich gewisse beschränkende Quoren zur Wahrnehmung von Rechten, die keinen dauerhaften Zusammenschluss wie eine Fraktion oder anerkannte Gruppe erfordern. Diese können daher auch als Ad-hoc–Quoren bezeichnet werden. Abgestuft vom einzelnen Abgeordneten zu den verschiedenen Quoren, werden diese Rechte nachfolgend näher betrachtet.

1. Die Rechte des einzelnen Abgeordneten

Das parlamentarische Stimmrecht eines Abgeordneten ist ein höchstpersönliches Recht, welches nur der Abgeordnete selbst ausüben kann und das grundsätzlich nicht entziehbar und nicht einschränkbar ist.[267] Zu den Befugnissen des Abgeordneten gehören das Rederecht[268], das grundsätzlich ebenfalls unentziehbare und nicht einschränkbare Stimmrecht,[269] die Beteiligung der Abgeordneten an der Ausübung des Frage- und Informationsrechts des Parlaments,[270] das Recht der Abgeordneten, sich an den vom Parlament vorzunehmenden Wahlen zu beteiligen und parlamentarische Initiativen zu ergreifen,[271] und das Recht, sich mit anderen Abgeordneten zu einer Fraktion zu organisieren[272]. Da jeder einzelne Abgeordnete des Deutschen Bundestages Vertreter des ganzen Volkes ist, setzt diese Gesamtvertretung voraus, dass alle Abgeordneten mit gleichen Mitwirkungsbefugnissen an der Arbeit des Bundestages teilnehmen.[273]

---

266 *Butzer* in Epping/Hillgruber, BeckOK GG, Art. 38 Rn. 154.1. Deutscher Bundestag, 3. Wahlperiode, 20.12.1990, Sten. Prot. S. 12: Der Abgeordnete Struck (SPD) führte in seiner Rede vor dem Deutschen Bundestag aus, dass man die Träger der Revolution in der DDR, wozu er Bündnis 90/Grünen zähle, gebührend im Deutschen Bundestag zu Wort kommen und mitgestalten lasse wolle, daher biete sich die Anerkennung als Gruppe an.

267 *Kluth* in Schmidt-Bleibtreu/Hofmann/Henneke, GG, Art. 38 Rn. 82.

268 BVerfGE 10, S. 4 (12); 60, S. 374 (379).

269 *Schreiber* in Friauf/Höfling, Berliner Kommentar, Art. 38 Rn. 116.

270 BVerfGE 13, S. 123 (125); 57, S. 1 (5); 67, S. 100 (129); 70, S. 324 (355).

271 BVerfGE 80, S. 188 (218).

272 BVerfGE 43, S. 142 (149).

273 BVerfGE 80, S. 188 (218); 84, S. 304 (321); 102, S. 224 (237); 130, S. 318 (342).

a) Die parlamentarischen Mitwirkungsrechte des einzelnen Abgeordneten

Die parlamentarische Beteiligung des einzelnen Abgeordneten umfasst dessen Recht, an den Verhandlungen[274] des Bundestages nach Art. 42 Abs. 1 Satz 1 GG und den Beschlussfassungen nach Art. 42 Abs. 2, 77 Abs. 1 Satz 1 GG teilzunehmen bzw. mitzuwirken.[275] Diese Rechte sind in ihrer Wirkung nicht auf das Plenum beschränkt, sondern wirken auch auf die Ausschüsse.[276] Daher hat der einzelne Abgeordnete ebenso ein Recht zur Mitwirkung in Ausschüssen nach § 57 GO-BT. Es wird dem einzelnen Parlamentarier aber kein Anspruch vermittelt, in einem bestimmten Ausschuss vertreten zu sein.[277] Das Mitwirkungsrecht in den Ausschüssen korrespondiert mit einem Änderungsantragsrecht in diesem, welches auch für beratende Ausschussmitglieder nach § 71 Abs. 1 Satz 1 GO-BT gilt. Umstritten ist in diesem Zusammenhang, ob einem fraktionslosen Abgeordneten ein Stimmrecht in einem Ausschuss zusteht.[278]

Das Rederecht des einzelnen Abgeordneten nach §§ 35 Abs. 1, 28ff., 46f., 105 GO-BT ist durch die Geschäftsordnung beschränkt, jedoch nur insoweit beschränkbar, als die grundsätzliche Aufgabe des Parlaments als Forum für Rede und Gegenrede nicht unangemessen eingeschränkt wird.[279]

Im Gesetzgebungsverfahren kann der einzelne Abgeordnete nach §§ 82 Abs. 1 Satz 2, 78 Abs. 4 GO-BT im Allgemeinen erst in der zweiten Beratung, sofern es nur eine Beratung gibt, in der ersten Beratung, Änderungsanträge stellen. Die individuelle Mitwirkungsmöglichkeit eines Parlamentariers wird somit im Gesetzgebungsverfahren gesichert.[280] Weitere Möglichkeiten bestehen für einen

---

274 Verhandeln i.S.d. Art. 42 Abs. 1 GG bezieht sich auf den Prozess der Entscheidungsfindung, welchen die Beratung und ebenso die Beschlussfassung umfasst (BVerfGE 89, S. 291 [303]).

275 *Klein* in HStR III, § 51 Rn. 32; § 69 Abs. 1 GO-BT.

276 *Morlok* in Dreier, GG II, Art. 38 Rn. 169.

277 *Ritzel/Bücker/Schreiner*, HbdPP, GO-BT, § 57 I. Ziff. 2.

278 ablehnend BVerfGE 80, S. 188 (222): *„Die Regelung des § 12 Satz 1 GO-BT, wonach die Zusammensetzung der Ausschüsse im Verhältnis der Stärke der einzelnen Fraktionen vorzunehmen ist, soll sicherstellen, dass der Ausschuss die Zusammensetzung des Parlaments verkleinernd abbildet. (…) damit wäre es schwerlich vereinbar, wenn sich die politische Gewichtung innerhalb des Parlaments in den Ausschüssen nicht widerspiegelt."*; a.A. Sondervotum *Mahrenholz*, ebenda (240): Es gebühre dem Bundestag dafür zu sorgen, dass die Regierungsmehrheit auch im Ausschuss die Mehrheit bleibe, hängt die Mehrheit nur an einer Stimme, müsse der Bundestag diesen Ausschuss aufstocken.

279 BVerfGE 96, S. 264 (285).

280 BVerfGE 80, S. 188, (212).

fraktionslosen Abgeordneten nicht, um Sachanträge zu stellen.[281] Der einzelne Angeordnete kann lediglich „kurze Einzelfragen" nach § 105 Satz 1 GO-BT an die Regierung richten.

An den vorgenannten Rechten des einzelnen Abgeordneten schließen sich weitere Rechte an, wie z.b. ein Antragsrecht auf Änderung der Plenartagesordnung nach § 20 Abs. 2 Satz 2 GO-BT, ein Recht, alle Drucksachen über Vorlagen, Anträge, Anfragen und Berichte gem. §§ 20, 77 Abs. 1 GO-BT zu erhalten, oder die freie Nutzung der Archive und Bibliothek des Bundestages, § 16 GO-BT.

Im Bundesverfassungsgerichtsgesetz findet sich das Recht, eine Beschwerde gegen den Beschluss des Deutschen Bundestages über die Gültigkeit der Wahl des Abgeordneten, über die Verletzung von Rechten bei der Vorbereitung oder Durchführung der Wahl sowie über den Verlust der Mitgliedschaft im Deutschen Bundestag einzulegen (§ 48 Abs. 1 BVerfGG). Zusätzlich steht dem Parlamentarier das Recht zu, bei der Verletzung seiner Statusrechte aus Art. 38 Abs. 1 GG durch ein Tun oder Unterlassen eines obersten Bundesorgans eine Organklage nach Art. 93 Abs. 1 Nr. 1 GG, §§ 63, 64 Abs. 1 BVerfGG im eigenen Namen zu erheben.[282]

b) Die parlamentarischen Mitwirkungsrechte des einzelnen Abgeordneten im Untersuchungsausschuss und im Parlamentarischen Kontrollgremium

Als Mitglied eines Untersuchungsausschusses kann jedes anwesende Mitglied den Ausschluss oder die Beschränkung der Öffentlichkeit nach § 14 Abs. 3 Nr. 1 PUAG[283] beantragen. Bei einer Zeugenvernehmung im Untersuchungsausschuss kann jedes Mitglied einen Antrag auf Zurückweisung einer bestimmten Frage stellen, § 25 Abs. 1 Satz 3 PUAG. Als Mitglied des Parlamentarischen Kontrollgremiums kann ein Abgeordneter dessen Einberufung und die Unterrichtung des Parlamentarischen Kontrollgremiums verlangen, § 3 Abs. 2 PKGrG[284].

---

281 *Ritzel/Bücker/Schreiner*, HbdPP, GO-BT, § 82 I. Ziff. 2 lit. b).
282 BVerfGE 6, S. 445 (448f.); 62, S. 1 (32); 114, S. 121 (146).
283 Untersuchungsausschussgesetz vom 19. Juni 2001 (BGBl. I S. 1142), zuletzt durch Artikel 4 Absatz 1 des Gesetzes vom 5. Mai 2004 (BGBl. I S. 718) geändert.
284 Kontrollgremiumgesetz vom 29. Juli 2009 (BGBl. I S. 2346), zuletzt durch Artikel 13 des Gesetzes vom 5. Januar 2017 (BGBl. I S. 17) geändert.

c) Zwischenfazit zu den Rechten des einzelnen Abgeordneten

Der einzelne Abgeordnete hat kraft seiner Stellung als Abgeordneter des Deutschen Bundestages teilweise aus der Verfassung abgeleitete Teilnahme- und Mitwirkungsrechte. Diese Rechte sind fest mit dem Status des Abgeordneten verbunden und größtenteils unveräußerlich. Damit ein Kollektivgremium wie der Deutsche Bundestag handhabbar und arbeitsfähig bleibt, ist es nach Meinung des Bundesverfassungsgerichts möglich und auch notwendig, diese Rechte in gewissem Maße zu beschränken.[285] Der Deutsche Bundestag regelt seine Arbeitsformen und Verfahren eigenverantwortlich in der Geschäftsordnung des Deutschen Bundestages, wie aus der Geschäftsordnungsautonomie nach Art. 40 Abs. 1 Satz 2 GG folgt.[286] Diese Geschäftsordnungsautonomie ist aber hinsichtlich von Satzungsänderungen durch das Bundesverfassungsgericht justiziabel. Insoweit können Geschäftsordnungsvorschriften und Geschäftsordnungsbeschlüsse des Deutschen Bundestages im Wege eines Organstreits gem. Art. 93 Abs. 1 Nr. 1 GG auf ihre Vereinbarkeit mit den Statusrechten des Antragstellers, des einzelnen Bundestagsabgeordneten, überprüft werden.[287] Eine Große Koalition mit einer Zweidrittelmehrheit hat somit keine unmittelbaren Auswirkungen auf den einzelnen Abgeordneten, es sei denn, diese würde die Rechte des einzelnen Abgeordneten in unzulässiger Art und Weise beschränken wollen.

2. Die Rechte einer Fraktion oder eines der gleichgestellten Quoren

Die Rechte einer Fraktion oder eines fraktionsgleichen Quorums sind satzungsmäßige Rechte eines innerparlamentarischen Zusammenschlusses. Es ist geläufige Parlamentspraxis, dass sich Abgeordnete aus derselben Partei zu einer Fraktion im Deutschen Bundestag zusammenschließen. Überraschenderweise ist es in der Literatur noch immer hoch umstritten, welche Rechtsstellung eine Fraktion überhaupt hat.

a) Die Rechtsfigur der Fraktion im Deutschen Bundestag

Die Fraktion wird nach § 10 Abs. 1 GO-BT als eine Vereinigung von mindestens fünf vom Hundert der Mitglieder des Bundestages, die derselben Partei

---

285 BVerfGE 80, S. 188 (219); 84, S. 304 (321f.); 96, S. 264 (278); 99, S. 19 (32); 112, S. 118 (140); 118, S. 277 (324); 130, S. 318 (347f.).

286 BVerfGE 44, S. 308 (315); 80, S. 188 (218f.); 84, S. 304 (322); *Morlok* in Dreier, GG II, Art. 40 Rn. 6.

287 *Achterberg/Schulte* in von Mangoldt/Klein/Starck, GG II, 6. Auflage, Art. 40 Rn. 59.

oder solchen Parteien angehören, die aufgrund gleichgerichteter politischer Ziele in keinem Land miteinander im Wettbewerb stehen, legaldefiniert. Eine überparteiliche Fraktion ist ausdrücklich nur unter dem Zustimmungsvorbehalt des Parlaments nach § 10 Abs. 1 Satz 2 GO-BT möglich. Ein Streit, dessen Wurzeln bereits vorkonstitutionell sind, herrscht mittlerweile seit Jahrzehnten über die Rechtsstellung einer Fraktion. *Klein* bezeichnet diesen Meinungsstreit sogar pointiert als eine *„unendliche Geschichte des Gelehrtenstreits"*[288]. Als Vorfrage zum *„Gelehrtenstreit"* ist zunächst klärungsbedürftig, welche und ob überhaupt eine Fraktion eine eigene Rechtsstellung hat oder dieser Status als reine Funktionsbeschreibung anzusehen ist. Aus dem Ergebnis ist anschließend zu ermitteln, inwieweit eine Große Koalition für die einzelne Fraktion verfassungsrechtlich bedenklich ist.

aa) Die Rechtsstellung der Fraktionen nach den Vorstellungen der Legislativen

Den Parteien wird mit Art. 21 GG eine verfassungsmäßige Grundlage gegeben; durch deren Gründungsfreiheit und den freien Wettbewerb untereinander ist eine Demokratie erst möglich.[289] Eine Vorgängerregelung zu Art. 21 GG hatte in der Weimarer Reichsverfassung nicht existiert, daher wurde vom Parlamentarischen Rat in Art. 21 GG die geläufige Ansicht kodifiziert, eine parlamentarische Demokratie sei notwendigerweise ein Parteienstaat.[290] Eine Aussage zur Rechtsnatur der Fraktionen findet sich jedoch weder in der Geschäftsordnung des Deutschen Bundestages noch in den Geschäftsordnungen der Länderparlamente.[291]

Das Grundgesetz nennt die Fraktionen namentlich lediglich in Art. 53a Abs. 1 Satz 2 GG, beim gemeinsamen Ausschuss von Mitgliedern des Bundestages und Bundesrats als Notstandsgremium im Verteidigungsfall. Diese Regelung wurde im Jahr 1968[292] in das Grundgesetz aufgenommen, sodass in der ursprünglichen Fassung des Grundgesetzes eine Fraktion – ebenso wie die Opposition, wie eingangs bereits dargestellt – der Verfassung zumindest nach dem Wortlaut unbekannt gewesen war.

---

288 *Klein* in Maunz/Dürig, GG, Art. 38 Rn. 249.
289 so BVerfGE 111, S. 382 (403f.); vgl. auch BVerfGE 85, S. 264 (285); 91, S. 276 (286).
290 *Grzeszick/Rauber* in Schmidt-Bleibtreu/Hofmann/Henneke, GG, Art. 21 Rn. 1, 3.
291 *Ritzel/Bücker/Schreiner*, HbdPP, GO-BT, Vorb. zu § 10 II. Ziff. 1.
292 17. Gesetz zur Ergänzung des Grundgesetzes vom 24. Juni 1968, BGBl. I, 1968, S. 709 (710).

Mittlerweile ist in § 46 Abs. 1 AbgG[293] – zumindest einfachgesetzlich – immerhin normiert, dass Fraktionen rechtsfähige Vereinigungen von Abgeordneten des Deutschen Bundestages sind. Die Parlamentarier sahen die Fraktionen des Deutschen Bundestages davor ausschließlich als auf der Grundlage des Parlamentsrechts gebildete und organisierte sowie dem Parlamentsrecht unterworfene selbstständige politische Gliederungen und Rechtseinheiten des Deutschen Bundestages an.[294] Wie in § 10 Abs. 1 GO-BT sagt der Terminus Vereinigungen nichts über die Rechtstellung der Fraktion aus; es handelt sich hierbei um eine reine Beschreibung. Dies ist also allenfalls eine Beschreibung des *Status quo*, denn ohne die Klarstellung „*rechtsfähige Vereinigungen*" in § 46 Abs. 1 AbgG sind die Fraktionen unzweifelhaft rechtsfähig, da sie bereits durch andere Normen eine Rechtezuweisung erfahren.[295] Der Gesetzgeber wollte mit der vorgenannten Regelung in § 46 Abs. 1 AbgG die Rechtsstellung der Fraktionen sicherstellen, jedoch ausdrücklich nicht zu den rechtstheoretischen Einordnungen Stellung nehmen.[296]

Überraschend ist an dieser Stelle, dass sich der Gesetzgeber scheinbar scheut, hinsichtlich der Rechtsnatur einer Fraktion endgültig Stellung zu nehmen. Er hält sich bei der „*unendliche[n] Geschichte des Gelehrtenstreits*"[288] vornehm zurück und überlässt die rechtliche Einordnung der Rechtswissenschaft. So gesehen, handelt es sich hierbei um einen durch den Gesetzgeber gewählten Pragmatismus.

bb) Die fehlende Stellungnahme des Bundesverfassungsgerichts zur Rechtstellung der Fraktionen

Selbst das Bundesverfassungsgericht hat sich zu den Fraktionen in diversen Entscheidungen mehrmals geäußert, aber eine eindeutige Aussage zur Rechtsstellung der Fraktionen ebenfalls vermieden.

Erstmals befasste sich das Bundesverfassungsgericht mit der Fraktion im Rahmen der Verfassungsmäßigkeit der 7,5%-Sperrklausel des Landes Schleswig-Holstein im

---

293 Abgeordnetengesetz in der Fassung der Bekanntmachung vom 21. Februar 1996 (BGBl. I S. 326), zuletzt durch Artikel 12 des Gesetzes vom 5. Januar 2017 (BGBl. I S. 17) geändert.

294 BT-Drs. 12/6067, S. 10.

295 Die (Innen-)Rechtsfähigkeit spiegelt sich z.B. darin, dass eine Fraktion die Einberufung des Ältestenrates nach § 6 Abs. 1 S. 3 GO-BT verlangen kann. Eine Außenrechtsfähigkeit ergibt sich z.B. aus der Antragsberechtigung bei Verfassungsstreitigkeiten nach Art. 93 Abs. 1 Nr. 1 GG, § 63 BVerfGG.

296 BT-Drs. 12/4756, S. 6.

Jahr 1952.[297] In diesem Urteil wurde die Fraktion als eine mit eigenen Rechten ausgestattet *„Gliederung des Parlaments"*[298], die *„parlamentarische Vertretung der Partei"*[298] oder später als ein *„Organ des Landtages"*[299] beschrieben. Ebenfalls im Jahr 1952 erfolgte eine weitere Entscheidung, nach welcher eine Fraktion als *„Teil des Parlaments"*[300] charakterisiert wurde. Das Bundesverfassungsgericht ordnete die Fraktionen in einer späteren Entscheidung unter Bezugnahme auf frühere Entscheidungen dem staatsorganschaftlichen Bereich zu, indem es ausführte:

> *„Die Fraktionen sind Teile und ständige Gliederungen des Bundestags, die durch dessen Geschäftsordnung anerkannt und mit eigenen Rechten ausgestattet sind. Sie sind notwendige Einrichtungen des „Verfassungslebens", nämlich der durch Verfassung und Geschäftsordnung geregelten Tätigkeit des Bundestags. Sie haben den technischen Ablauf der Parlamentsarbeit in gewissem Grade zu steuern und damit zu erleichtern (BVerfGE 1, 208 (229), 351 (359); 2, 143 (160, 167), 347 (365); 10, 4 (14)). Nur weil sie ständige Gliederungen des Bundestags, nicht weil sie Teil einer politischen Partei sind, können sie im Organstreit antragsberechtigt sein. Als Gliederungen des Bundestags sind sie der organisierten Staatlichkeit eingestellt."*[301]

In weiteren Entscheidungen wurden Fraktionen als *„Teile eines Verfassungsorgans"*[302], *„Teil eines Staatsorgans"*[303] und/oder als *„politisches Gliederungsprinzip für die Arbeit des Bundestages"*[304] bezeichnet. In einer weiteren Entscheidung meinte das Bundesverfassungsgericht, *„die Rechtsstellung der Fraktionen [leite sich] aus dem Status der Abgeordneten ab (vgl. BVerfGE 70,324 [363])"*.[305]

Schon allein die unterschiedlichen rechtlichen Bezeichnungen für eine Fraktion durch das Bundesverfassungsgericht sind schwankend und mehrdeutig;[306] das Gericht vermeidet dadurch eine klare Stellungnahme zur Rechtsnatur der Fraktionen.[306] Im Ergebnis erkennt das Bundesverfassungsgericht die Parlamentsfraktionen als notwendige Einrichtungen des Verfassungslebens an.[307]

---

297 BVerfGE 1, S. 208 (208ff.).
298 BVerfGE 1, S. 208 (223).
299 BVerfGE 1, S. 208 (229).
300 BVerfGE 1, S. 351 (359).
301 BVerfGE 20, S. 56 (104).
302 BVerfGE 43, S. 142 (147).
303 BVerfG NVwZ 1982, S. 613 (613).
304 BVerfGE 80, S. 188 (189).
305 BVerfGE 93, S. 195 (203f.).
306 *Borchert*, AöR 102 (1977), S. 210 (229).
307 BVerfGE 10, S. 4 (14); 20, S. 56 (104); 43, S. 142 (147); 70, S. 324 (350); 84, S. 304 (322).

Die Legitimation leitet die Fraktion aus ihren Mitgliedern ab – insoweit ist eine Legitimationskette gegeben. Welche Konsequenzen hieraus für die Rechtstellung der Fraktionen zu ziehen sind, bleibt jedoch ungewiss. Die Fraktion ist wohl nach dem Bundesverfassungsgericht als ein „*Teil*" bzw. „*Organ*" des Parlaments anzusehen, jedenfalls gab es in diese Richtung mehrmals Äußerungen.[308]

So gesehen ist es überraschend, dass das Bundesverfassungsgericht bislang noch keine endgültige Position zur Rechtstellung der Fraktion eingenommen hat. Neben dem Gesetzgeber weigert man sich scheinbar hierzu Stellung zu beziehen. Es kann nur spekuliert werden, ob diese Vorsicht darauf zurückgeht, dass die Frage bislang noch nicht entscheidungserheblich war. Es scheint daher rein praktisch ausgereicht zu haben, die Fraktion als eine notwendige Einrichtung des Verfassungslebens zu ernennen und die Rechte der Fraktion aus den Parlamentariern als Mitglieder der Fraktion abzuleiten.

cc) Die Rechtsnatur der Fraktion nach Ansichten in der Rechtswissenschaft

Mittlerweile entstand in der Rechtswissenschaft ein unübersichtlicher Streit über die Rechtsfrage, welchen rechtlichen Status eine Fraktion überhaupt hat. *Hölscheidt* nennt als Grund für diese Zersplitterung in viele Teilansichten einerseits den Umstand, dass keine der diskutierten privat- und öffentlich-rechtlichen Organisationsformen eine Legaldefinition erfahren haben und sich demnach ein breiter Spielraum gebildet habe; andererseits wäre die Einordnung als Organisationsform durch die Legislative und Judikatur bislang offengeblieben.[309] Es werden daher nur auszugsweise[310] die wesentlichen vertretenen Positionen vorgestellt, nach denen sind Fraktionen:

---

308 Die Fraktionen werden als „*notwendige Einrichtungen des Verfassungslebens*" (BVerfGE 10, S. 4 [14]), „*Teile*" und „*ständige Gliederungen*" des Parlaments (BVerfGE 20, S. 56, [104]; 38, S. 258 [273]), „*Organe des Parlaments*" (BVerfGE 27, S. 44 [51]), *Teile eines Verfassungsorgans*" (BVerfGE 43, S. 142 [147]) und als „*politisches Gliederungsprinzip*" (BVerfGE 80, S. 188 [219]; 84, S. 304 [322]) beschrieben.

309 *Hölscheidt*, Das Recht der Parlamentsfraktionen, S. 291.

310 Umfassender Überblick bei *Hölscheidt*, Das Recht der Parlamentsfraktionen, S. 286 ff.

- bloße Zusammenschlüsse von Abgeordneten,[311]
- rechtsfähige[312] bzw. nicht rechtsfähige[313] oder innenrechtsfähige[314] Vereine[315] des bürgerlichen Rechts,
- eine öffentlich-rechtliche Körperschaft,[316]

---

311 BayVerfGHE 41, S. 124 (132): Die Fraktionen leitet ihre Rechtsstellung von den Abgeordneten nach Art. 13 Abs. 2 Satz 1 BV ab. Dem ist entgegenzuhalten, dass die Fraktion und nicht der einzelnen Abgeordnete Adressat einzelner Rechte (z.B. § 76 Abs. 1 GO-BT) in der Geschäftsordnung des Deutschen Bundestages ist. Mittlerweile geht der Gesetzgeber durch § 46 Abs. 3 AbgG jedoch selber davon aus, dass eine Fraktion eine rechtsfähige Vereinigung ist.

312 Wird nach *Hölscheidt*, Das Recht der Parlamentsfraktionen, S. 287 Fn. 64, allgemein abgelehnt. Es ist kein Vertreter dieser Ansicht ersichtlich, Einigkeit besteht in der Ablehnung, so auch *Hagelstein*, Die Rechtsstellung der Fraktionen im Deutschen Parlamentswesen, S. 93; *Moecke*, NJW 1965, S. 276 (278).

313 *Lebenstein*, Die Rechtsstellung der Parteien und Fraktionen nach deutschem Reichstaatsrecht, S. 135: selbst bereits einschränkend: *„Man muss die Fraktion wohl durchweg als einen nicht rechtsfähigen Verein des BGB ansehen"*; *Hahn*, DVBl. 1974, S. 509 (510); VGH München, NJW 1988, S. 2754 (2756); OLG München, NJW 1989, S. 910 (911); ablehnend *Achterberg*, Parlamentsrecht, S. 276, da die für die Schaffung eines rechtsfähigen Vereins typische (konstitutive) Eintragung in ein Vereinsregister bei einer Fraktion nicht stattfindet und Fraktionen in den Geschäftsordnungen gerade Rechte zugesprochen werden; so auch *Moecke*, NJW 1965, S. 276 (278), jedoch mit anderen Argumenten.

314 *Achterberg*, Grundzüge des Parlamentsrechts, S. 40.

315 *Mardini*, Die Finanzierung der Parlamentsfraktionen durch staatliche Mittel und Beiträge der Abgeordneten, S. 82: Die privatrechtlichen Theorien haben alle das Problem, dass hier ein Zusammenschluss im nahezu ausschließlichen Wirkungskreis des Parlaments, also dem Öffentlichen Recht, im Privatrecht verortet wird. Der Charakter einer Fraktion wird durch das Öffentliche Recht geprägt und nicht durch das Privatrecht, so bestimmt sich nach *Mardini* Gründung und Fortbestand der Fraktion nach öffentlich-rechtlichen Vorschriften. Treffend weist *Mardini* (aaO, S. 83) noch auf folgenden Umstand hin: Formieren sich Parlamentarier zu einer sportlichen oder kulturellen Vereinigung zusammen, würden an deren privatrechtliche Organisationsform keine Zweifel bestehen. Anders jedoch bei der Fraktion, die ja gerade nach den Vorschriften des öffentlichen Rechts, insbes. der Geschäftsordnung, gegründet wird.

316 *Steiger*, Organisatorische Grundlagen des parlamentarischen Regierungssystems, S. 114; jedoch weist *Demmler*, Der Abgeordnete im Parlament der Fraktionen, S. 205, u.a. zutreffend darauf hin, Körperschaften würden durch staatlichen Hoheitsakt errichtet und gegründet, eine Fraktion bilde sich aber durch den Willensakt ihrer Mitglieder. Im Übrigen weist *Hölscheidt*, Das Recht der Parlamentsfraktionen, S. 288 Fn. 88, auf die Widersprüchlichkeit von *Steiger* hin, denn er sehe die Fraktionen auch als *„Organ"* oder *„Organteil des Bundestags"* (*Steiger* aaO, S. 108, 117) oder als

- ein öffentlich-rechtlicher Verein,[317]
- ein Organ oder Unterorgan des Bundestages,[318]
- eine „Partei im Parlament"[319],
- „*ein Parlament im Parlamente*"[320] oder
- ein Rechtscharakter „*sui generis*"[321].

Ein Eingehen auf die einzelnen Ansichten ist hier nicht notwendig. Fraktionen sind mehr als ein bloßer Zusammenschluss von Abgeordneten, da diesen ausdrücklich Rechte, insbesondere durch die Geschäftsordnung des Deutschen Bundestages, zugewiesen werden. Daher können Fraktionen nicht als „lose" Zusammenschlüsse gesehen werden, sondern sind als Rechtsträger ebenfalls als

---

„*Organteile des Bundestags einerseits und … Teile der Parteien andererseits*" (*Steiger* aaO, S. 198) an.

317 *Moecke*, NJW 1965, S. 567 (567). Der Rechtsordnung ist jedoch richtigerweise nach *Achterberg*, Parlamentsrecht, S. 277, ein öffentlich-rechtlicher Verein unbekannt. Die von *Moecke* vertretene Konstruktion ist ein „*Fremdkörper*" im System der Staatsordnung, so *Henke*, Das Recht der politischen Parteien, S. 147.

318 *Wollmann* in Röhring/Sontheimer, Handbuch des deutschen Parlamentarismus, S. 146. Der Begriff Fraktion ist auf den lateinischen Begriff „*frangere*" (brechen) zurückzuführen, so *Hauenschild*, Wesen und Rechtsnatur der parlamentarischen Fraktionen, S. 13. Rein begrifflich ist eine Fraktion demnach ein Teilstück einer Vertretungskörperschaft, zutreffend *Schmidt-Jortzig*, DVBl. 1980, S. 719 (722). *Hölscheidt* sieht daher die Fraktion als Organteil des Parlaments, *Hölscheidt, Das Recht der Parlamentsfraktionen*, S. 318f.

319 *Schmidt,* Der Staat, 1970, S. 481 (495). Eine Partei ist aber von der Fraktion faktisch und juristisch nach Art. 38 Abs. 1 Satz 2 GG getrennt, ein unmittelbarer Durchgriff von Partei auf Fraktion ist nicht möglich, so *Hölscheidt*, Das Recht der Parlamentsfraktionen, S. 325. Auch nach Ansicht des Bundesverfassungsgerichts sind Parteien nicht mit den Parlamentsfraktionen identisch, BVerfGE 76, S. 256 (341); 118, S. 277 (325f.).

320 *Eschenburg*, Staat und Gesellschaft in Deutschland, S. 532. Ein Parlament wird typischerweise durch Wahlen gewählt, eine Fraktion wird aber nicht durch Abgeordnete gewählt. Jedoch finden auch in Fraktionssitzungen Abstimmungen statt, somit kann dies zwar funktionsbeschreibend als Parlament bezeichnet werden, jedoch nicht juristisch.

321 BT-Drs. III/1509, S. 16: „*Selbst wenn sie* [die Fraktion] *in gewisser Hinsicht als Teile der Partei anzusehen wären, müßten sie auf jeden Fall als Organisationen ganz eigener Art behandelt werden.*"; *Kluth* in Schmidt-Bleibtreu/Hofmann/Henneke, GG, Art. 40 Rn. 71. Auf das Rechtsinstitut *sui generis* wird sich in der Regel dann zurückgezogen, wenn die vertrauten Begriffe versagen, *Isensee*, Europäische Nation? Die Grenzen der politischen Einheitsbildung Europas, S. 254 (255).

eine Rechtsgesamtheit zu betrachten. Außerdem überzeugt es nicht, eine Fraktion als einen Verein nach dem bürgerlichen Recht zu qualifizieren. Da sich die Fraktion – zumindest nach ihrer Aufgabe und Funktion[322] –fast ausschließlich im Rechtsgebiet des Öffentlichen Rechts bewegt, überzeugt diese Ansicht nicht. Die Fraktion ist daher von der Rechtsnatur her im Öffentlichen Recht, und zwar im staatsorganschaftlichen Bereich, zu verorten und nicht im Privatrecht. Durch die Verortung im Öffentlichen Recht entfaltet die Fraktion auch eine besondere Stellung im Verfassungsleben. *Hölscheidt* legt überzeugend dar, dass die Fraktion als Organteil intern zur Zweckerfüllung der Aufgaben des Parlaments dient.[323] Demnach ist es zweckmäßig, die Fraktion als ein Organteil des Deutschen Bundestages anzusehen, und ein Rückgriff auf die Hilfsfigur des *sui generis*-Ansatzes braucht nicht zu erfolgen.

Den Fraktionen sind nach der Geschäftsordnung des Deutschen Bundestages (nachfolgend unter lit. b) dargestellt) mit eigenen Rechten und Pflichten ausgestattet. Als Organteil des Deutschen Bundestages könnte eine Fraktion – hiermit ist (sind) die Minderheitsfraktion(en) als Gegenspielerin(nen) der Regierungsfraktion gemeint – durch eine Große Koalition mit Zweidrittelmehrheit in ihrer parlamentarischen Arbeit eingeschränkt sein. Fraktionen sind für das Parlament funktionsnotwendig, da diese Einzelmeinungen bündeln und durch Vorbereitung von Gesetzesvorlagen dem Parlament dienen. Eine Schwächung der Fraktionen hat direkte Auswirkungen auf demokratische Grundstrukturen. Daher ist im Folgenden zu untersuchen, welche Rechte die Fraktionen haben, und inwieweit diese durch eine Große Koalition mit Zweidrittelmehrheit beeinträchtigt oder gefährdet werden.

b) Aufstellung der Rechte der Fraktion oder eines dem gleichgestellten Quorum

In verschiedenen Gesetzen werden den Fraktionen oder fünf vom Hundert der Mitglieder des Parlaments gewisse Rechte zugesprochen. So sind insbesondere die Geschäftsordnung des Deutschen Bundestages, das Kontrollgremiumgesetz,

---

322 Eine Fraktion hat durchaus auch Berührungen mit dem Privatrecht, z.B. indem sie Mitarbeiter einstellt oder sich generell am wirtschaftlichen Verkehr beteiligt, z.B. durch Bestellung von Bürobedarf, Broschüren oder der Einrichtung eines Bankkontos um bargeldlose Zahlungen abzuwickeln. Nur führt dies gerade nicht dazu, die Fraktion als einen privatrechtlichen Verein anzusehen, diese Berührungen mit dem Privatrecht hat jeder wirtschaftlich Agierender.

323 *Hölscheidt,* Das Recht der Parlamentsfraktionen, S. 319f.

das Parlamentsbeteiligungsgesetz und das Bundesverfassungsgerichtsgesetz zu nennen.

Nach § 10 Abs. 1 Satz 1 GO-BT sind Fraktionen eine Vereinigung von mindestens fünf vom Hundert der Mitglieder des Bundestages. Aus diesem Grund werden die Rechte der Fraktion und die quorenmäßig fraktionsgleichen Rechte in diesem Abschnitt zusammengefasst behandelt. Sofern die nachfolgend aufgeführten Rechte nicht nur einer Fraktion, sondern auch kleinteiligeren Gliederungen und Zusammenschlüssen zustehen, wird zur Wahrung der Vollständigkeit auch auf diesen Personenkreis knapp eingegangen.

aa) Rechte aus Bundesgesetzen

Einer Fraktion oder einer Gruppe von Abgeordneten in der Mindestgröße einer Fraktion werden durch Bundesgesetz Rechte mit dem Parlamentsbeteiligungsgesetz und dem Bundesverfassungsgerichtsgesetz vermittelt.

(1) Parlamentsbeteiligungsgesetz

Aufgrund einer Entscheidung des Bundesverfassungsgerichts vom 12. Juli 1994 wurde der Legislativen zur Aufgabe gemacht, ein Gesetz zu verabschieden, welches die Form und Ausgestaltung der parlamentarischen Mitwirkung beim Einsatz bewaffneter Streitkräfte regelt, da dieses Verfahren und die Intensität der Beteiligung des Bundestages nicht im Einzelnen aus der Verfassung hervorgehen.[324] Dieser Aufforderung des Bundesverfassungsgerichts kam der Gesetzgeber erst nach über zehn Jahren nach, und so wurde am 3. Dezember 2004 das Parlamentsbeteiligungsgesetz (ParlBG) im Deutschen Bundestag beschlossen.[325]

In dem Parlamentsbeteiligungsgesetz wurde unter § 4 Abs. 1 ParlBG ein vereinfachtes Zustimmungsverfahren für die Fälle statuiert, in denen die Zahl der eingesetzten Soldatinnen und Soldaten gering ist, der Einsatz aufgrund der übrigen Begleitumstände erkennbar von geringer Bedeutung ist und es sich nicht um die Beteiligung an einem Krieg handelt.[326] Dieses vereinfachte Zustimmungsverfahren läuft nach § 4 Abs. 1 ParlBG dergestalt ab, dass die Bundesregierung zunächst einen Antrag vorbereitet, in welchem sie darlegt, warum nach ihrer Ansicht ein Einsatz von geringer Intensität und Tragweite vorliegt. Der Antrag

---

324 BVerfGE 90, S. 286 (389).
325 vgl. Deutscher Bundestag, 15. Wahlperiode, 03.12.2004, Sten. Prot. S. 13635ff.; Parlamentsbeteiligungsgesetz vom 18. März 2005 (BGBl. I S. 775).
326 Legaldefinition für den Einsatz von geringer Intensität und Tragweite, § 4 Abs. 2 ParlBG.

wird von der Präsidentin oder dem Präsidenten des Deutschen Bundestages an die Vorsitzenden der Fraktionen sowie die Vorsitzenden des Auswärtigen Ausschusses und des Verteidigungsausschusses und je einem von jeder in diesen Ausschüssen vertretenen Fraktion benannten Vertreter (Obleute) übermittelt und als Bundestagsdrucksache an alle Mitglieder des Deutschen Bundestages verteilt.[327] Innerhalb von sieben Tagen nach Verteilung der Drucksache muss nach § 4 Abs. 1 S. 3 ParlBG eine Fraktion oder fünf vom Hundert der Mitglieder des Deutschen Bundestages eine Befassung durch den Bundestag verlangen. Erfolgt dies nicht, gilt die Zustimmung als erteilt. Es handelt sich insoweit um eine gesetzlich geregelte Zustimmungsfiktion. Wird eine Befassung verlangt, richtet sich das Verfahren weiter nach § 96a GO-BT. Der Vorsitzende eines Ausschusses ist in diesem Fall nach § 96a Abs. 1 Satz 1 GO-BT zur Einberufung einer außerordentlichen Sitzung verpflichtet, falls dies eine Fraktion im Ausschuss oder ein Drittel der Mitglieder im Ausschuss verlangt und kumulativ die Genehmigung der Präsidentin oder des Präsidenten des Deutschen Bundestages erteilt wurde. Sofern ein Verlangen auf Befassung des Deutschen Bundestages begehrt wird, muss die Präsidentin oder der Präsident die Fraktionen und die Bundesregierung unverzüglich informieren, der Deutsche Bundestag entscheidet anschließend über die Entsendung von Streitkräften.[328] Bei einer Verlängerung eines bewaffneten Einsatzes kommt nach § 7 Abs. 1 ParlBG das vereinfachte Zustimmungsverfahren ohne inhaltliche Änderung ebenfalls zur Anwendung.

Es kann unter verfassungsrechtlichen Gesichtspunkten kritisch gesehen werden, ob solch eine Verschlankung des Zustimmungsverfahrens den bundesverfassungsrichterlichen Vorgaben an das parlamentarische Verfahren gerecht wird, insbesondere da die „Abstimmung" über eine Fiktion zu einer stillschweigenden Zustimmung erfolgt.[329] Es gilt zu bedenken, dass gerade eine Fraktion oder ein fraktionsgleiches Quorum eine Befassung erzwingen kann, eine kleinteiligere Gruppe könnte auch in einer Plenarsitzung kein anderes Ergebnis herbeiführen. Daher sind die verfassungsrechtlichen Bedenken an dieser Stelle eher zurückzustellen.

---

327 vgl. § 4 Abs. 1 S. 3 ParlBG.
328 Der Vollständigkeit halber sei auf § 5 Abs. 1 ParlBG hingewiesen, der eine Beteiligung des Parlaments bei Gefahr in Verzug nicht vorsieht und nur ein nachträgliches Billigungsverfahren fordert.
329 *Scherrer*, Das Parlament und das Heer, S. 229f.; a.A. *Burkiczak*, ParlBG, § 4 Rn. 6, da Fraktionen und fraktionsfähige Teile die Möglichkeit haben, eine Befassung des Plenums herbeizuführen.

(2) Bundesverfassungsgerichtsgesetz

An drei Stellen ist im Bundesverfassungsgerichtsgesetz (BVerfGG[330]) die Mitwirkung einer Fraktion oder einer Gruppe bzw. eines Zusammenschlusses vorgesehen. Am restriktivsten ist die Norm über die Zusammensetzung des Wahlausschusses für die Wahl der Bundesverfassungsrichter nach § 6 BVerfGG, denn hier haben nur Fraktionen ein Vorschlagsrecht:

– **Wahl der Bundesverfassungsrichter nach § 6 BVerfGG**

Von jeder Fraktion kann nach § 6 Abs. 2 Satz 2 BVerfGG ein Vorschlag gemacht werden, wie der Wahlausschuss, bestehend aus zwölf Mitgliedern des Deutschen Bundestages, für die Wahl der Richterinnen und Richter des Bundesverfassungsgerichts zusammengesetzt sein soll. Kleinere Gruppen können demnach keine eigenen Vorschläge einbringen, jedoch ihre Stimme für einen anderen Vorschlag abgeben[331].

Die vom Deutschen Bundestag zu berufenden Bundesverfassungsrichter werden auf Vorschlag des Wahlausschusses ohne Aussprache mit verdeckten Stimmzetteln gewählt, § 6 Abs. 1 Satz 1 BVerfGG. Das Bundesverfassungsgericht hatte bereits bei der Vorgängerregelung, welche eine indirekte Wahl der Bundesverfassungsrichter alleinig durch einen Wahlausschuss vorsah, keine verfassungsrechtlichen Bedenken gehabt.[332] Die halbherzige Beteiligung des Deutschen Bundestages ohne Aussprache, welche durch Gesetzesänderung am 30. Juni 2015 in Kraft trat,[333] wird in der Literatur als ein nicht überzeugendes Konzept angesehen, da die lediglich formale Befassung des Parlamentes bei der Wahl der Bundesverfassungsrichter reine Symbolik sei.[334]

---

330 Bundesverfassungsgerichtsgesetz in der Fassung der Bekanntmachung vom 11. August 1993 (BGBl. I S. 1473), zuletzt durch Artikel 2 des Gesetzes vom 8. Oktober 2017 (BGBl. I S. 3546) geändert.

331 *Haratsch* in Maunz/Schmidt-Bleibtreu/Klein/Bethge, Bundesverfassungsgerichtsgesetz, § 6 Rn. 14.

332 BVerfGE 131, 230 (234f.); a.A. *Meyer* in von Münch/Kunig, GG III, Art. 94 Rn. 9; so auch *Pieper*, Verfassungsrichterwahlen, S. 31: Art. 94 Abs. 1 S. 2 GG ist abschließend und spricht gegen eine Delegation auf einen Wahlausschuss.

333 Neuntes Gesetz zur Änderung des Bundesverfassungsgerichtsgesetzes vom 24. Juni 2015, BGBl. I S. 973.

334 *Lenz/Hasel*, Bundesverfassungsgerichtsgesetz, § 6 Rn. 10: Die formale Befassung des Deutschen Bundestages ist eine reine Symbolik, denn die Wahlzuständigkeit wurde dem Plenum übertragen, ohne eine Aussprache über die Wahl zuzulassen.

Dieses Argument lässt sich nur schwerlich widerlegen. Verfassungsrechtliche Bedenken, die sich alleine durch das Vorliegen einer Großen Koalition ergeben, bestehen demnach nicht.

Eine Wahlprüfungsbeschwerde nach § 48 Abs. 1 BVerfGG kann von vier verschiedenen Gruppen beim Bundesverfassungsgericht erhoben werden, von Abgeordneten, deren Mitgliedschaft bestritten ist, von Wahlberechtigten, deren Einspruch gegen die Wahl vom Bundestag verworfen wurde und deren Einspruch mindestens 100 Wahlberechtigte beitreten, einer Fraktion bzw. einer vom Deutschen Bundestag anerkannten Gruppe[335] von Abgeordneten, die nach § 10 Abs. 4 GO-BT die Fraktionsmindeststärke nicht erreicht hat, oder allgemein einer Minderheit des Deutschen Bundestages, die wenigstens ein Zehntel der gesetzlichen Mitgliederzahl[336] umfasst:

– **Wahlprüfungsbeschwerde nach § 48 BVerfGG**

Eine Fraktion oder eine von drei weiteren vorgenannten Gruppen kann beim Bundesverfassungsgericht eine Beschwerde gegen den Beschluss des Bundestages über die Gültigkeit einer Wahl oder über den Verlust der Mitgliedschaft eines Abgeordneten im Bundestag gem. § 48 Abs. 1 BVerfGG einlegen. Der Kreis der Antragsberechtigten ist somit sehr weit umfasst; ausgeschlossen sind demnach eine Gruppe von unter Hundert Wahlberechtigten und politische Parteien.[337]

Schließlich sehen die Regelungen zur Zulässigkeit eines Organstreitverfahrens nach § 63 BVerfGG vor, dass antragslegitimiert nur der Bundespräsident, der Deutsche Bundestag, der Bundesrat, die Bundesregierung und die im Grundgesetz oder in den Geschäftsordnungen des Deutschen Bundestages und des Bundesrates mit eigenen Rechten ausgestattete Teile dieser Organe sein kann:

– **Zulässigkeit eines Organstreitverfahrens nach § 63 BVerfGG**

Es werden dogmatisch vier Gruppen von parteifähigen Akteuren unterschieden: erstens die ausdrücklich in § 63 BVerfGG genannten obersten Bundesorgane, zweitens die nur durch Art. 93 Abs. 1 Nr. 1 GG erfassten obersten Bundesorgane, drittens die nicht ausdrücklich genannten Beteiligten, die jedoch nicht Teil eines obersten Bundesorgans sind, und viertens die Beteiligten, die Teil eines obersten Bundesorgans sind.[338] Als oberste Bundesorgane

---

335 BVerfGE 84, S. 304 (318), 96, S. 264 (276).
336 nach § 1 Abs. 1 BWahlG derzeit 60 Abgeordnete.
337 BVerfGE 79, S. 47 (48), S. 49 (49), S. 50 (50).
338 *Lenz/Hasel*, Bundesverfassungsgerichtsgesetz, § 63 Rn. 9.

zählen der Bundespräsident (Art. 54 GG), der Deutsche Bundestag (Art. 38 ff. GG), der Bundesrat (Art. 50ff. GG), die Bundesregierung (Art. 62ff. GG), der Bundeskanzler (Art. 63 GG), die Bundesversammlung (Art. 54 GG), der Gemeinsame Ausschuss (Art. 53a GG) und der Vermittlungsausschuss (Art. 77 GG).[339] Beim Bundesrechnungshof ist die Aktiv- bzw. Passivlegitimation zumindest strittig.[340] Der einzelne Abgeordnete oder eine Fraktion ist daher nicht als ein oberstes Bundesorgan anzusehen. Die Fraktion ist jedoch als ständige Gliederung des Deutschen Bundestages und als *„notwendige[n] Einrichtung[en] des Verfassungslebens"*[341] im Organstreitverfahren sehr wohl antragsberechtigt.[342] Insoweit würde das Organstreitverfahren mit dem Gedanken des Minderheitenschutzes angereichert.[343] Die fraktionsgleiche Gruppe nach § 10 Abs. 4 GOBT ist demnach ebenfalls antragsberechtigt.[344] Die Fraktion macht im eigenen Namen Rechte geltend, die dem Deutschen Bundestag als möglichem Antragsgegner zustehen können, und zwar in Prozessstandschaft für das gesamte Parlament.[345] Die Antragsbefugnis wird weiter auf den einzelnen Abgeordneten heruntergebrochen, sofern er Rechte aus dem erworbenen organschaftlichen Status als Abgeordneter geltend macht.[346]

(3) Zwischenergebnis

In den Bundesgesetzen Parlamentsbeteiligungs- und Bundesverfassungsgerichtsgesetz werden einer Fraktion oder weiteren kleinteiligeren Zusammenschlüssen und/oder (Adhoc-)Gruppen gewisse Rechte zugesprochen. An dieser Stelle ist aber nicht ersichtlich, wie eine Große Koalition mit Zweidrittelmehrheit in verfassungsbedenklicher Art und Weise zulasten einer Minderheit eingreifen

---

339 *Bethge* in Maunz/Schmidt-Bleibtreu/Klein/Bethge, Bundesverfassungsgerichtsgesetz, § 63 Rn. 40 m.w.N.

340 Übersicht des Streits bei *Hopfauf* in Schmidt-Bleibtreu/Hofmann/Henneke, GG, Art. 93 Rn. 231.

341 BVerfGE 10, S. 4 (14); 20, S. 56 (104); 43, S. 141 (147).

342 st.Rspr. BVerfGE 1, S. 351 (359); 45, S. 1 (29f.); zuletzt BVerfGE 100, S. 266 (268). Die Antragsbefugnis wird nach BVerfGE 20, S. 56 (104) aus der Funktion der Fraktion als Teile und ständige Gliederung des Deutschen Bundestages und nicht etwas als einem Teil einer Partei abgeleitet.

343 *Löwer* in HStR III, § 70 Rn 19.

344 BVerfGE 84, S. 304 (318); 96, S. 264 (276).

345 st.Rspr. BVerfGE 2, S. 143 (165); 90, S. 286 (336); 100, S. 266 (268); 103, S. 81 (86); 104, S. 151 (193).

346 BVerfGE 2, S. 143 (164); 4, S. 144 (148); 10, S. 4 (10f.); 43, S. 142 (148); 60 S. 374 (380); 80, S. 188 (208f.); 90, S. 286 (342); 94, S. 351 (362).

könnte. Fraktionen oder fraktionsgleiche Gruppen können insbesondere ein Organstreitverfahren anstreben; dies wird auch bei einer übermächtigen Regierung gewährleistet. Insoweit ist dieses Recht Minderheiten schützend, und die Änderung dieses Rechts zulasten der Minderheit wäre schwerlich zu begründen.

bb) Rechte in der Geschäftsordnung des Deutschen Bundestages

Der Deutsche Bundestag wird nach Art. 40 Abs. 1 Satz 2 GG dazu ermächtigt, sich eine Geschäftsordnung zu geben. Daher erlässt der Deutsche Bundestag zu Beginn jeder Legislaturperiode eine Geschäftsordnung des Deutschen Bundestages.[347] In der Regel wird die Geschäftsordnung aus der vorherigen Legislaturperiode bestätigt oder geringfügig modifiziert. Das Geschäftsordnungsrecht gilt als ein Kernstück des Parlamentsrechts.[348] Durch die Geschäftsordnung soll gewährleistet werden, dass der Deutsche Bundestag seine Arbeitsformen und Verfahren eigenverantwortlich gestaltet.[349] Daher bezieht sich der Regelungsbereich auf die inneren Angelegenheiten des Parlaments, insbesondere dessen Organisation, Verfahren und Disziplin.[350] Die Geschäftsordnung des Deutschen Bundestages ist nach der Definition des Bundesverfassungsgerichts eine autonome Satzung[351] oder nach wohl überwiegender Ansicht in der Literatur aufgrund der Besonderheit als Geschäftsordnung eine Rechtsquelle *sui generis* bzw. ein „*Regelungstyp eigener Art*"[352]. Die Geschäftsordnung des Deutschen Bundestages lässt sich daher thematisch in zwei Blöcke einteilen:

- in fraktionsexklusive Rechte und Rechte, die jeder Fraktion oder fünf vom Hundert der Mitglieder des Deutschen Bundestages (fraktionsstärkengleiches Quorum) zustehen, sowie
- in quorenabhängige Rechte.

---

347 Geschäftsordnung des Deutschen Bundestages vom 25. Juni 1980 (BGBl. I S. 1237), zuletzt durch Beschluss des Deutschen Bundestages vom 21. Februar 2019 geändert.

348 *Pietzcker* in Schneider/Zeh, Parlamentsrecht und Parlamentspraxis, § 10 Rn. 18.

349 BVerfGE 44, S. 308 (315); 80, S. 188 (218f.); 84, S. 304 (322); *Morlok* in Dreier, GG II, Art. 40 Rn. 6.

350 *Magiera* in Sachs, GG, Art. 40 Rn. 21.

351 BVerfGE 1, S. 144 (148); 70, S. 324 (360ff.); 80, S. 188 (218); 84, S. 304 (321f.).

352 *Klein* in Maunz/Dürig, GG, Art. 40 Rn. 61; in der Literatur ist die Rechtsnatur der Geschäftsordnung dennoch heftig umstritten, Übersicht zum Streitstand: *Morlok* in Dreier, GG II, Art. 40 Rn. 18.

(1) Fraktionsrechte oder Rechte eines fraktionsstärkengleichen Quorums von fünf vom Hundert der Mitglieder des Deutschen Bundestages sowie Rechte einer Fraktion und eines Drittels der Ausschussmitglieder in Ausschüssen

In der Geschäftsordnung des Deutschen Bundestages sind gewisse Rechte exklusiv nur von Fraktionen oder einem fraktionsstärkengleichen Quorum von fünf vom Hundert der Mitglieder des Bundestages wahrnehmbar. Es ist der Regelfall, dass Rechte einer Fraktion oder einem fraktionsstärkengleichen Quorum zustehen, jedoch stehen vereinzelt auch nur den Fraktionen gewisse Rechte zu. Eine Besonderheit sehen die §§ 54ff. GO-BT bei den Ausschüssen des Deutschen Bundestages vor, denn hier können gewisse Rechte nur Fraktionen oder ein Drittel der Mitglieder des Ausschusses geltend machen.

Eine anerkannte Gruppe i.S.d. § 10 Abs. 4 Satz 2 GO-BT kann durch die Zustimmung des Deutschen Bundestages als Fraktion anerkannt werden, jedoch ist es vom Inhalt des Bundestagsbeschlusses abhängig, welche Fraktionsrechte der anerkannten Gruppe eingeräumt werden. Entsprechend der Geschäftsordnungsautonomie des Deutschen Bundestages nach Art. 40 Abs. 1 Satz 2 GG kann der Deutsche Bundestag die Höhe der Fraktionsmindeststärke autonom festsetzen, um die Funktionsfähigkeit des Parlaments zu gewährleisten.[353]

(a) Notwendigkeit der verfassungsrechtlichen Gleichstellung von Fraktionen und (anerkannten) Gruppen nach § 10 Abs. 4 GO-BT

Seitens des Deutschen Bundestages wurde mit § 10 Abs. 4 Satz 1 GO-BT die rechtliche Möglichkeit geschaffen, Gruppen als rechtliches Minus zur Fraktion anzuerkennen. Es liegt grundsätzlich im Ermessen des Deutschen Bundestages, ob er einer Gruppe den Status als Gruppe anerkennt oder nicht.[354] Dies gilt aber nicht vorbehaltlos, wie das Bundesverfassungsgericht im sog. PDS-Urteil aussprach, denn Gruppierungen von Abgeordneten, die sich aufgrund gleicher Parteizugehörigkeit oder aufgrund eines Wahlbündnisses zusammengeschlossen haben, müssen unter gewissen Umständen vom Deutschen Bundestag nach § 10 Abs. 4 GO-BT sogar zwingend als Gruppe anerkannt werden.[355] Es erfolgt demnach eine Ermessensreduktion auf Null. Nur weil einer Fraktion ein Recht

---

353 BVerfGE 96, S. 264 (278).
354 Dies ist aus § 10 Abs. 1 Satz 2 GO-BT herauszulesen: „*Mitglieder des Bundestages, die sich zusammenschließen wollen, ohne Fraktionsmindeststärke zu erreichen, können als Gruppe anerkannt werden.*" [Herv.d.Verf.], so auch *Ritzel/Bücker/Schreiner*, HbdPP, GO-BT, § 10 IV. Ziff. 1 lit. a).
355 BVerfGE 84, S. 304 (323f.).

zusteht, bedeutet dies aber nicht im Umkehrschluss, dass dieses Recht auch anerkannten Gruppen zusteht. Es wird von der Mitgliederzahl der anerkannten Gruppe abhängig gemacht, ob die Rechte der anerkannten Gruppe eher als erweiterte Rechte von fraktionslosen Abgeordneten ausgestaltet oder ob sie eher den Rechten der Fraktionen angenähert oder diesen nahezu gleichgestellt werden (treffend durch *Butzer* als sog. *„kupierter Gruppenstatus"* bezeichnet).[356] Das Bundesverfassungsgericht hat sich bereits mehrfach mit der Rechtstellung der Gruppen befasst. Diese Rechtsprechung beruht auf dem verfassungsrechtlich gebotenen und aus dem demokratischen Prinzip folgenden Schutz der parlamentarischen Minderheiten.[357] Anerkannten Gruppen stehen daher als ‚kleinsten gemeinsamen Nenner' folgende Fraktionsrechte zu:

- Nach dem Grundsatz der Spiegelbildlichkeit der Zusammensetzung von Plenum und Ausschüssen muss eine Gruppierung von Abgeordneten, die sich aufgrund gleicher Parteizugehörigkeit oder aufgrund eines Wahlbündnisses zusammengeschlossen haben, und auf die bei der gegebenen Größe der Ausschüsse auf Grundlage des vom Deutschen Bundestag jeweils angewandten Proportionalverfahrens ein oder mehrere Ausschusssitze entfallen würden, zahlenmäßig Berücksichtigung finden.[358] Soweit Vorgenanntes erfüllt ist, besteht jedoch kein Anspruch auf ein Grundmandat in der Enquete-Kommission oder im Vermittlungsausschuss.[359]
- Ein Abgeordneter einer anerkannten Gruppe nach § 10 Abs. 4 Satz 1 GO-BT hat im Ausschuss volle Mitgliedsrechte, wie z.B. Antrags-, Rede- und Stimmrecht, steht also den von Fraktionen entsandten Abgeordneten gleich.[360]
- Eine anerkannte Gruppe hat Anspruch auf eine angemessene Ausstattung mit sachlichen und personellen Mitteln, sofern Fraktionen solche ebenso gewährt werden.[360]
- In Unterausschüssen ist eine anerkannte Gruppe nach § 10 Abs. 4 Satz 1 GO-BT auf ihr Verlangen zur Vertretung berechtigt.[361]

---

356 *Butzer* in Epping/Hillgruber, BeckOK GG, Art. 38 Rn. 156.
357 BVerfGE 80, S. 188 (220).
358 BVerfGE 84, S. 304 (323f.).
359 BVerfGE 84, S. 304 (332f.): Es fehlt an der verfassungsrechtlichen Grundlage; BVerfGE 96, S. 264 (280); a.A. *Morlok* in Dreier, GG II, Art. 38 Rn. 171: Ein Anspruch auf ein Grundmandat besteht für die Enquete-Kommission und den Untersuchungsausschuss, zur Vermeidung von Mehrheitsverschiebungen kann der Plenarmehrheit auch ein Ausgleichsmandat zugesprochen werden.
360 BVerfGE 84, S. 304 (324).
361 BVerfGE 84, S. 304 (328).

Unentschieden bzw. offengelassen blieb die Frage, ob der anerkannten Gruppe nach § 10 Abs. 4 Satz 1 GO-BT ein Recht zur Einbringung von parlamentarischen Initiativen, wie Gesetzesentwürfen, Anträgen, Großen und Kleinen Anfragen und Entschließungsanträgen, zustünde.[362] Als Unterschied zur Fraktion kommen einer anerkannten Gruppe nach § 10 Abs. 4 Satz 1 GO-BT folgende Rechte nicht zu:

- Es besteht kein Anspruch auf eine Berücksichtigung der Vergabe von Ausschussvorsitzenden und ihren Stellvertretern sowie darauf, wie eine Fraktion mit gleichen Rechten im Ältestenrat mitzuwirken.[361]
- Eine anerkannte Gruppe nach § 10 Abs. 4 Satz 1 GO-BT muss bei der Wahl der Vertreter des Vermittlungsausschusses nicht berücksichtigt werden, wenn nach der Berechnung der Sitze im Vermittlungsausschuss auf diese keine Sitze entfallen[363].
- Der anerkannten Gruppe steht keine Mindestredezeit wie einer Fraktion nach § 35 GO-BT zu.[364]
- Weiter besteht kein Recht, unbeschränkt Geschäftsordnungsanträge zu stellen oder geschäftsordnungsmäßige Verlangen geltend zu machen.[365]
- Ferner besteht auch kein Anspruch, eine zahlenmäßig unbeschränkte Anzahl an Aktuellen Stunden nach § 106 GO-BT i.V.m. Anlage 5 zu verlangen.[366]

Eine völlige Gleichstellung von anerkannten Gruppen mit Nichtfraktionsmindeststärke nach § 10 Abs. 4 Satz 1 GO-BT und Fraktionen ist verfassungsrechtlich nicht geboten.[367] Nach Ansicht des Bundesverfassungsgerichts ist eine Differenzierung zwischen Fraktion und anderen Zusammenschlüssen gerechtfertigt, da die parlamentarische Arbeit durch eine Vielzahl von aussichtslosen

---

362 Dies wurde vom Bundesverfassungsgericht ausdrücklich offengelassen, da der Deutsche Bundestag selber der klagenden anerkannten Gruppe diese parlamentarischen Initiativrechte zugesprochen und somit das Initiativrecht der anerkannten Gruppe und der Fraktion weitestgehend angeglichen hat, vgl. BVerfGE 84, S. 304 (328).

363 BVerfGE 96, S. 264 (282f.).

364 BVerfGE 96, S. 264 (284ff.); jedoch stellt das Bundesverfassungsgericht auf aaO S. 285 fest: *„Mit einer fairen und loyalen Anwendung der Geschäftsordnung (vgl. BVerfGE 1, S. 144 [149]; 80, S. 188 [219]; 84, S. 304 [332]) wäre es allerdings nicht vereinbar, die Redezeit der einzelnen Abgeordneten so kurz zu bemessen, dass eine dem Debattenthema angemessene Äußerung nicht mehr möglich wäre."*

365 BVerfGE 84, S. 304 (330).

366 BVerfGE 84, S. 304 (331).

367 *Klein* in Morlok/Schliesky/Wiefelspütz, Parlamentsrecht, § 18 Rn. 19.

Anträgen von kleinen Gruppen behindert werden könnte.[368] Dieser sog. *„kupierte Gruppenstatus"*[369] wird teilweise kritisch gesehen. Die vorbezeichnete Entscheidung des Bundesverfassungsgerichts lässt eine rechtsdogmatisch klare Linie vermissen, die zukünftig Rechtssicherheit für zukünftige Konstellationen liefern könnte.[370] Sofern der Deutsche Bundestag großzügig die Rechte der Gruppe ausgestaltet, drängt sich der Verdacht auf, der Fraktionsstatus würde nur aus politischen Gründen verweigert.[371] Die Bedenken des Bundesverfassungsgerichts zum Missbrauch der Gruppenrechte können bereits dadurch entkräftet werden, dass der Deutsche Bundestag einer Gruppe, der er den Gruppenstatus verleihen kann, den Gruppenstatus auch wieder aberkennen kann.[372] Die Kritik an der Rechtsprechung des Bundesverfassungsgerichts überzeugt: Warum wird einer anerkannten Gruppe mit Nichtfraktionsmindeststärke eine Vielzahl von Fraktionsrechten zugesprochen, aber warum wird das Kind nicht beim richtigen Namen genannt? Es wäre daher geboten, Fraktionen und anerkannte Gruppen verfassungsrechtlich gleichzubehandeln, jedoch mit der Maßgabe, dass der Deutsche Bundestag einer anerkannten Gruppe ihre Rechte wieder entziehen kann, sollte diese ihre Rechte missbrauchen. Dieser Entziehungsakt muss aber natürlich durch das Bundesverfassungsgericht justiziabel sein.

(b) Exklusive Fraktionsrechte

Bei der Zusammensetzung des Ältestenrates und der Ausschüsse des Deutschen Bundestages sowie bei der Regelung des Vorsitzes in den Ausschüssen ist die Besetzung im Verhältnis der Stärke der einzelnen Fraktionen[373] vorzunehmen, § 12 Satz 1 GO-BT. Die Ausschüsse werden daher durch Benennung seitens der Fraktionen und nicht durch eine Wahl besetzt, § 54 GO-BT i.V.m. § 57 Abs. 2 GO-BT. Das Bundesverfassungsgericht hat diese Form der Ausschussbesetzung nicht als verfassungswidrig bemängelt.[374] Ein fraktionsloser Abgeordneter hat

---

368 BVerfGE 96, S. 264 (279).
369 *Butzer* in Epping/Hillgruber, BeckOK GG, Art. 38 Rn. 156.
370 *Böhm,* ZParl 23 (1992), S. 231 (237).
371 *Hölscheidt,* Das Recht der Parlamentsfraktionen, S. 429.
372 *Loibl,* Status der Abgeordnetengruppe im Deutschen Parlament, S. 30.
373 Als Fraktionen gelten hier auch die Zusammenschlüsse, die nach § 10 Abs. 1 GO-BT anerkannt wurden, und nicht Fraktionsmindeststärke haben.
374 BVerfGE 77, S. 1 (41); 80, S. 188 (229f.). a.A. *Abmeier,* Die parlamentarischen Befugnisse des Abgeordneten, S. 86: Es fehlt an einer demokratischen Legitimation, denn wegen dem Bestimmungsrecht der Fraktion wird ein großer Teil des Parlaments an der konkreten Besetzung nicht beteiligt.

den Anspruch auf zumindest eine Ausschussmitgliedschaft, jedoch nimmt er an diesem Ausschuss nur mit beratender Stimme teil.[375] Die Mitglieder einer Enquete-Kommission werden im Einvernehmen der Fraktionen benannt und nach § 56 Abs. 2 GO-BT von der Präsidentin oder dem Präsidenten des Deutschen Bundestages berufen. Jede Fraktion hat nach § 56 Abs. 3 GO-BT das Recht, ein Mitglied in diese Kommission zu entsenden; auf Beschluss des Bundestages können auch mehrere Mitglieder entsandt werden.

Den Mitgliedern des Deutschen Bundestages sind durch die Bundesregierung Unionsdokumente[376] zu übermitteln, damit die Abgeordneten die parlamentarischen Rechte aus Art. 23 GG in Angelegenheiten der Europäischen Union wahrnehmen können.[377] Nach § 93 Abs. 5 GO-BT sind die Zuständigkeit und das Verfahren bei der Überweisung von Unionsdokumenten geregelt: Der Vorsitzende des Ausschusses für die Angelegenheiten der Europäischen Union legt der Bundestagspräsidentin oder dem Bundestagspräsidenten in Abstimmung mit den anderen Ausschüssen einen Überweisungsvorschlag für die eingegangenen Unionsdokumente vor. Diese Verteilung nimmt der Vorsitzende des Ausschusses für die Angelegenheiten der Europäischen Union nach § 93 Abs. 5 Satz 2 GO-BT im Benehmen mit den Fraktionen vor. Sofern der vorgesehenen oder erfolgten Überweisung von Unionsdokumenten von einem Ausschuss oder einer Fraktion widersprochen wird, entscheidet über die Verteilung der Unionsdokumente der Ältestenrat des Deutschen Bundestages nach § 93 Abs. 5 Satz 3 GO-BT. Ursprünglich musste der Vorsitzende des Ausschusses für die Angelegenheiten der Europäischen Union das Benehmen mit dem Ältestenrat herstellen, was nur innerhalb des Geschäftsgangs der Sitzungstermine des Ältestenrates erfolgen konnte.[378] Zur Beschleunigung und Vereinfachung des Vorgangs muss der Vorsitzende des Ausschusses für die Angelegenheiten der Europäischen Union daher das Benehmen nun nur mit den Fraktionen herstellen.

(2) Rechte einer Fraktion oder eines fraktionsstärkengleichen Quorums von fünf vom Hundert der Mitglieder des Bundestages

Über die ganze Geschäftsordnung des Deutschen Bundestages verteilen sich Rechte, die an den Fraktionsstatus oder einem fraktionsstärkengleichen Quorum von fünf vom Hundert der Mitglieder des Bundestages anknüpfen. Systematisieren lassen sich diese in die Kategorien einteilen.

---

375 *Klein* in Morlok/Schliesky/Wiefelspütz, Parlamentsrecht, § 18 Rn. 29.
376 Legaldefinition § 93 Abs. 1 GO-BT.
377 *Ritzel/Bücker/Schreiner*, HbdPP, GO-BT, § 93 Ziff. 1 lit. a).
378 *Ritzel/Bücker/Schreiner*, HbdPP, GO-BT, § 93 Ziff. 5 lit. b).

- allgemeine Verfahrensrechte,
- Verfahrensrecht im Rahmen der Gesetzgebung, bei Vorlagen und Wahlen,
- Verfahrensrechte im Rahmen der Angelegenheit der Europäischen Union und
- Kontrollrechte

In der 18. Legislaturperiode des Deutschen Bundestages gab es 630 Mitglieder des Deutschen Bundestages[379], fünf vom Hundert der Mitglieder des Deutschen Bundestages entsprachen demnach 32 Abgeordnete.

(a) Allgemeine Verfahrensrechte

Die Einberufung des Ältestenrates obliegt grundsätzlich dem Präsidenten des Ältestenrates nach § 6 Abs. 1 Satz 2 GO-BT. Der Ältestenrat unterstützt vornehmlich die Präsidentin oder den Präsidenten des Deutschen Bundestages bei der Geschäftsführung und legt den Arbeitsplan des Parlamentes fest oder führt die Verständigung der Fraktionen hierüber herbei.[380] Der Ältestenrat muss jedoch einberufen werden, wenn eine Fraktion oder fünf vom Hundert der Mitglieder des Bundestages dies gem. § 6 Abs. 1 Satz 3 GO-BT verlangen.

Durch den Ältestenrat werden außerdem der Termin und die Tagesordnung jeder Sitzung des Parlaments nach § 20 Abs. 1 GO-BT festgesetzt, es sei denn, der Deutsche Bundestag hat hierüber bereits einen Beschluss gefasst oder die Bundestagspräsidentin oder der Bundestagspräsident ist zur selbstständigen Festsetzung dieser Punkte nach § 21 Abs. 1 GO-BT befugt. Sofern die Tagesordnung in der jeweiligen Plenarsitzung festgestellt wurde, dürfen nach § 20 Abs. 3 Satz 1 GO-BT andere Verhandlungsgegenstände nur beraten werden, wenn dem nicht von einer Fraktion oder von anwesenden fünf vom Hundert der Mitglieder des Bundestages widersprochen wird oder diese Geschäftsordnung die Beratung außerhalb der Tagesordnung zulässt. Sofern in einer Plenarsitzung ein Mitglied der Bundesregierung, des Bundesrates oder einer ihrer Beauftragten das Wort außerhalb der Tagesordnung ergreift, so kann eine Fraktion oder fünf vom Hundert der anwesenden Mitglieder des Bundestages nach § 44 Abs. 3 Satz 1 GO-BT die außerplanmäßige Aussprache über dessen Ausführungen verlangen.

---

379 *Bundeswahlleiter*, Seite: „Bundestagswahl 2013", https://www.bundeswahlleiter.de/bundestags-wahlen/2013/ergebnisse.html.
380 *Achterberg*, Grundzüge des Parlamentsrechts, S. 18 Ziff. 2.

(b) Verfahrensrecht im Rahmen der Gesetzgebung, bei Vorlagen und Wahlen

In den verschiedenen Stadien der Gesetzgebung und bei weiteren Vorlagen nach § 75 GO-BT hat eine Fraktion oder haben fünf vom Hundert der Mitglieder des Bundestages diverse Gestaltungsrechte:

- **Vorbereitung von Vorlagen**
  Jede Fraktion kann oder fünf vom Hundert der Mitglieder des Deutschen Bundestages können Vorlagen nach §§ 76 Abs. 1, 75 GO-BT, somit insbesondere Gesetzesentwürfe nach § 75 Abs. 1 lit. a) GO-BT, einreichen und ferner verlangen, dass diese Vorlagen auf Verlangung des Antragstellers auf die Tagesordnung der nächsten Sitzung gesetzt und beraten werden, wenn seit der Verteilung der Vorlage als Drucksache mindestens drei Wochen verstrichen sind (§ 20 Abs. 4 GO-BT). Eine Vorlage nach § 75 Abs. 1 GO-BT ist auch der Antrag nach § 75 Abs. 1 lit. d) GO-BT, mit welchem eine Fraktion oder fünf vom Hundert der Mitglieder des Deutschen Bundestages die Einsetzung eines Untersuchungsausschusses nach Art. 44 Abs. 1 Satz 1 GG beantragen können, über dessen Einsetzung dann das Plenum entscheidet. Findet sich eine einfache Mehrheit nach Art. 42 Abs. 2 S. 1 GG zur Einsetzung des Untersuchungsausschusses liegt eine sog. Mehrheitsenquete vor.[381]

- **Erste, Zweite und Dritte Beratung**
  Während des Gesetzgebungsverfahrens kann eine Fraktion oder können fünf vom Hundert der Mitglieder des Deutschen Bundestages verlangen, dass nach § 79 Abs. 1 Satz 1 GO-BT eine allgemeine Aussprache in der Ersten Beratung stattfindet. Ebenso kann dies eine Fraktion oder können dies fünf von Hundert der Mitglieder des Deutschen Bundestages in der Zweiten Beratung nach § 81 Abs. 1 Satz 1 GO-BT verlangen. Ein Gesetzesvorhaben kann von einer Fraktion oder fünf vom Hundert der Mitglieder des Deutschen Bundestages beschleunigt werden, indem die Fristen für die Beratung von Gesetzesentwürfen in der Zweiten, nach § 81 Abs. 1 Satz 2 GO-BT, und Dritten Beratung, nach § 84 lit. b Satz 1 1. Halbsatz GO-BT, verkürzt werden. Schließlich können in der Dritten Beratung Änderungsanträge zu Gesetzesvorhaben von einer Fraktion oder fünf vom Hundert der Mitglieder des Deutschen Bundestages nach § 85 Abs. 1 Satz 1 GO-BT eingebracht werden. Wurden Änderungen an der Beschlussvorlage vorgenommen, muss eine Schlussabstimmung

---

381 *Geis* in HStR III, § 55 Rn. 20; *Brocker* in Epping/Hillgruber, BeckOK GG, Art. 44 Rn. 23; *Klein* in Maunz/Dürig, GG, Art. 44 Rn. 73; *Magiera* in Sachs, GG, Art. 44 Rn. 13.

auf Verlangen einer Fraktion oder von fünf vom Hundert der Mitglieder des Deutschen Bundestages nach § 86 Satz 1 GO-BT ausgesetzt werden, bis die neuen Beschlüsse zusammengestellt und verteilt wurden.

- **Anzweifelung der Beschlussfähigkeit des Deutschen Bundestages**
  Von einer Fraktion oder fünf vom Hundert der Mitglieder des Deutschen Bundestages kann die Beschlussfähigkeit des Deutschen Bundestages, welche nach § 45 Abs. 1 GO-BT gegeben ist, wenn mehr als die Hälfte seiner Mitglieder im Sitzungssaal anwesend ist, mit der Folge angezweifelt werden, dass mit der Abgabe der Stimmen eine Zählung durchgeführt wird (§ 45 Abs. 2 Satz 1 GO-BT). Wurde eine Plenarsitzung wegen Beschlussunfähigkeit aufgehoben, kann die Bundestagspräsidentin oder der Bundestagspräsident für denselben Tag einmal eine weitere Sitzung mit derselben Tagesordnung einberufen. In dieser Sitzung kann sie oder er den Zeitpunkt für die Wiederholung der erfolglosen Abstimmung oder Wahl festlegen oder diese absetzen, sofern dem eine Fraktion oder fünf vom Hundert der Mitglieder des Deutschen Bundestages nicht nach § 20 Abs. 5 Satz 2 GO-BT widerspricht oder widersprechen.

- **Abstimmungsmodalitäten**
  Eine namentliche Abstimmung nach § 52 Satz 1 GO-BT muss stattfinden, wenn dies bis zur Eröffnung der Abstimmung von einer Fraktion oder von fünf vom Hundert der Mitglieder des Deutschen Bundestages verlangt wird. Über nicht verteilte Anträge kann im Plenum abgestimmt werden, es sei denn, eine Fraktion widerspricht oder von fünf vom Hundert der Mitglieder des Deutschen Bundestages widersprechen nach § 78 Abs. 2 Satz 1 GO-BT diesem Vorgehen.

- **Überweisung an Ausschüsse**
  Eine Fraktion kann oder von fünf vom Hundert der Mitglieder des Deutschen Bundestages können der Überweisung eines Entschließungsantrags nach § 75 Abs. 2 lit. c) GO-BT an einen Ausschuss nach § 89 Abs. 2 Satz 1 GO-BT widersprechen, mit der Folge der Verschiebung der Abstimmung auf den nächsten Sitzungstag. Wurde eine Vorlage an einen Ausschuss verwiesen, kann eine Fraktion oder können fünf vom Hundert der Mitglieder des Deutschen Bundestages nach § 62 Abs. 2 GO-BT nach zehn Sitzungswochen verlangen, dass der Vorsitzende des Ausschusses dem Deutschen Bundestag einen Bericht über den Stand der Beratungen erstattet.

(c) Verfahrensrechte im Rahmen der Angelegenheit der Europäischen Union

Nach § 93 Abs. 3 Satz 3 GO-BT hat eine Fraktion oder haben fünf vom Hundert der Mitglieder des Deutschen Bundestages das Recht, nachträglich eine

Überweisung von nicht beratungsrelevanten Unionsdokumenten an die Ausschüsse zu verlangen. Hierbei handelt es sich nach § 93 Abs. 3 Satz 1 GO-BT um Unionsdokumente, die nicht unter §§ 3 und 8 des Gesetzes über die Zusammenarbeit von Bundesregierung und Deutschem Bundestag in Angelegenheiten der Europäischen Union (EUZBBG[382]) fallen und von den Fraktionen als nicht beratungsrelevant nach § 93 Abs. 3 Satz 2 GO-BT eingestuft wurden. Schriftliche Unterrichtungen der Bundesregierung nach § 8 Absatz 5 EUZBBG müssen auf Verlangen einer Fraktion oder von fünf vom Hundert der Mitglieder des Deutschen Bundestages gem. § 93 Abs. 8 GO-BT innerhalb von drei Sitzungswochen nach Eingang auf die Tagesordnung der Sitzung des Deutschen Bundestages gesetzt und beraten werden.

Der Deutsche Bundestag kann auf Antrag einer Fraktion oder von fünf vom Hundert der Mitglieder des Deutschen Bundestages nach § 93b Abs. 2 Satz 1 GO-BT den Ausschuss für die Angelegenheiten der Europäischen Union ermächtigen, zu bestimmt bezeichneten Unionsdokumenten oder hierauf bezogenen Vorlagen die Rechte des Deutschen Bundestages gemäß Art. 23 GG gegenüber der Bundesregierung sowie die Rechte, die dem Deutschen Bundestag in den vertraglichen Grundlagen der Europäischen Union eingeräumt wurden, wahrzunehmen.

Die Bundesregierung unterrichtet den Deutschen Bundestag in Angelegenheiten der Europäischen Union nach § 3 Abs. 1 EUZBBG umfassend, zum frühestmöglichen Zeitpunkt und fortlaufend. Weiter ist in § 3 Abs. 5 EUZBBG geregelt, dass der Deutsche Bundestag auf einzelne Unterrichtungen verzichten kann. Solch ein Verzicht wird aber wieder nach § 93 Abs. 2 GO-BT ausgehebelt, wenn eine Fraktion oder von fünf vom Hundert der Mitglieder des Deutschen Bundestages Widerspruch erhebt oder erheben. Über den Inhalt und die Begründung der vom Ausschuss für die Angelegenheiten der Europäischen Union beschlossenen Stellungnahme gegenüber der Bundesregierung zu einem Unionsdokument erstattet der Ausschuss für die Angelegenheiten der Europäischen Union einen Bericht, der als Bundestagsdrucksache verteilt wird und innerhalb von drei Sitzungswochen nach der Verteilung auf die Tagesordnung zu setzen ist, § 93b Abs. 6 Satz 1 GO-BT. Hierüber findet jedoch nur eine Aussprache statt, wenn diese von einer Fraktion oder von anwesenden fünf vom Hundert der Mitglieder des Deutschen Bundestages nach § 93b Abs. 6 Satz 1 GO-BT verlangt wird.

---

382 Gesetz über die Zusammenarbeit von Bundesregierung und Deutschem Bundestag in Angelegenheiten der Europäischen Union vom 4. Juli 2013 (BGBl. I S. 2170).

(d) Kontrollrechte

Zur Ausübung der parlamentarischen Kontrolltätigkeit können an die Bundesregierung „Kleine Anfragen" und „Große Anfragen" gerichtet und kann eine
„Aktuelle Stunde" im Plenum des Deutschen Bundestages verlangt werden. An
der Spitze der *„Hierarchie der Frageinstrumente"*[383] stehe die Große Anfrage.
Diese dient der Informationsgewinnung, der parlamentarischen Kontrolle und
der Selbstdarstellung – vornehmlich – der Opposition, indem die Anfragenden
ihre Position mit dieser Anfrage darlegen können.[384] Sie ermöglicht dem Parlament zudem, die öffentliche Verhandlung im Parlament zu einem bestimmten
Gegenstand zu erzwingen.[385] Eine Große Anfrage nach § 100 GO-BT ist nach
§§ 75 Abs. 1 lit. f), 76 Abs. 1 GO-BT eine selbstständige Vorlage, die von einer
Fraktion oder von fünf vom Hundert der Mitglieder des Deutschen Bundestages
eingereicht wurde. Eine Beratung über eine Große Anfrage muss erfolgen, wenn
sie nach § 101 Satz 3 GO-BT von einer Fraktion oder von fünf vom Hundert
der Mitglieder des Deutschen Bundestages verlangt wird. Neben der Großen
Anfrage existiert auch eine Kleine Anfrage nach §§ 104, 76 Abs. 1, 75 Abs. 3
GO-BT, welche ebenfalls von der Fraktion oder von fünf vom Hundert der
Mitglieder des Deutschen Bundestages eingereicht werden kann. Diese Form
der Anfrage ist ebenso ein Minderheitenrecht.[386] Kleine und Große Anfragen
unterscheiden sich alleine darin, dass Kleine Anfragen nach § 75 Abs. 3 GO-BT
nicht auf die Tagesordnung gesetzt werden und keine Aussprache hierzu stattfindet.[387] Die Kleine Anfrage ist zwar nicht so öffentlichkeitswirksam wie ein
Große Anfrage, da diese nicht als Verhandlungsgegenstand auf die Tagesordnung gesetzt wird, jedoch sind die Fragen und Antworten der Öffentlichkeit als
Bundestagsdrucksachen frei zugänglich und somit auch für die Presse verfügbar
und einsehbar.[388] So erreichen auch Kleine Anfragen gelegentlich eine größere
Medienaufmerksamkeit als die im Plenum diskutierte Große Anfrage.[388]

Als weiteres Kontrollrecht kann von einer Fraktion oder von fünf vom Hundert der Mitglieder des Deutschen Bundestages eine Aussprache über ein bestimmt
bezeichnetes Thema von allgemeinem aktuellem Interesse in Kurzbeiträgen von

---

383 *Hölscheidt*, Frage und Antwort im Parlament, S. 71; Übersicht bei *Ritzel/Bücker/Schrei-
ner*, HbdPP, GO-BT, Vorb. § 100–106 I.
384 *Lorz/Richterich* in Morlok/Schliesky/Wiefelspütz, Parlamentsrecht, § 35 Rn. 72.
385 *Klein* in Maunz/Dürig, GG, Art. 43 Rn. 90.
386 *Lorz/Richterich* in Morlok/Schliesky/Wiefelspütz, Parlamentsrecht, § 35 Rn. 74.
387 *Magiera* in Schneider/Zeh, Parlamentsrecht und Parlamentspraxis, § 52 Rn. 21.
388 *Steffani* in Schneider/Zeh, Parlamentsrecht und Parlamentspraxis, § 49 Rn. 26.

fünf Minuten verlangt werden, § 106 Abs. 1 i.V.m. Anlage 5 I. Ziff. 1 lit. c) GO-BT. Die Aktuelle Stunde ermöglicht einen spontanen offenen Meinungsaustausch zwischen Parlament und Regierung und ist daher ebenfalls ein Minderheitenrecht.[389]

(3) Rechte einer Fraktion und eines Drittels der Ausschussmitglieder in Ausschüssen

Als Vorsitzender eines Ausschusses kann dieser nach § 60 Abs. 1 GO-BT im Rahmen der vom Ältestenrat festgelegten Tagungsmöglichkeiten für Ausschüsse Ausschusssitzungen selbstständig einberufen, es sei denn, der Ausschuss beschließt im Einzelfall etwas anderes. Zur Einberufung zum nächstmöglichen Termin innerhalb des Zeitplanes ist der Vorsitzende des Ausschusses jedoch nach § 60 Abs. 1 GO-BT verpflichtet, wenn es eine Fraktion im Ausschuss oder mindestens ein Drittel der Mitglieder des Ausschusses unter Angabe der Tagesordnung verlangt. Zur Einberufung einer Sitzung außerhalb des Zeitplanes oder außerhalb des ständigen Sitzungsortes des Deutschen Bundestages ist der Vorsitzende nach § 60 Abs. 3 GO-BT jedoch nur berechtigt, wenn ein entsprechendes Verlangen einer Fraktion oder von fünf vom Hundert der Mitglieder des Deutschen Bundestages sowie die Genehmigung der Präsidentin oder des Präsidenten des Deutschen Bundestages erteilt wurde. Weiter ist der Vorsitzende eines Ausschusses zur Einberufung einer Sitzung außerhalb des Zeitplans zur Beratung über einen Antrag gemäß § 4 Abs. 1 ParlBG oder § 7 Abs. 1 i.V.m. § 4 Abs. 1 ParlBG nach § 96a Abs. 1 GO-BT verpflichtet, wenn es eine Fraktion im Ausschuss oder mindestens ein Drittel der Mitglieder des Ausschusses verlangt und die Genehmigung der Bundestagspräsidentin oder des Bundestagspräsidenten erteilt wurde. Ein weiteres Verfahrensrecht im Ausschuss nach § 61 Abs. 2 GO-BT gestattet, dass ein Ausschuss eine Tagesordnung des Ausschusses nur erweitern kann, wenn nicht eine Fraktion oder ein Drittel der Ausschussmitglieder dieser Erweiterung widerspricht.

c) Zwischenergebnis

Die vorbezeichneten Fraktionsrechte oder eines einer Fraktion zahlenmäßig gleichgestelltes Quorum werden von einer Großen Koalition mit einer Zweidrittelmehrheit nicht berührt. In der 18. Legislaturperiode des Deutschen Bundestages existieren zwei ‚Oppositionsfraktionen', bestehend aus Bündnis 90/Die Grünen und Die Linke, welche die vorbezeichneten Rechte uneingeschränkt frei ausüben können.

---

389 *Lorz/Richterich* in Morlok/Schliesky/Wiefelspütz, Parlamentsrecht, § 35 Rn. 82.

Ist eine Große Koalition – was in diesem Fall für jede denkbare Parteienkonstellation als Regierungsparteien analog gilt – so übermächtig, dass die Opposition nicht in der Lage ist, eine Fraktion zu bilden, wäre dies aber unter Umständen anders zu beurteilen, denn die Restopposition ist dann von der parlamentarischen Mitwirkung und Gestaltung ausgeschlossen. Alle Abgeordneten der Nichtregierungsfraktionen, sofern diese rein rechnerisch gemeinsam eine Fraktion bilden könnten, können aber bereits aufgrund von § 10 Abs. 1 GO-BT keine ‚Einheitsoppositionsfraktion‘ bilden, da Fraktionen sich aus Mitgliedern des Deutschen Bundestages zusammensetzen, die derselben Partei oder solchen Parteien angehören, die aufgrund gleichgerichteter politischer Ziele in keinem Land miteinander im Wettbewerb stehen. Die Nichtregierungsparteien müssten sich als Gruppen mit Nichtfraktionsmindeststärke nach § 10 Abs. 4 Satz 1 GO-BT anerkennen lassen. In diesem besonderen Fall ist es nicht nur geboten, sondern verfassungsrechtlich auch notwendig, dass diese anerkannten Gruppen mit Fraktionen verfassungsrechtlich gleichgestellt werden. Das Argument des Bundesverfassungsgerichts, eine Differenzierung zwischen Fraktion und anderen Zusammenschlüssen sei gerechtfertigt, da die parlamentarische Arbeit durch eine Vielzahl von aussichtslosen Anträgen von kleinen Gruppen behindert werden könne,[390] greift in diesem besonderen Ausnahmefall nicht mehr durch bzw. muss im Interesse einer lebendigen Demokratie zurücktreten. Auch wäre hier das Ermessen des Deutschen Bundestages nach § 10 Abs. 4 Satz 1 GO-BT auf Null reduziert, da in diesem Ausnahmefall eine Gruppierung zur effektiven Bündelung der restlichen Oppositionskräfte notwendig ist. In diesem Extremfall wäre es aber der Regierung im Sinne des Parlamentarismus anzuraten, die Voraussetzungen zu schaffen, dass die Fraktionsmindeststärke gesenkt wird und die ‚Oppositionsabgeordneten‘ als anerkannte Gruppe nach § 10 Abs. 4 GO-BT nicht – zumindest begrifflich – als eine Fraktion zweiter Klasse behandelt werden. Hierzu rechtlich verpflichtet wären die Regierungsfraktionen aber nicht.

3. Rein quorenabhängige Rechte

Neben den vorbezeichneten Kollektivrechten für Fraktionen und Gruppen gibt es noch weitere Rechte, die nicht an einen (förmlichen) Zusammenschluss von Parlamentariern geknüpft sind. Es handelt sich um Quoren, die sich aus Ad-hoc-Gemeinschaften oder Stimmenkonzentration ergeben. Systematisch lassen sich diese in Rechte aufteilen, die eine Unterstützung von einem Viertel oder von drei Viertel der Abgeordneten des Deutschen Bundestages benötigen, sowie in alle

---

390 BVerfGE 96, S. 264 (279).

weiteren Quoren, die unter den sonstigen Quoren zusammenzufassen sind und eine eher untergeordnete Rolle spielen.

Bei den quorenabhängigen Rechten kommt es gerade nicht mehr auf den Zusammenschluss von Abgeordneten zu organisierten Einheiten wie Fraktionen oder Gruppen an, sondern lediglich auf die zahlenmäßige Anzahl dieses temporäreren Ad-hoc-Zusammenschlusses. Sofern hier nur auf eine zahlenmäßige Stärke Bezug genommen wird, können diese Gebilde an die Grenzen der freien Rechtsausübung stoßen, da diese Rechte gerade rein faktisch durch eine zahlenmäßig übermächtige Große Koalition nicht mehr ausgeübt werden können.

a) Quoren nach dem Wahlprüfungsgesetz

Das Wahlprüfungsgesetz sieht an zwei Stellen eher ungewöhnliche Quoren – nämlich ein Quorum von einem Zehntel der Mitglieder des Deutschen Bundestages und ein Quorum von einhundert Abgeordneten – vor. Wurde ein Wahlprüfungsverfahren nach § 46 Abs. 1 BWahlG[391] über den Verlust der Mitgliedschaft eines Abgeordneten des Deutschen Bundestages eröffnet, kann der Deutsche Bundestag mit einer Zweidrittelmehrheit seiner Mitglieder den betroffenen Parlamentarier bis zur rechtskräftigen Entscheidung von der Bundestagsarbeit nach § 16 Abs. 2 Wahlprüfungsgesetz (WahlPrG[392]) ausschließen. Fasst der Deutsche Bundestag solch einen Beschluss nicht, kann ein Quorum von einem Zehntel der Mitglieder des Deutschen Bundestages nach § 16 Abs. 3 WahlPrG beim Bundesverfassungsgericht einen Antrag auf einstweilige Anordnung stellen, dass dem betroffenen Parlamentarier die Arbeit im Deutschen Bundestag vorläufig zu untersagen ist. Ergeben sich Zweifel, ob ein Abgeordneter im Zeitpunkt der Bundestagswahl überhaupt wählbar war, muss die Präsidentin oder der Präsident des Deutschen Bundestages Einspruch gegen die Gültigkeit der Wahl einlegen, wenn eine Minderheit von einhundert Abgeordneten dies von ihr oder ihm nach § 14 Satz 2 WahlPrG verlangt. Durch eine Große Koalition liegt keine verfassungsmäßig bedenkliche Einschränkung der Ausübung eines vorgenannten Quorums vor. Die hier getroffenen Quoren dienen lediglich dazu,

---

391 Bundeswahlgesetz in der Fassung der Bekanntmachung vom 23. Juli 1993 (BGBl. I S. 1288, 1594), zuletzt durch Artikel 2 des Gesetzes vom 10. Juli 2018 (BGBl. I S. 1116) geändert.

392 Wahlprüfungsgesetz in der im Bundesgesetzblatt Teil III, Gliederungsnummer 111-2, veröffentlichten bereinigten Fassung, zuletzt durch Artikel 2 des Gesetzes vom 12. Juli 2012 (BGBl. I S. 1501) geändert.

im Ernstfall Schaden vom Deutschen Bundestag abzuwenden, und sollen keine Minderheiten schützen.

b) Quoren von einem Viertel

Inhaltlich sind die Quoren von einem Viertel einmal für den Deutschen Bundestag und innerhalb dessen Untergliederungen, den Ausschüssen, vorgesehen. In der 18. Legislaturperiode des Deutschen Bundestages verfügten die die Regierung nicht tragenden Abgeordneten zahlenmäßig nicht über ein Viertel der Mitglieder des Deutschen Bundestags. Diese können daher grundsätzlich, abgesehen von der Sonderregelung in der 18. Legislaturperiode nach § 126a GO-BT[393], nur mithilfe der Stimmen der Regierungsparteien die nachfolgenden Rechte geltend machen.

aa) Quoren von einem Viertel der Mitglieder des Deutschen Bundestag nach dem Grundgesetz

Im Grundgesetz wird zur Geltendmachung von Klagen des Deutschen Bundestages in Form der abstrakten Normenkontrolle und der Subsidiaritätsklage sowie zur Durchführung eines Untersuchungsausschusses ein Quorum von einem Viertel der Mitglieder des Deutschen Bundestages verlangt.

(1) Das Quorum von einem Viertel der Mitglieder des Deutschen Bundestages zur Durchführung einer Subsidiaritätsklage vor dem Europäischen Gerichtshof

Aufgrund von Art. 8 des Protokolls (Nr. 2) über die Anwendung der Grundsätze der Subsidiarität und der Verhältnismäßigkeit kann der Deutsche Bundestag bei der Verletzung des Subsidiaritätsgrundsatzes nach Art. 5 EUV durch die Europäische Union bei einem Gesetzgebungsakt nach Art. 23 Abs. 1a Satz 1 GG beschließen, dass eine Subsidiaritätsklage vor dem Europäischen Gerichtshof zu erheben ist. Der Deutsche Bundestag ist hierzu auf Antrag eines Viertels seiner Mitglieder nach Art. 23 Abs. 1a Satz 2 GG[394] sogar verpflichtet.

---

393 Geschäftsordnung des Deutschen Bundestages vom 25. Juni 1980 (BGBl. I S. 1237), zuletzt durch Beschluss d. Bundestages vom 3. April 2014 geändert. § 126a GO-BT findet sich auch in der Geschäftsordnung des Deutschen Bundestages für die 19. Wahlperiode (Bekanntmachung vom 12. Juni 2017 [BGBl. I S. 1877]), jedoch ist dieser vom Wortlaut her nur in der 18. Wahlperiode gültig.

394 Die Subsidiaritätsklage wird in diesem Fall nach Art. 23 Abs. 1a Satz 2 GG, § 12 Abs. 1 Satz 1 IntVG, § 93d Abs. 2 und 3 GO-BT erhoben.

(2) Das Quorum von einem Viertel der Mitglieder des Deutschen Bundestages zur Durchführung eines Untersuchungsausschusses

Der Deutsche Bundestag ist nach Art. 44 Abs. 1 Satz 1 GG verpflichtet, einen Untersuchungsausschuss einzusetzen, wenn dies ein Viertel der Mitglieder des Deutschen Bundestages verlangt. In diesem Fall wird von einer sog. *„Minderheitsenquete"*[395] gesprochen.

(3) Das Quorum von einem Viertel der Mitglieder des Deutschen Bundestages zur Durchführung einer abstrakten Normenkontrolle

Das Bundesverfassungsgericht prüft die Vereinbarkeit von Bundes- oder Landesrecht mit der Vereinbarkeit des Grundgesetzes im Wege der abstrakten Normenkontrolle, wenn dies von einem Viertel der Mitglieder des Deutschen Bundestages nach Art. 93 Abs. 1 Nr. 2 GG, §§ 13 Nr. 6, 76 BVerfGG[396] beantragt wird. Dieses Verfahren ist ein objektives Beanstandungsverfahren zur Kontrolle und Feststellung der Gültigkeit und Ungültigkeit einer Norm[397] und kein kontradiktorisches Verfahren, welches einen Antragsgegner und eine Antragsfrist kennt.[398]

(4) Zwischenergebnis

Alle die unter den vorgenannten (1) bis (3) aufgeführten Rechte, die nur von einem Quorum von einem Viertel der Mitglieder des Deutschen Bundestages geltend gemacht werden können, könnten die Minderheitenrechte der nicht die Regierung tragenden Abgeordneten tangieren – beziehungsweise ist dies nicht von vornherein ausgeschlossen. Die Besonderheit der vorbezeichneten Rechte liegt darin, dass hier einer Minderheit konkrete Rechte zugewiesen werden, also bei Erfüllung des Quorums trotz des Mehrheitsprinzips eine unmittelbare Folge angeknüpft ist. Diese Normen sind demnach konkret minderheitsschützend und sind daher in Teil B.III (Seite 159ff.) einer eingehenden Untersuchung zu unterziehen.

---

395 *Geis* in HStR III, § 55 Rn. 21; *Brocker* in Epping/Hillgruber, BeckOK GG, Art. 44 Rn. 22; *Klein* in Maunz/Dürig, GG, Art. 44 Rn. 74; *Kluth* in Schmidt-Bleibtreu/Hofmann/Henneke, GG, Art. 44 Rn. 11; *Magiera* in Sachs, GG, Art. 44 Rn. 13.

396 Bundesverfassungsgerichtsgesetz in der Fassung der Bekanntmachung vom 11. August 1993 (BGBl. I S. 1473), zuletzt durch Artikel 2 des Gesetzes vom 8. Oktober 2017 (BGBl. I S. 3546) geändert.

397 *Hopfau* in Schmidt-Bleibtreu/Hofmann/Henneke, GG, Art. 93 Rn. 266.

398 *Löwer* in HStR III, § 70 Rn. 62.

bb) Rechte eines Quorums bei Vorlagen, die Angelegenheiten der Europäischen Union betreffen, aus einfachem Gesetz

Die Bundesregierung gewährt dem Deutschen Bundestag eine Gelegenheit zur Stellungnahme zu Rechtsetzungsakten der Europäischen Union, bevor die Bundesregierung an diesen mitwirkt, gem. Art. 23 Abs. 3 Satz 1 GG. Macht der Deutsche Bundestag von seinem Mitwirkungsrecht Gebrauch, berücksichtigt die Bundesregierung diese Stellungnahmen des Deutschen Bundestages bei den Verhandlungen innerhalb der Europäischen Union. Entsprechend der Regelung in § 9 Abs. 5 Satz 1 EUZBBG[399] unterrichtet die Bundesregierung den Deutschen Bundestag unverzüglich schriftlich über die Durchsetzung der Stellungnahme des Deutschen Bundestages. Auf Verlangen eines Viertels der Mitglieder des Deutschen Bundestages nach § 9 Abs. 5 Satz 3 EUZBBG erläutert die Bundesregierung im Rahmen einer Plenardebatte die Gründe, warum nicht alle Belange der Stellungnahme des Deutschen Bundestages berücksichtigt wurden. Bei diesen Regelungen handelt es sich ebenfalls um Verfahrensrechte, die nicht die Minderheit vor einer übermächtigen Großen Koalition oder Regierungsmacht schützen sollen. Die Normen dienen dazu, dass die Belange des Deutschen Bundestages in europäischen Rechtsetzungsverfahren berücksichtigt werden sollen. Es soll daher gerade nicht eine Minderheit, sondern der Deutsche Bundestag in seiner Ganzheitlichkeit geschützt werden.

cc) Quoren von einem Viertel der Mitglieder des Deutschen Bundestag in der Geschäftsordnung des Deutschen Bundestages

Ein Quorum von einem Viertel der Mitglieder des Parlaments kann nach § 4 Satz 2 GO-BT Wahlvorschläge für die Wahl des Bundeskanzlers einreichen; ebenso kann dies von einer Fraktion erfolgen, sofern diese mindestens ein Viertel der Mitglieder des Deutschen Bundestages umfasst.

Der Deutsche Bundestag ist weiter auf einen Antrag von einem Viertel der Mitglieder des Deutschen Bundestages dazu verpflichtet, eine Enquete-Kommission nach § 56 Abs. 1 Satz 2 GO-BT einzuberufen. Diese Kommission wird in der Regel zur Vorbereitung von Entscheidungen über umfangreiche und bedeutsame Sachkomplexe eingesetzt.[400] Der Aufgabenbereich einer Enquete-Kommission ist sehr breit gefasst und vielfältig. So wurden z.B. in der Vergangenheit Fragen der naturwissenschaftlichen Entwicklung und einschlägigen

---

399 Gesetz über die Zusammenarbeit von Bundesregierung und Deutschem Bundestag in Angelegenheiten der Europäischen Union vom 4. Juli 2013 (BGBl. I S. 2170).
400 vgl. § 56 Abs. 1 GO-BT.

politischen Reaktionen zur Beantwortung gestellt, weiter gesellschafts-, gesund-heits- und kulturpolitische Probleme sowie wirtschafts- und rechtswissenschaft-liche Gegenstände.[401] Für die Enquete-Kommission gelten die Verfahrensregeln für die Ausschüsse nach § 74 GO-BT entsprechend, soweit sich nichts anderes aus § 56 GO-BT ergibt. Eine Enquete-Kommission ist ein Teil des Parlaments; strittig ist jedoch, ob diese ein nichtständiger Ausschuss oder ein Gremium *sui generis* ist.[402]

Ein Misstrauensantrag gegen den Bundeskanzler nach Art. 67 Abs. 1 GG kann von einem Viertel der Mitglieder des Parlaments und ebenso von einer Fraktion, sofern diese mindestens ein Viertel der Mitglieder des Deutschen Bundestages umfasst, nach § 97 Abs. 1 GO-BT gestellt werden. Spricht der Deutsche Bundes-tag dem Bundeskanzler bei einer Vertrauensfrage nach Art. 68 Abs. 1 GG nicht mehrheitlich das Vertrauen aus, kann nach § 98 Abs. 2 GO-BT binnen einund-zwanzig Tagen auf Antrag eines Quorums von einem Viertel der Mitglieder des Deutschen Bundestages ein anderer Bundeskanzler zur Wahl gestellt werden.

Von den vorbezeichneten Rechten kann eine Minderheit zwar Gebrauch machen, jedoch ist diese auf eine Unterstützung durch die Mehrheit der Mitglieder des Deutschen Bundestages angewiesen. Insoweit führen diese Rechte lediglich zu einer Initialzündung, die als Zwischenschritt einer gesonderten Mehrheit bedarf. Eine Minderheiten schützende Vorschrift ist hierin nicht zu sehen, denn es besteht keine Notwendigkeit, dass eine kleine Minderheit einen nicht mehrheitsfähigen Personalvorschlag für das Amt des Bundeskanzlers einreichen können muss.

dd) Quoren von einem Viertel der Mitglieder des jeweiligen Ausschusses

In Einzelfällen knüpfen die Verfassung und das einfachgesetzliche Recht an ein Quorum von einem Viertel der Mitglieder eines Ausschusses, in Angelegenheiten der Europäischen Union sogar noch an ein schärferes Quorum von einem Viertel der Mitglieder eines Ausschusses, welche sich aus zwei unterschiedlichen Fraktio-nen zusammensetzen müssen, an.

---

401 *Schmidt-Jorzig* in Morlok/Schliesky/Wiefelspütz, Parlamentsrecht, § 32 Rn. 4.
402 *Kretschmer*, DVBl. 1986, S. 923 (924f.): Es handelt sich um einen nichtständigen Ausschuss des Bundestages, da die Regeln für Ausschüsse nach § 74 GO-BT für die Enquete-Kommission gelten.

(1) Untersuchungsausschuss

Innerhalb eines Untersuchungsausschusses werden einige Rechte der Ausschussminderheit ebenfalls an ein Quorum von einem Viertel der Mitglieder des Untersuchungsausschusses geknüpft.

Der oder die Vorsitzende des Untersuchungsausschusses beruft den Untersuchungsausschuss nach § 8 Abs. 1 PUAG grundsätzlich unter Angabe der Tagesordnung ein. Eine Einberufung einer Sitzung des Untersuchungsausschusses zum nächstmöglichen Termin nach § 8 Abs. 2 PUAG innerhalb des Zeitplanes ist verpflichtend, wenn dies von einem Viertel der Mitglieder des Untersuchungsausschusses unter Angabe der Tagesordnung verlangt wird.

Der Untersuchungsausschuss hat nach § 10 Abs. 1 Satz 1 PUAG jederzeit das Recht und auf Antrag eines Viertels seiner Mitglieder die Pflicht, zu seiner Unterstützung eine Untersuchung zu beschließen, die von einem oder einer Ermittlungsbeauftragten durchgeführt wird. Der oder die Ermittlungsbeauftragte soll die Untersuchung des Ausschusses unterstützen und Zeugen informatorisch vernehmen.[403] Außerdem soll er oder sie dem Untersuchungsausschuss vorgeschaltet sein und diesen entlasten, damit der Untersuchungsausschuss seinen Kernaufgaben nachkommen kann.[404]

Weiter kann von dem vorbezeichneten Quorum der Untersuchungsausschuss nach § 17 Abs. 2 PUAG verpflichtet werden, bestimmte Beweise zu erheben, es sei denn, die Beweiserhebung ist unzulässig oder das Beweismittel ist auch nach Anwendung der in diesem Gesetz vorgesehenen Zwangsmittel unerreichbar. Die Reihenfolge der Vernehmung von Zeugen und Sachverständigen im Untersuchungsausschuss erfolgt nach § 17 Abs. 3 Satz 1 PUAG einvernehmlich. Bei Widerspruch eines Viertels der Mitglieder des Untersuchungsausschusses gelten die Vorschriften der Geschäftsordnung des Deutschen Bundestages zur Reihenfolge der Reden nach § 17 Abs. 3 Satz 2 PUAG entsprechend. Sofern der Untersuchungsausschuss die Erhebung bestimmter Beweise oder die Anwendung beantragter Zwangsmittel nach den in § 17 Abs. 4 PUAG genannten Fällen ablehnt, entscheidet auf Antrag eines Viertels der Mitglieder des Untersuchungsausschusses der Ermittlungsrichter oder die Ermittlungsrichterin des Bundesgerichtshofes über die Erhebung der Beweise oder über die Anordnung eines Zwangsmittels. Nach der Rechtsprechung des Bundesgerichtshofs ist hier

---

403 *Glauben/Brocker*, Das Recht der parlamentarischen Untersuchungsausschüsse in Bund und Ländern, Kapitel 9 Rn. 34.

404 BT-Drs. 14/5790, S. 15; *Bachmaier*, NJW 2002, S. 348 (348); kritisch *Schneider, H.-P.*, NJW 2001, S. 2604 (2608) der hier das „*hohe Gut der Unmittelbarkeit der Beweisaufnahme auf diese Weise beeinträchtigt*" sieht.

das Quorum von einem Viertel der Ausschussmitglieder entgegen dem Wortlaut jedoch nur erfüllt, wenn dieses eine Einsetzungsminderheit von einem Viertel der Mitglieder des Deutschen Bundestages repräsentiert.[405]

Die Bundesregierung, die Behörden des Bundes sowie die bundesunmittelbaren Körperschaften, Anstalten und Stiftungen des öffentlichen Rechts sind im Rahmen des § 18 Abs. 1 PUAG auf Ersuchen verpflichtet, dem Untersuchungsausschuss sächliche Beweismittel, insbesondere die Akten, die den Untersuchungsgegenstand betreffen, vorzulegen. Wenn dieses Ersuchen abgelehnt wird oder sächliche Beweismittel als Verschlusssache eingestuft vorgelegt werden, entscheidet auf Antrag des Untersuchungsausschusses oder eines Viertels der Mitglieder des Untersuchungsausschusses nach § 18 Abs. 3 PUAG das Bundesverfassungsgericht über die Rechtmäßigkeit der Ablehnung eines Ersuchens der Ermittlungsrichter oder die Ermittlungsrichterin des Bundesgerichtshofes über die Rechtmäßigkeit einer Einstufung. Neben der Bundesregierung, den vorbezeichneten Behörden, Körperschaften, Anstalten und Stiftungen sind auch Gerichte und Verwaltungsbehörden zur Rechts- und Amtshilfe, insbesondere zur Vorlage sächlicher Beweismittel nach § 18 Abs. 4 Satz 1 PUAG verpflichtet. Kommt es hier zu Streitigkeiten, entscheidet nach § 18 Abs. 4 Satz 2 PUAG auf Antrag des Untersuchungsausschusses oder des vorbezeichneten Quorums der Ermittlungsrichter oder die Ermittlungsrichterin des Bundesgerichtshofes über dieses Amtshilfegesuch. Wie bei § 17 PUAG sieht hier das Bundesverfassungsgericht das Quorum von einem Viertel der Ausschussmitglieder entgegen dem Wortlaut wiederum jedoch nur als erfüllt an, wenn dieses von einer Einsetzungsminderheit von einem Viertel der Mitglieder des Deutschen Bundestages repräsentiert wird.[406]

Als repressive Maßnahmen kann der Untersuchungsausschuss oder ein Viertel der Mitglieder des Untersuchungsausschusses beim Ermittlungsrichter oder der Ermittlungsrichterin des Bundesgerichtshofes beantragen, dass bei einer rechtsgrundlosen Zeugnisverweigerung zur Erzwingung des Zeugnisses die Haft nach § 27 Abs. 2 PUAG angeordnet wird, ebenso bei Nichtherausgabe eines Beweismittels nach § 29 Abs. 2 Satz 2 PUAG. Abschließend kann der Untersuchungsausschuss oder ein Viertel der Mitglieder des Untersuchungsausschusses beim Ermittlungsrichter oder der Ermittlungsrichterin des Bundesgerichtshofes nach § 30 Abs. 4 Satz 2 PUAG beantragen, dass die Aufhebung des Geheimhaltungsgrades GEHEIM eines Beweismittels für zulässig erklärt wird.

---

405 siehe B.II.3.c), S. 153 – BGH, Beschluss vom 23. Februar 2017, Az. 3 Ars 20/16.
406 siehe B.II.3.b), S. 152 – BVerfG, Beschluss vom 13. Oktober 2016, Az. 2 BvE 2/15.

(2) Verteidigungsausschuss als exklusiv zuständiger Untersuchungsausschuss auf dem Gebiet der Verteidigung

Die Mitglieder des Verteidigungsausschusses können auf Antrag von einem Viertel der Mitglieder dieses Ausschusses nach Art. 45a Abs. 2 Satz 2 GG verlangen, dass eine Angelegenheit zum Gegenstand seiner Untersuchung gemacht wird und sich der Verteidigungsausschuss nach Art. 45a Abs. 2 Satz 1 GG, § 34 Abs. 1 Satz 2 PUAG als Untersuchungsausschuss konstituiert. Durch die Regelung in Art. 45a Abs. 3 GG wird das Enqueterecht des Verteidigungsausschusses sogar zu einem Enquetemonopol auf dem Gebiet der Verteidigung erklärt, indem die (allgemeine) Anwendung des Art. 44 Abs. 1 GG zu den Untersuchungsausschüssen explizit ausgeschlossen wird und eine exklusive Zuständigkeit begründet ist.[407] Da sich bei diesem speziellen Ausschuss der Verteidigungsausschuss kraft verfassungsmäßiger Sonderrechte zu einem Untersuchungsausschuss fernab des regulären Procedere ernennen kann und damit faktisch ein Untersuchungsausschuss ist, ist dieses Sonderrecht auch noch einer eingehenderen Prüfung zu unterziehen.

(3) Haushaltsausschuss

In allen sonstigen, die Haushaltsverantwortung des Deutschen Bundestages berührenden Angelegenheiten des Europäischen Stabilitätsmechanismus, in denen eine Entscheidung des Plenums gemäß § 4 Gesetz zur finanziellen Beteiligung am Europäischen Stabilitätsmechanismus[408] (ESMFinG[409]) nicht vorgesehen ist, wird der Haushaltsausschuss des Deutschen Bundestages beteiligt. Dieser muss eine öffentliche Informationssitzung nach § 70 GO-BT durchführen, wenn dies nach § 5 Abs. 6 Satz 2 ESMFinG von einem Viertel der Mitglieder des Haushaltsausschusses, bestehend aus mindestens zwei Fraktionen im Ausschuss, unterstützt wird. Analog gilt dieses besondere Quorum auch für die Einberufungspflicht einer öffentlichen Informationssitzung nach § 5 Abs. 5 Satz 2 Gesetz zur Übernahme von Gewährleistungen im Rahmen eines europäischen Stabilisierungsmechanismus (StabMechG[410]) für die Beteiligung

---

407 *Brocker* in Epping/Hillgruber, BeckOK GG, Art. 45a Rn. 9.

408 Nach § 4 Abs. 1 Satz 1 ESMFinG sind Angelegenheiten des Europäischen Stabilitätsmechanismus, welche die haushaltspolitische Gesamtverantwortung des Deutschen Bundestages betreffen vom Plenum des Deutschen Bundestages wahrzunehmen.

409 ESM-Finanzierungsgesetz vom 13. September 2012 (BGBl. I S. 1918), zuletzt durch Gesetz vom 29. November 2014 (BGBl. I S. 1821, 2193) geändert.

410 Stabilisierungsmechanismusgesetz vom 22. Mai 2010 (BGBl. I S. 627), zuletzt durch Artikel 1 des Gesetzes vom 23. Mai 2012 (BGBl. I S. 1166) geändert.

des Haushaltsausschusses an allen die Haushaltsverantwortung des Deutschen Bundestages berührenden Angelegenheiten der Europäischen Finanzstabilisierungsfazilität, in denen eine Entscheidung des Deutschen Bundestages gemäß § 3 StabMechG[411] nicht vorgesehen ist. Weiter gilt dieses Quorum für die Informationspflicht und Auskunftspflicht gegenüber dem Haushaltsausschuss des Deutschen Bundestages des von der Bundesrepublik Deutschland nach Art. 5 Absatz 1 des Vertrags zur Einrichtung des Europäischen Stabilitätsmechanismus (ESM) ernannten Gouverneurs und dessen Stellvertreters.

(4) Federführende Ausschüsse

Ein federführender Ausschuss ist nach § 70 Abs. 1 Satz 2 1. Halbsatz GO-BT bei überwiesenen Vorlagen verpflichtet, eine Anhörung von Sachverständigen, Interessenvertretern und anderen Auskunftspersonen vorzunehmen, wenn dies von einem Viertel der Mitglieder des jeweiligen Ausschusses verlangt wird. Dieses Minderheitenrecht knüpft an überwiesene Vorlagen des Plenums nach § 75 GO-BT und an überwiesene Vorlagen der Bundestagspräsidentin oder des Bundestagspräsidenten nach §§ 80 Abs. 3, 92 und 93 GO-BT an.[412]

(5) Zwischenergebnis

Die Minderheitenrechte in einem Untersuchungsausschuss sind einer näheren Untersuchung zu unterziehen, insbesondere aufgrund der neuesten Rechtsprechung zur Zusammensetzung des Quorums von einem Viertel der Mitglieder des Untersuchungsausschusses. Dies gilt ebenso für die Metamorphose des Verteidigungsausschusses zu einem Untersuchungsausschuss, da hier auch Minderheitenrechte berührt sein können. Die Minderheitenrechte in einem Verteidigungsausschuss als (besonderer) Untersuchungsausschuss haben dieselbe Qualität wie die Minderheitenrechte in einem Untersuchungsausschuss. Die Untersuchungsausschüsse sind im Gegensatz zu den Minderheitenrechten im Haushaltsausschuss und im federführenden Ausschuss echte Kontrollrechte und nicht nur eine bloße verfahrensrechtliche Gestaltung des parlamentarischen Betriebs durch ein festgelegtes Quorum.

---

411 Nach § 3 Abs. 1 Satz 1 StabMechG darf die Bundesregierung in Angelegenheiten der Europäischen Finanzstabilisierungsfazilität einem Beschlussvorschlag, der die haushaltspolitische Gesamtverantwortung des Deutschen Bundestages berührt, durch ihren Vertreter nur zustimmen oder sich bei einer Beschlussfassung enthalten, nachdem der Deutsche Bundestag hierzu einen zustimmenden Beschluss in den Fällen des § 3 Abs. 2 StabMechG gefasst hat.

412 *Ritzel/Bücker/Schreiner*, HbdPP, GO-BT, § 70 I. Nr. 2 lit. a).

c) Quoren von einem Drittel der Mitglieder des Deutschen Bundestages

Ein Quorum von einem Drittel der Mitglieder des Deutschen Bundestages wird benötigt, um die Bundestagspräsidentin oder den Bundestagspräsidenten zu verpflichten, den Deutschen Bundestag außerordentlich einzuberufen (Art. 39 Abs. 3 GG, § 21 Abs. 2 GO-BT). Dieses Revokationsrecht ist ein weiteres Verfahrensrecht, welches nur das Verfahren bei außerordentlichen Ereignissen regeln, aber nicht Minderheiten schützend sein soll.

d) Quoren von zwei Dritteln der Mitglieder des Deutschen Bundestages oder der anwesenden Mitglieder

Bei gewissen Entscheidungen verlangt der Gesetzgeber eine Zustimmung von zwei Dritteln der Mitglieder des Deutschen Bundestages. Das hohe Quorum indiziert bereits, dass es sich hierbei um weitreichende Entscheidungen handelt, die nicht leichtfertig und nur weitestgehend konsensual beschlossen werden sollen.

aa) Anklage des Bundespräsidenten

Eine Präsidentenanklage ist in der Geschichte der Bundesrepublik Deutschland bislang noch nicht erfolgt.[413] Ursache hierfür mag sein, dass diese nur bei schwerwiegenden Verstößen des Bundespräsidenten möglich ist, und zwar wenn der Bundespräsident außerhalb der ihm zustehenden Befugnisse handelt oder seine Befugnisse vorsätzlich verfassungswidrig ausübt.[414] Der Antrag auf Anklage des Bundespräsidenten muss nach Art. 61 Abs. 1 Satz 2 GG von mindestens einem Viertel der Mitglieder des Deutschen Bundestages[415] gestellt werden. Als weiteren Schritt bedarf der Beschluss auf Erhebung der Anklage vor dem Bundesverfassungsgericht nach Art. 61 Abs. 1 Satz 3 GG einer weiteren Mehrheit von zwei Dritteln der Mitglieder des Deutschen Bundestages.[416] Es ändert auch nichts an dieser Auffassung, dass der Antrag auf die Präsidentenanklage bereits von einem Viertel der Mitglieder des Deutschen Bundestages initiiert werden kann. Hier wurde eine zweifache Hürde durch den Verfassungsgeber eingebaut: Den Antrag auf Anklage des Bundespräsidenten kann ein Viertel stellen, der Beschluss zur

---

413 *Pieper* in Epping/Hillgruber, BeckOK GG, Art. 61 Rn. 1a.
414 *Pieper* in Epping/Hillgruber, BeckOK GG, Art. 61 Rn. 1.
415 alternativ kann dieser Antrag auch von einer Gruppe mit einem Viertel der Stimmen des Bundesrats gestellt werden.
416 alternativ kann dieser Beschluss auch von einer Gruppe mit zwei Dritteln der Stimmen des Bundesrats gestellt werden.

Anklage des Bundespräsidenten muss aber von einer Zweidrittelmehrheit getragen werden. Die Präsidentenanklage soll nicht von einer Minderheit, sondern von einem breiten politischen Konsens gestützt werden, daher ist diese Norm ebenfalls nicht als besonders Minderheiten schützend anzusehen.

bb) Änderung des Grundgesetzes

Eine Änderung des Grundgesetzes nach Art. 79 Abs. 2 GG ist gegen eine Sperrminorität von einem Drittel der Mitglieder des Deutschen Bundestages und einem weiteren Abgeordneten mehr nicht möglich.[417] Nur eine Zweidrittelmehrheit der Mitglieder des Deutschen Bundestages und eine Mehrheit von zwei Dritteln der Stimmen des Bundesrates können überhaupt das Grundgesetz abändern.[418] Grundsätzlich ist dies vom Gedanken getragen, eine Verfassungsänderung solle nicht alleine von den Regierungsparteien angestoßen und durchgeführt werden, sondern auf breiten politischen Konsens stoßen. Aufgrund der Bedeutung einer Verfassungsänderung und der Zweidrittelmehrheit der Großen Koalition in der 18. Wahlperiode des Deutschen Bundestages ist daher trotz der hohen Hürde des Quorums in Art. 79 Abs. 2 GG eine nähere Betrachtung notwendig.

cc) Ausschluss der Öffentlichkeit von den Verhandlungen des Plenums

Die Maximen der parlamentarischen Verhandlung sind Öffentlichkeit, Unmittelbarkeit, Mündlichkeit, Mehrheitsprinzip und Minderheitenschutz.[419] Daher verhandelt der Deutsche Bundestag nach Art. 42 Abs. 1 Satz 1 GG während seiner Plenarsitzungen auch öffentlich. Nach Art. 42 Abs. 1 Satz 2 GG kann die Öffentlichkeit von den Verhandlungen des Plenums des Deutschen Bundestages jedoch ausgeschlossen werden, wenn dies ein Zehntel seiner Mitglieder oder die Bundesregierung beantragt und dieser Antrag mit einer Zweidrittelmehrheit angenommen wird. Da diese Norm nicht auf eine Zweidrittelmehrheit der Mitglieder des Deutschen Bundestages abstellt, ist für die Annahme des Antrags nur eine Zweidrittelmehrheit der Abstimmenden notwendig.[420] Ebenfalls ist nicht von vornherein anzunehmen, dass es sich hierbei um eine reine Verfahrensnorm

---

417 *Steffani* in Schneider/Zeh, Parlamentsrecht und Parlamentspraxis, § 49 Rn. 113.
418 vorbehaltlich der Ewigkeitsgarantie nach Art. 73 Abs. 3 GG.
419 *Achterberg*, DVBl. 1980 S. 512 (512).
420 mittlerweile h.M.: *Versteyl* in von Münch/Kunig, GG II, Art. 42 Rn. 17; *Achterberg/Schulte* in von Mangoldt/Klein/Starck, GG II, 6. Auflage, Art. 42 Rn. 19; *Schliesky* in von Mangoldt/Klein/Starck, GG II, 7. Auflage, Art. 42 Rn. 42; *Klein* in Maunz/Dürig, GG, Art. 42 Rn. 50; *Magiera* in Sachs, GG, Art. 42 Rn. 6; *Ritzel/Bücker/Schreiner*, HbdPP, GO-BT, § 19 Ziff. 2 lit. f); *Linck*, ZParl 23 (1992), S. 673 (687).

handelt, denn unredlich handelnde Regierungsabgeordnete könnten durch solch eine Maßnahme bei wichtigen Entscheidungen der Opposition die benötigte Medienöffentlichkeit entziehen. Diese Verfahrensnorm kann daher auch die parlamentarische Minderheit schützen und ist daher ebenfalls einer eigenen Bewertung zu unterziehen.

dd) Zwischenergebnis

Die hohe Hürde für die Änderung des Grundgesetzes ist zwar nicht minderheitsschützend, jedoch könnte aufgrund der Sonderkonstellation einer Großen Koalition mit Zweidrittelmehrheit eine besondere Gefahr darin liegen, dass die Regierungsfraktionen nicht mehr auf einen breiten politischen Konsens angewiesen sind und diese Situation gilt es näher zu untersuchen. Der Ausschluss der Öffentlichkeit bei Plenarsitzungen des Deutschen Bundestags könnte im Falle einer Großen Koalition mit Zweidrittelmehrheit minderheitsschützend sein und ist daher ebenfalls einer näheren Betrachtung zu unterziehen.

4. Zusammenfassung

Verfassungsrechtliche Probleme bei Großen Koalitionen können sich ergeben, wenn eine Große Koalition gegenüber den Abgeordneten, die nicht die Regierung tragen, übermächtig ist. Eine vitale parlamentarische Demokratie setzt als notwendig voraus, dass die Bundesregierung mittels der Regierungsfraktionen über eine handlungsfähige Mehrheit im Parlament verfügt. Sofern abweichend vom Mehrheitsprinzip einer Minderheit Rechte eingeräumt werden, müssen diese Rechte aber nicht gleich per se Minderheitenschutzrechte sein, nur weil an ein Quorum oder einen zahlenmäßigen Zusammenschluss angeknüpft wird. Es wird daher noch zu untersuchen sein, inwieweit diese Rechte durch das bloße Vorhandensein einer Großen Koalition ausgehöhlt werden oder faktisch nicht brauchbar sind. Die Funktion des Parlaments erschöpft sich aber nicht nur darin, den Bundeskanzler zu wählen und Gesetzesbeschlüsse zu fassen; im Rahmen der Gewaltenteilung gehört es auch zur Aufgabe des Parlaments, die Regierungstätigkeit zu kontrollieren. Diese Kontrollfunktion wird aber rein faktisch ausgehöhlt, sollten Minderheitenrechte de facto von den Abgeordneten, die nicht die Regierung tragen, nicht geltend gemacht werden können. Abgeordnete, welche die Regierung tragen, haben naturgemäß wenig Interesse daran, Missstände – zumindest nicht öffentlichkeitswirksam über einen Untersuchungsausschuss – aufzuklären.

An das Quorum von einem Viertel der Mitglieder des Deutschen Bundestages werden – quantitativ – weitaus weniger Mitwirkungsrechte angeknüpft als bei einer Fraktion oder fünf vom Hundert der Mitglieder des Deutschen Bundestages. Im Endeffekt wird damit aber der Opposition, also den Nichtregierungsfraktionen und fraktionslosen Abgeordneten, die nicht die Regierung tragen, ein scharfes Schwert in die Hand gedrückt. Gesetze können vor dem Bundesverfassungsgericht angegriffen werden, und die Oppositionsfraktionen können sich klassischerweise über einen Untersuchungsausschuss selber Informationen verschaffen sowie Sachaufklärung betreiben, die ihnen sonst verwehrt bleiben. Die parlamentarische Opposition im 18. Deutschen Bundestag, bestehend aus den Abgeordneten der Fraktionen Die Linke und Bündnis 90/Die Grünen, konnte diese Rechte aber nicht wirksam ausüben. Hierzu fehlten ihr mit insgesamt nur 20,13 % der Abgeordnetenmandate des Deutschen Bundestages schlichtweg die weiteren 4,87 % der Stimmen. Um diesen Missstand zu korrigieren, wurden daher die Quoren qua Geschäftsordnungsänderung durch § 126a GO-BT herabgesetzt. Diese minimalinvasive Lösung gewährt aber keinen fortwährenden Schutz. Die Geschäftsordnung des Deutschen Bundestages kann durch eine Zweidrittelmehrheit der abstimmenden Abgeordneten nach § 126 GO-BT wieder abgeändert werden. Nach § 126a Abs. 2 GO-BT soll zwar § 126 GO-BT auf die Fälle des § 126a Abs. 1 GO-BT keine Anwendung finden, jedoch ist § 126 GO-BT eine Änderung von der Geschäftsordnung des Deutschen Bundestages im Einzelfall. Der Deutsche Bundestag wird ausdrücklich nicht daran gehindert, dauerhaft der Opposition seine Rechte nach § 126a Abs. 1 GO-BT wieder zu entziehen. Somit könnte die Große Koalition in der 18. Wahlperiode selbst dann, wenn das komplette Plenum vertreten ist, eine Änderung des § 126a Abs. 1 GO-BT erzwingen, indem sie durch ihre Abgeordneten schlicht die Geschäftsordnung des Deutschen Bundestages mit einfacher Mehrheit ändert. So gilt es folgende Rechte einer eingehenden Untersuchung zu unterziehen:

- das Antragsrecht eines Viertels der Mitglieder des Deutschen Bundestages auf **Erhebung einer Subsidiaritätsklage** durch den Deutschen Bundestag vor dem Europäischen Gerichtshof (Art. 23 Abs. 1a Satz 2 GG),
- das Antragsrecht eines Drittels der Mitglieder des Deutschen Bundestages auf **Einberufung des Deutschen Bundestages** durch die Präsidentin oder den Präsidenten des Deutschen Bundestages (Art. 39 Abs. 3 Satz 3 GG),
- **Ausschluss der Öffentlichkeit von den Verhandlungen des Plenums des Deutschen Bundestages** mit Zweidrittelmehrheit (Art. 42 Abs. 1 Satz 2 GG),
- das Antragsrecht eines Viertels der Mitglieder des Deutschen Bundestages auf **Einsetzung eines Untersuchungsausschusses** durch den Deutschen Bundestag (Art. 44 Abs. 1 Satz 1 GG),

- das Antragsrecht eines Viertels der Mitglieder des Verteidigungsausschusses auf **Tätigwerden des Verteidigungsausschusses als Untersuchungsausschuss** (Art. 45a Abs. 2 Satz 2 GG) und
- die Antragsberechtigung eines Viertels der Mitglieder des Deutschen Bundestages für die **abstrakte Normenkontrolle** (Art. 93 Abs. 1 Nr. 2 GG).

Da eine Große Koalition mit Zweidrittelmehrheit auch eine **Änderung des Grundgesetzes** (Art. 79 Abs. 2 GG) initiieren kann, soll dieser Verfahrensschritt auch diskutiert werden. Weiter ist noch zu berücksichtigen, dass das **Rederecht** des einzelnen Abgeordneten bei einer übermächtigen Großen Koalition stark eingeschränkt sein könnte. Das Rederecht des einzelnen Abgeordneten soll daher losgelöst ebenso näher betrachtet werden.

II. Entwicklungen in der 18. Wahlperiode

Nachdem die Fraktionen Die Linke und Bündnis 90/Die Grünen durch Bundestagsdrucksachen diverse Änderungsvorschlägen eingereicht und eingefordert hatten, dass ihre Rechte als Minderheit in der 18. Wahlperiode auch weiter gesichert würden, rang sich die Große Koalition, bestehend aus den Fraktionen CDU/CSU und SPD, dazu durch, mit § 126a GO-BT eine Korrekturvorschrift zu verabschieden. Dieses Entgegenkommen gegenüber den Fraktionen Die Linke und Bündnis 90/Die Grünen ist nicht selbstverständlich, denn die übermächtige Große Koalition gewährte hier Rechte, die für sie unbequem oder lästig werden können. Auch wenn man über die konkrete Umsetzung des Schutzes der nicht die Regierung tragenden Abgeordneten diskutieren kann, muss diesem Schritt der Großen Koalition im Interesse des Parlamentarismus Anerkennung gezollt werden. Am 3. Mai 2016 urteilte das Bundesverfassungsgericht, das Grundgesetz begründe weder explizit spezifische Oppositions(fraktions)rechte, noch lässt sich ein Gebot der Schaffung solcher Rechte aus dem Grundgesetz ableiten.[421] Einer Einführung spezifischer Oppositionsfraktionsrechte steht einerseits Art. 38 Abs. 1 Satz 2 GG entgegen und der Absenkung von Quoren andererseits die bewusste Entscheidung des Verfassungsgebers für die bestehenden Quoren entgegen.[421] Die tatsächlichen und rechtlichen Entwicklungen in der 18. Wahlperiode sowie die aktuelle Diskussion in der Wissenschaft sollen daher im Folgenden näher dargestellt werden.

---

421 BVerfG, Urteil vom 3. Mai 2016, Az. 2 BvE 4/14, Leitsätze.

1. Maßnahmen der Opposition und des Gesetzgebers zur Wahrung der Minderheitenrechte und Reaktion durch die Regierungsfraktionen

In der 18. Legislaturperiode des Deutschen Bundestages bildeten die Fraktionen Die Linke und Bündnis 90/Die Grünen die Nichtregierungsfraktionen und somit die parlamentarische Opposition. Da wichtige Antragsrechte nur von einem Viertel der Mitglieder des Deutschen Bundestages geltend gemacht werden können, sahen diese Fraktionen ihre Minderheitenrechte und die der Fraktionsabgeordneten verletzt bzw. gefährdet.

Aufgrund dieser Situation brachten die Fraktionen Die Linke und Bündnis 90/Die Grünen am 29. Januar 2014 einen Satzungsänderungsentwurf zur *„Änderung der Geschäftsordnung des Deutschen Bundestages zwecks Sicherung der Minderheitenrechte der Opposition im 18. Deutschen Bundestag"*[422] und einen weiteren Gesetzesentwurf zur *„Sicherung der Oppositionsrechte in der 18. Wahlperiode des Deutschen Bundestages"*[423] ein. Mit dem ersten Antrag sollte die Abweichungskompetenz des Parlaments von der Geschäftsordnung des Deutschen Bundestages nach § 126 GO-BT durch einen neuen § 126a GO-BT gegen den Willen der Nichtregierungsfraktionen nicht mehr möglich sein. Die Initiatoren wollten mit der zweiten Gesetzesänderung sechs Gesetze ändern, sodass für die Dauer der 18. Wahlperiode des Deutschen Bundestages die in diesen Normen geregelten Minderheitenrechte von mindestens zwei Fraktionen gemeinsam ausgeübt werden konnten, die nicht die Bundesregierung tragen.

Als Gegenreaktion brachten am 11. Februar 2014 die Regierungsfraktionen bestehend aus CDU/CSU und SPD einen Antrag auf Änderung der Geschäftsordnung des Deutschen Bundestages zur besonderen Anwendung der Minderheitenrechte ein.[424] Daraufhin reichte die Fraktion Die Linke wiederum als Gegenreaktion am 18. März 2014 einen weiteren Gesetzesentwurf zur Änderung der Art. 23, 39, 44, 45a, 93 GG ein, mit welchem die Minderheitenrechte der Nichtregierungsfraktionen in der 18. Wahlperiode auf verfassungsrechtlicher Ebene gesichert werden sollten.[425]

Die Regierungsfraktionen lehnten[426] am 3. April 2014 den Vorschlag der Nichtregierungsfraktionen zur Änderung der Geschäftsordnung ab,

---

422 BT-Drs. 18/379, S. 1.
423 BT-Drs. 18/380, S. 3f.
424 BT-Drs. 18/481, S. 1ff.
425 BT-Drs. 18/838, S. 2.
426 BT-PlPr. 18/26, S. 2083.

ebenso[427] den Gesetzesvorschlag der Fraktion Die Linke zur Änderung des Grundgesetzes. Der Deutsche Bundestag beschloss[428] schließlich eine Änderung von § 126a GO-BT, welcher die besondere Anwendung von Minderheitsrechten in der 18. Wahlperiode zum Gegenstand hatte.

a) Antrag auf Änderung der Geschäftsordnung des Deutschen Bundestages zwecks Sicherung der Minderheitenrechte der Opposition im 18. Deutschen Bundestag (BT-Drs. 18/379)

Von den Fraktionen der Nichtregierungsparteien Die Linke und Bündnis 90/Die Grünen wurde der Antrag vom 28. Januar 2014 gestellt, die Geschäftsordnung des Deutschen Bundestages um einen neuen § 126a GO-BT zu erweitern. Diese Norm sollte sicherstellen, dass von der Geschäftsordnung des Deutschen Bundestages nach § 126 GO-BT nicht mit einer Zweidrittelmehrheit abgewichen werden kann, sondern zudem ein kumulatives Widerspruchsrecht der nicht die Regierung tragenden Fraktionen satzungsmäßig verankert wird. Es sollte ein spezieller Minderheitenparagraf nach § 126 GO-BT eingefügt werden:

„§ 126a Minderheitenrechte

(1) § 126 gilt mit der Maßgabe, dass zwei Fraktionen, die nicht die Bundesregierung tragen, gemeinsam der Beschlussfassung widersprechen können.

(2) Soweit diese Geschäftsordnung einer qualifizierten Minderheit Rechte verleiht, können diese Rechte auch von zwei Fraktionen, die nicht die Bundesregierung tragen, gemeinsam ausgeübt werden. Dies gilt für Ausschussberatungen entsprechend.

(3) Die Stärke der Fraktionen ist bei Vereinbarungen über Tagesordnungspunkte und Redezeiten nicht der wesentliche Verteilungsmaßstab. Vielmehr ist auf eine ausgewogene Repräsentanz der Oppositionsfraktionen zu achten."[429]

Die Antragssteller nehmen in ihrem Änderungsantrag[430] zur Geschäftsordnung des Deutschen Bundestages auf ein Rechtsgutachten von *Cancik*[431] Bezug.

---

427 BT-PlPr. 18/26, S. 2087f. Lediglich die Fraktion Die Linke stimmte für eine Grundgesetzänderung, die weitere Mitglieder der Nichtregierungsfraktion Bündnis 90/Die Grünen enthielten sich bei dieser Abstimmung.

428 BT-PlPr. 18/26, S. 2085f. Der Vorstoß der Regierungsfraktionen wurde von der Fraktion Bündnis 90/Die Grünen unterstützt. Die Mitglieder der Fraktion Die Linke enthielten sich bei der Abstimmung.

429 BT-Drs. 18/379, S. 1.

430 BT-Drs. 18/379, S. 2.

431 *Cancik*, Wirkungsmöglichkeiten parlamentarischer Opposition im Falle einer qualifizierten Großen Koalition - Anforderungen des Grundgesetzes, Kurzgutachten.

Cancik wird dort mit folgender Aussage zitiert: „*Verfassungsrechtlich kann demnach als unstrittig gelten, dass für die Ausübung von Opposition im Parlament relevante Wirkungsmöglichkeiten garantiert sein müssen.*"[432] Und: „*Diese Vorgabe des Grundgesetzes ist durch die Geschäftsordnung des Deutschen Bundestages (GO-BT) und auch durch die einfachen Gesetze zu konkretisieren.*"[433]

Die Interpretation von *Cancik* zugrunde legend, stellten die Antragsteller fest, die Geschäftsordnung des Deutschen Bundestages sei nicht auf eine Situation ausgerichtet, in der die Regierungsfraktionen – wie die Große Koalition in der 18. Wahlperiode – über eine extrem große Mehrheit verfüge.[434] Daher solle § 126a Abs. 1 GO-BT vorsehen, dass von den Regeln der Geschäftsordnung in laufenden Verfahren nicht mit Zweidrittelmehrheit abgewichen werden könne, wenn dem zwei Oppositionsfraktionen gemeinsam widersprechen.[434] Ohne diese vorgeschlagene Regelung sei die Geschäftsordnung des Deutschen Bundestages als Grundspielregel des parlamentarischen Betriebs bei diesen Mehrheitsverhältnissen ein Regelwerk „*ohne jede Verbindlichkeit für die Regierungsmehrheit im Einzelfall*".[434] Die von den Fraktionen Die Linke und Bündnis 90/Die Grünen angedachte Widerspruchslösung in § 126a Abs. 1 GO-BT-E überrascht etwas. Der Geschäftsordnung des Deutschen Bundestages ist zwar grundsätzlich eine Zustimmungsfiktion bei nicht erfolgtem Widerspruch[435] nicht unbekannt, jedoch führt diese Widerspruchslösung dazu, dass zwei Fraktionen eine Änderung der Geschäftsordnung blockieren können, selbst wenn diese Entscheidung nicht von allen Mitgliedern der eigenen Fraktionen getragen wird. Hier findet eine Verlagerung der Entscheidungskompetenz vom einzelnen Abgeordneten zu einer Fraktion statt. Sofern man solch ein Konstrukt wählen möchte, müsste an ein Quorum von Abgeordneten und nicht an eine Entscheidung von zwei Fraktionen angeknüpft werden. Bei dem vorgenannten Änderungsvorschlag knüpfen die Antragsteller aber nicht an ein Quorum von Parlamentariern an, sondern direkt an die Oppositionsfraktionen. Ein Quorum ist aber gerade keine homogene Gruppe. Es sollte daher das Quorensystem des § 126 GO-BT nicht durchbrochen und nicht um eine Widerspruchslösung der Nichtregierungsfraktionen

---

432 *Cancik,* Wirkungsmöglichkeiten parlamentarischer Opposition im Falle einer qualifizierten Großen Koalition - Anforderungen des Grundgesetzes, S. 8.

433 *Cancik,* Wirkungsmöglichkeiten parlamentarischer Opposition im Falle einer qualifizierten Großen Koalition - Anforderungen des Grundgesetzes, S. 8f. – sinngemäße Wiedergabe in BT-Drs. 18/379, S. 8f.

434 BT-Drs. 18/379, S. 2.

435 so in §§ 20 Abs. 2 Satz 2, 46 Satz 4, 67 Satz 3, 93 Abs. 2 GO-BT.

erweitert werden. Anzudenken wäre als alternative Gestaltung eine Veränderung durch eine Erhöhung des Quorums in § 126 GO-BT.

Der von den Nichtregierungsfraktionen Die Linke und Bündnis 90/Die Grünen eingebrachte Antrag auf Änderung der Geschäftsordnung (BT-Drs. 18/379) wurde zunächst vom Deutschen Bundestag am 13. Februar 2014 federführend an den Ausschuss für Wahlprüfung, Immunität und Geschäftsordnung überwiesen.[436] Endgültig wurde der Antrag mit den Stimmen der Regierungsfraktionen CDU/CSU und SPD in der Sitzung des Deutschen Bundestages am 3. April 2014 abgelehnt.[437]

b) Entwurf eines Gesetzes zur Sicherung der Oppositionsrechte in der 18. Wahlperiode des Deutschen Bundestages (BT-Drs. 18/380)

Die Oppositionsfraktionen der Parteien Die Linke und Bündnis 90/Die Grünen stießen neben dem unter B.II.1.a) näher ausgeführten, erfolglosen Antrag zur Änderung der Geschäftsordnung des Deutschen Bundestages (BT-Drs. 18/379) taggleich eine Gesetzesinitiative an, um neben dem geschäftsordnungsorientierten Lösungsansatz zugunsten der Wahrung der Minderheitenrechte der Nichtregierungsfraktionen auch auf Ebene der einfachen Gesetze die effektive Mitwirkungsmöglichkeit der Nichtregierungsfraktionen sicherzustellen. Nach dem Antrag BT-Drs. 18/379 vom 28. Januar 2014 sollte u.a. im Untersuchungsausschussgesetz ein neuer § 37 angefügt werden:

„§ 37 Minderheitenrechte

(1) Soweit dieses Gesetz für eine qualifizierte Minderheit Rechte vorsieht, können diese Rechte auch von mindestens zwei Fraktionen, die nicht die Bundesregierung tragen, gemeinsam ausgeübt werden. Die Ausübung der Rechte hat in diesem Fall die gleichen Rechtsfolgen, die die Rechteausübung durch die qualifizierte Minderheit nach diesem Gesetz hat.

(2) Soweit dieses Gesetz für einen Beschluss eine qualifizierte Mehrheit voraussetzt, kann der Beschluss nicht getroffen werden, wenn mindestens zwei Fraktionen, die nicht die Bundesregierung tragen, gemeinsam widersprechen.

(3) Die Absätze 1 und 2 gelten für die Rechteausübung der Fraktionen im Ausschuss entsprechend."[438]

Zusätzlich sollten die formellen Anforderungen einer abstrakten Normenkontrolle durch eine Erweiterung des § 76 BVerfGG erleichtert werden:

---

436 BT-PlPr. 18/14, S. 1017.
437 BT-PlPr. 18/26, S. 2083.
438 BT-Drs. 18/380, S. 3.

„(1a) Einen Antrag nach Absatz 1 können auch mindestens zwei Fraktionen des Deutschen Bundestages, die nicht die Bundesregierung tragen, gemeinsam stellen, auch wenn diese nicht ein Viertel der Mitglieder des Bundestages repräsentieren."[438]

Weiter sollte die effektive Mitwirkungsmöglichkeit der Nichtregierungsfraktionen bei Belangen der Bundesrepublik Deutschland im Zusammenhang mit der Europäischen Union gewährleistet werden. Im Gesetz über die Zusammenarbeit von Bundesregierung und Deutschem Bundestag in Angelegenheiten der Europäischen Union sollten Änderungen dahin gehend erfolgen, dass die Nichtregierungsfraktionen unter gewissen Voraussetzungen eine Plenardebatte verlangen können.[438] Im ESM-Finanzierungsgesetz, Stabilisierungsmechanismusgesetz und im Integrationsverantwortungsgesetz sollten ebenfalls Änderungen zugunsten der Nichtregierungsfraktionen erfolgen, sodass diese an den Entscheidungsprozessen auch entgegen dem Votum der Regierungsfraktionen anhaltend mitwirken können.[439]

Die Fraktionen Die Linke und Bündnis 90/Die Grünen begründeten diese Gesetzesvorlage und die darin vorgeschlagenen Änderungen mit einer verfassungspolitischen Notwendigkeit. Bei der Vorlage zur Änderung des Untersuchungsausschussgesetzes wird als Argumentation wieder auf ein Rechtsgutachten von *Cancik*[431] Bezug genommen. *Cancik* vertritt die Auffassung, dass eine

„qualifizierte Große Koalition (...) offenbar als Fallkonstellation im Grundgesetz nicht berücksichtigt [wurde]. Zugleich besteht gerade bei dieser Fallkonstellation besonderer Kontroll- und ,Oppositions'-Bedarf, um das langfristige Funktionieren des parlamentarischen Regierungssystems in der parlamentarischen Demokratie, die auf öffentliche Diskussion und Alternativenbildung angewiesen ist, zu ermöglichen. Dem Telos der verfassungsrechtlichen Funktionenanerkennung entspräche insofern die Zuweisung des Untersuchungsausschussrechts (...) an die jeweilige oppositionelle Minderheit."[440]

Dieser *„Logik der Verfassung"* sei durch eine Gesetzesänderung zu entsprechen.[441] Zur Änderung der Anforderungen an eine abstrakte Normenkontrolle wird zunächst realpolitisch argumentiert, in der 18. Legislaturperiode des Deutschen Bundestages können nach Art. 93 Abs. 1 Nr. 2 GG, § 76 BVerfGG *de facto* nur die Landesregierungen eine abstrakte Normenkontrolle anstoßen.[441] Diese werden regelmäßig nicht gegen etwaige Gesetzesvorhaben vorgehen, weil diejenigen Parteien, welche die Große Koalition im Bund bilden, in allen Landesregierungen

---

439 BT-Drs. 18/380, S. 3f.
440 *Cancik,* Wirkungsmöglichkeiten parlamentarischer Opposition im Falle einer qualifizierten Großen Koalition - Anforderungen des Grundgesetzes, S. 3.
441 BT-Drs. 18/380, S. 6.

vertreten sind und die Landesregierungen entsprechende Anträge deshalb nicht stellen.[441] Diese Aussage wird mit der Stellungnahme abgerundet, diese Situation sei verfassungspolitisch ungewünscht.[441] Neben den realpolitischen Erwägungen wird aber u.a. auch eine Literaturmeinung von *Wieland*[442] zitiert, der die abstrakte Normenkontrolle als ein wichtiges Kontrollinstrument der Opposition sieht.[443] Weiter erfolgt ein Bezug auf ein Kurzgutachten von *Krajewski*[444], in welchem das Ergebnis festgehalten wird, Art. 93 Abs. 1 Nr. 2 und Art. 93 Abs. 3 GG stehen einer Erweiterung der Antragsberechtigung bei der abstrakten Normenkontrolle durch einfaches Bundesgesetz nicht entgegen.[445] *Krajewski* meint, der Gesetzgeber könne wegen Art. 93 Abs. 3 GG dem Bundesverfassungsgericht auch andere Zuständigkeiten übertragen, jedoch nur, wenn diese Verfahren bereits in den Art. 93 Abs. 1 und 2 GG vorgesehen sind.[446] Die in Art. 93 Abs. 1 und 2 GG angelegten Verfahren können daher erweitert oder ergänzt werden; zumindest ist dies mit § 33 Abs. 2 PartG bereits erfolgt.[446] Diese bestehenden Verfahren müssen insbesondere modifiziert werden können, da der Gesetzgeber über Art. 93 Abs. 3 GG die Befugnis hat, gänzlich neue Verfahren einzuführen – jedoch könne er kann Antragsberechtigung bei bestehenden Verfahren hierüber entziehen *(argumentum a maiore ad minus)*.[447] Die abstrakte Normenkontrolle nach Art. 93 Abs. 1 Nr. 2 GG ist auch nicht als abschließender Katalog zu verstehen.[448] Vielmehr dient die bezweckte Erweiterung der Antragsberechtigung gerade dazu, die schutzlose parlamentarische Minderheit zu schützen.[449] Eine

---

442 *Wieland* in Dreier, GG III, Art. 93 Rn. 62. In der BT-Drs. 18/380, S. 7, wird auf Art. 93 Rn. 55 der damals aktuellen Vorauflage (2. Auflage 2008) verwiesen.

443 BT-Drs. 18/380, S. 7.

444 *Krajewski,* Kurzgutachten zur Erweiterung des Antragsrechts für die abstrakte Normenkontrolle durch einfaches Bundesgesetz nach Art. 93 Abs. 3 GG.

445 *Krajewski,* Kurzgutachten zur Erweiterung des Antragsrechts für die abstrakte Normenkontrolle durch einfaches Bundesgesetz nach Art. 93 Abs. 3 GG, S. 7. Dieses Gutachten behandelt die Rechtsfrage, ob entgegen dem Wortlaut des Art. 93 Abs. 1 Nr. 2 GG der Kreis der Antragsberechtigten auch nur durch einfaches Gesetz erweitert werden kann.

446 *Krajewski,* Kurzgutachten zur Erweiterung des Antragsrechts für die abstrakte Normenkontrolle durch einfaches Bundesgesetz nach Art. 93 Abs. 3 GG, S. 2.

447 *Krajewski,* Kurzgutachten zur Erweiterung des Antragsrechts für die abstrakte Normenkontrolle durch einfaches Bundesgesetz nach Art. 93 Abs. 3 GG, S. 3f.

448 *Krajewski,* Kurzgutachten zur Erweiterung des Antragsrechts für die abstrakte Normenkontrolle durch einfaches Bundesgesetz nach Art. 93 Abs. 3 GG, S. 5; a.A. *Ipsen,* Staatsrecht I, Rn. 908, jedoch ohne Begründung.

449 *Krajewski,* Kurzgutachten zur Erweiterung des Antragsrechts für die abstrakte Normenkontrolle durch einfaches Bundesgesetz nach Art. 93 Abs. 3 GG, S. 7.

Erweiterung der Antragsbefugnis bei der abstrakten Normenkontrolle durch eine Änderung des Bundesverfassungsgerichtsgesetzes stößt demnach zutreffend nicht auf verfassungsrechtliche Bedenken. In einem weiteren Schritt wäre jedoch noch zu klären, wie die Antragsbefugnis konkret ausgestaltet sein müsste. Eine moderate Herabsenkung des Quorums dürfte jedoch unproblematisch sein. Die Gesetzesänderungsvorschläge mit europarechtlichem Bezug werden knapp die tatsächliche Lage beschreibend begründet.[450]

Wie der Antrag der Nichtregierungsfraktionen Die Linke und Bündnis 90/ Die Grünen auf Änderung der Geschäftsordnung wurde auch dieser Antrag auf Änderung von einfachen Gesetzen vom Deutschen Bundestag am 13. Februar 2014 an den Ausschuss für Wahlprüfung, Immunität und Geschäftsordnung überwiesen.[436] Die Vorlage des Gesetzes zur Sicherung der Oppositionsrechte wurde vom Deutschen Bundestag am 3. April 2014 in der Zweiten Lesung beraten und mit den Stimmen der Regierungsfraktionen abgelehnt.[451]

c) Antrag auf Änderung der Geschäftsordnung zur besonderen Anwendung der Minderheitenrechte in der 18. Wahlperiode (BT-Drs. 18/481)

Nachdem die Fraktionen Die Linke und Bündnis 90/Die Grünen die mit den BT-Drs. 18/379 und 18/380 jeweils vom 28. Januar 2014 umfangreiche Änderungen an der Geschäftsordnung des Deutschen Bundestages und an sechs Gesetzen hatten durchführen wollten, brachten die Regierungsfraktionen CDU/CSU und SPD am 11. Februar 2014 (BT-Drs. 18/481) einen eigenen Antrag zur Wahrung der Minderheitenrechte der Nichtregierungsfraktionen ein.

Eingangs des Antrags soll der Deutsche Bundestag feststellen, dass die Wahlentscheidung der Bürgerinnen und Bürger auch den Rahmen für die Stärkeverhältnisse von Koalition und Opposition abbilden muss.[452] Die Regeln des Grundgesetzes und der Geschäftsordnung des Deutschen Bundestages werden grundsätzlich auch der politischen Konstellation der 18. Wahlperiode gerecht.[452] Unter Bezugnahme auf ein Urteil des Bundesverfassungsgerichts[453] wird festgestellt, dass es der Minderheit zu ermöglichen ist, ihren Standpunkt in den Willensbildungsprozess des Parlaments einzubringen.[452] Nach dieser Vorbemerkung wird durch eine Ergänzung ein neuer § 126a GO-BT eingefügt, welcher

---

450 BT-Drs. 18/380, S. 7f.
451 BT-PlPr. 18/26, S. 2083.
452 BT-Drs. 18/481, S. 1.
453 BVerfGE 70, S. 324 (363).

in der 18. Wahlperiode die Mitwirkung der Nichtregierungsfraktionen durch satzungsmäßige minimalinvasive Korrekturen sicherstellen soll:

„§ 126a Besondere Anwendung der Minderheitenrechte in der 18. Wahlperiode

1. *Auf Antrag aller Mitglieder der Fraktionen, die nicht die Bundesregierung tragen, setzt der Bundestag einen Untersuchungsausschuss gemäß Artikel 44 des Grundgesetzes ein. Die Zahl der Mitglieder des Untersuchungsausschusses wird nach dem vom Bundestag beschlossenen Verteilverfahren (Bundestagsdrucksache 18/212) so bestimmt, dass die Fraktionen, die nicht die Bundesregierung tragen, gemeinsam ein Viertel der Mitglieder stellen.*

2. *Dem Verteidigungsausschuss obliegt, grundsätzlich festzustellen, dass auf Antrag der Ausschussmitglieder der Fraktionen, die nicht die Bundesregierung tragen, gemäß Artikel 45a Absatz 2 des Grundgesetzes eine Angelegenheit der Verteidigung zum Gegenstand seiner Untersuchung gemacht wird und die Rechte, die nach dem des Untersuchungsausschussgesetzes einem Viertel der Ausschussmitglieder zustehen, entsprechend geltend gemacht werden können.*

3. *Auf Antrag aller Mitglieder der Fraktionen, die nicht die Bundesregierung tragen, beruft der Präsident den Bundestag ein.*

4. *Auf Antrag aller Mitglieder der Fraktionen, die nicht die Bundesregierung tragen, erhebt der Bundestag wegen Verstoßes eines Gesetzgebungsakts der Europäischen Union gegen das Subsidiaritätsprinzip Klage vor dem Gerichtshof der Europäischen Union entsprechend Artikel 23 Absatz 1a des Grundgesetzes.*

5. *Auf Antrag aller Mitglieder der Fraktionen, die nicht die Bundesregierung tragen, macht der Bundestag deren Auffassung entsprechend § 2 Absatz 1 des Integrationsverantwortungsgesetzes i.V.m. § 93d der Geschäftsordnung des Deutschen Bundestages in der Klageschrift deutlich, sofern sie die Erhebung einer Klage wegen Verstoßes eines Gesetzgebungsakts der Europäischen Union gegen das Subsidiaritätsprinzip vor dem Gerichtshof der Europäischen Union nicht stützen.*

6. *Einem Verlangen, die Bundesregierung möge nach § 8 Absatz 5 des Gesetzes über die Zusammenarbeit von Bundesregierung und Deutschem Bundestag in Angelegenheiten der Europäischen Union die Gründe erläutern, aus denen nicht alle Belange einer Stellungnahme des Bundestages berücksichtigt wurden, tritt der Bundestag dann bei, wenn es von allen Mitgliedern der Fraktionen erhoben wird, die nicht die Regierung tragen.*

7. *Einem Verlangen nach Unterrichtung des Haushaltsausschusses gemäß § 5 Absatz 4 des ESM-Finanzierungsgesetzes durch den von Deutschland nach Artikel 5 Absatz 1 des Vertrags zur Einrichtung des Europäischen Stabilitätsmechanismus ernannten Gouverneur und dessen Stellvertreter wird der Haushaltsausschuss dann beitreten, wenn es von allen Ausschussmitgliedern der Fraktionen, die nicht die Bundesregierung tragen, erhoben wird.*

8. *Bei Anträgen oder Vorlagen der Bundesregierung gemäß § 5 Absatz 6 des ESM-Finanzierungsgesetzes oder §4 Absatz 5 des Stabilisierungsmechanismusgesetzes führt der Haushaltsausschuss auf Verlangen aller Ausschussmitglieder der Fraktionen, die nicht die Bundesregierung tragen, eine öffentliche Anhörung entsprechend § 70 Absatz 1 Satz 2 durch.*

9. *Bei überwiesenen Vorlagen führt der federführende Ausschuss auf Verlangen der Ausschussmitglieder der Fraktionen, die nicht die Bundesregierung tragen, eine öffentliche Anhörung entsprechend § 70 Absatz 1 Satz 2 durch.*

10. *Eine Plenarberatung statt einer erweiterten öffentlichen Ausschusssitzung (§ 69a Absatz 5) findet statt, wenn es von allen Mitgliedern des Ausschusses, die nicht die Bundesregierung tragen, verlangt wird.*

11. *Auf Antrag aller Mitglieder der Fraktionen, die nicht die Bundesregierung tragen, setzt der Bundestag entsprechend § 56 Absatz 1 eine Enquete-Kommission ein.*

12. *Die Redezeiten in der 18. Wahlperiode verteilen sich auf die Fraktionen wie folgt (Angaben in Minuten):*
[auf den Abdruck der jeweiligen Redezeiten und etwaige Anrechnungen wird an dieser Stelle verzichtet, insoweit sei auf die BT-Drs. 18/481 verwiesen].["][454]

Abschließend sollte noch die Höhe des Oppositionszuschlages nach dem Abgeordnetengesetz zur Erfüllung der fraktionsmäßigen Aufgaben für jedes Mitglied auf 15 Prozent erhöht werden.[455] Die Antragsteller führen zur Begründung des Antrags zunächst knapp aus, es sei Aufgabe des ganzen Parlaments und zuvorderst jedes einzelnen Abgeordneten, die Regierung zu kontrollieren.[456] Zentrale Kontroll- und Mitwirkungsrechte im Bundestag knüpfen an den Status einer Fraktion an.[456] Die Wahrnehmung bestimmter zusätzlicher Minderheitenrechte ist jedoch an die Erfüllung von Mindestquoren gebunden.[456] Diese Rechte bildeten sich in der parlamentarischen Praxis als klassische Oppositionsinstrumente heraus und sollen daher auch in der 18. Wahlperiode Anwendung finden können.[456] Eine nähere rechtliche Begründung erfolgte nicht.

Wie der Antrag der Nichtregierungsfraktionen auf Änderung der Geschäftsordnung und die Gesetzesänderungsinitiativen wurde auch der von den Fraktionen der CDU/CSU und SPD eingebrachte Antrag auf Änderung der Geschäftsordnung vom Deutschen Bundestag zunächst am 13. Februar 2014 dem Ausschuss für Wahlprüfung, Immunität und Geschäftsordnung überwiesen.[457] Mit kleinen Änderungen wurde dieser Antrag der Regierungsfraktionen in Fassung der Beschlussempfehlung auf Drucksache 18/997 in der Ausschussfassung am 3. April 2014 angenommen.[458]

---

454 BT-Drs. 18/481, S. 1ff.
455 BT-Drs. 18/481, S. 3.
456 BT-Drs. 18/481, S. 4.
457 BT-PlPr. 18/14, S. 1017.
458 BT-PlPr. 18/26, S. 2083.

d) Entwurf eines ... Gesetzes zur Änderung des Grundgesetzes (Artikel 23, 39, 44, 45a, 93) (BT-Drs. 18/838)

Von der Fraktion Die Linke wurde zusätzlich ein Gesetz zur Änderung des Grundgesetzes eingebracht, welches nicht von der anderen Nichtregierungsfraktion Bündnis 90/Die Grünen mitgetragen bzw. -unterzeichnet wurde.[459] Die Fraktion Die Linke stellte eingangs fest, die Opposition könne ihre Aufgabe als parlamentarische Kontrollinstanz der Bundesregierung nicht wirksam wahrnehmen, wenn sie vom guten Willen der Regierungsfraktionen abhängig sei.[459] Dies sei verfassungsrechtlich nicht hinnehmbar und so vom Verfassungsgeber auch nicht vorgesehen.[459] Daher solle das Grundgesetz in den Art. 23 Absatz 1a Satz 2 GG, Art. 39 Absatz 3 Satz 3 GG, Art. 44 Absatz 1 Satz 1 GG und Art. 45a Absatz 2 Satz 2 GG dadurch geändert werden, dass nach dem Wort *„Mitglieder"* die Wörter *„oder der Gesamtheit der Fraktionen, die nicht die Bundesregierung tragen"* eingefügt werden.[460] Art. 93 Abs. 1 Nr. 2 GG sollte folgendermaßen neu gefasst werden:

> *„2. bei Meinungsverschiedenheiten oder Zweifeln über die förmliche und sachliche Vereinbarkeit von Bundesrecht oder Landesrecht mit diesem Grundgesetze oder die Vereinbarkeit von Landesrecht mit sonstigem Bundesrechte auf Antrag der Bundesregierung, einer Landesregierung, eines Viertels der Mitglieder des Bundestages oder der Gesamtheit der Fraktionen des Bundestages, die nicht die Bundesregierung tragen;"*[460].

Von der Fraktion Die Linke wurde der Entwurf einer Verfassungsänderung umfangreich begründet. Zunächst wurde festgestellt, ohne einen wirksamen Minderheitenschutz könne das Mehrheitsprinzip nicht länger aus den Prinzipien der demokratischen Freiheit und Gleichheit abgeleitet werden.[461] Bei dieser etwas provokanten Formulierung wurde aber übersehen, dass die Mehrheitssituation in der 18. Wahlperiode des Deutschen Bundestages durch eine demokratische Wahl entstanden war und die verfassungsmäßigen Quoren, ohne Ansehung der jeweiligen Zugehörigkeit des Abgeordneten, nur auf eine zahlenmäßige Menge abstellten. Der Antragstellerin ist jedoch zuzustimmen, dass die faktische Ausübung der Minderheitenrechte erschwert bis unmöglich ist, da Abgeordnete des Regierungslagers hier Anträge des politischen Gegners unterstützen müssten. Weil in der 18. Wahlperiode des Deutschen Bundestages wesentliche Kontrollinstrumente und Einflussnahmemöglichkeiten durch die Opposition

---

459 BT-Drs. 18/838, S. 1.
460 BT-Drs. 18/838, S. 2.
461 BT-Drs. 18/838, S. 3.

faktisch nicht wahrnehmbar sind, verstärkt die strukturelle Schwäche der Opposition u.a. durch die Exekutivlastigkeit der Rechtsetzung den Informations- und Kenntnisvorsprung der Regierung nur noch, denn der Opposition bleiben im Wesentlichen nur die Beantragung Aktueller Stunden und das parlamentarische Fragerecht.[461] Neben diesen Argumenten wird auch über den sog. Wählerwillen gemutmaßt: Selbst wenn eine große Mehrheit der Wähler die Parteien einer Großen Koalition gewählt hat, heiße dies nicht, dass sie auch eine Große Koalition und deren Politik will.[462] Hier zeigt sich, dass solche Anträge gleichfalls zum Politisieren verwendet werden.

Ebenso wie die vorgenannten Anträge der Nichtregierungsfraktionen Die Linke und Bündnis 90/Die Grünen auf Änderung der Geschäftsordnung des Deutschen Bundestages bzw. einfacher Gesetze wurde der Gesetzesentwurf zur Verfassungsänderung am 20. März 2014 federführend an den Ausschuss für Wahlprüfung, Immunität und Geschäftsordnung überwiesen.[463] Die Vorlage des Gesetzes zur Sicherung der Oppositionsrechte wurde vom Deutschen Bundestag mit den vorbezeichneten Vorlagen am 4. April 2014 in der Zweiten Lesung beraten und mit den Stimmen der Regierungsfraktionen und Enthaltung der Mitglieder der Fraktion Bündnis 90/Die Grünen abgelehnt.[464]

e) Beschlussempfehlung und Bericht des Ausschusses für Wahlprüfung, Immunität und Geschäftsordnung vom 2. April 2014 (BT-Drs. 18/997)

Durch die Initiativen der Fraktionen Die Linke und Bündnis 90/Die Grünen veranlasst, befasste sich nach Überweisung des Plenums der zuständige Ausschuss mit der Erweiterung der Rechte der Oppositionsfraktionen. Dieser schlug im Ergebnis eine Ergänzung der Geschäftsordnung des Deutschen Bundestages (§ 126a – neu) vor, damit die Anwendung von Minderheitsrechten für die Dauer der 18. Wahlperiode sichergestellt sei.[465] Konkret bestand die Lösung über die Korrektur des Innenrechts darin, dass die Antragsquoren den bestehenden Mehrheitsverhältnissen angepasst würden und die Aufteilung der Redezeit im Bundestag entsprechend der gewohnten Praxis durch Vereinbarungen im Ältestenrat geregelt würde.[465] Der Ausschuss beriet die an ihn überwiesenen Anträge und hörte hierzu auch Sachverständige an.[466] Auf Einwand der Nichtregierungsfraktionen

---

462 BT-Drs. 18/838, S. 4.
463 BT-PlPr. 18/23, S. 1811.
464 BT-PlPr. 18/26, S. 2087.
465 BT-Drs. 18/997, S. 2.
466 BT-Drs. 18/997, S. 7.

wurde ausdrücklich darauf verzichtet, die Geltendmachung von Minderheitsrechten nicht von der Antragstellung aller ihrer Mitglieder abhängig zu machen,
da Abgeordnete krankheitsbedingt oder aus anderen wichtigen Gründen fehlen
können.[466] Aus diesem Grund einigte man sich auf eine Zahl von 120 Abgeordneten als niedrigeres Quorum[466] anstelle der 127 Abgeordnetenmandate, welche die
Nichtregierungsfraktionen auf sich vereinigten konnten. Die Beschlussempfehlung an den Deutschen Bundestag lautete:

> „§ 126a Besondere Anwendung von Minderheitsrechten in der 18. Wahlperiode
>
> (1) Für die Dauer der 18. Wahlperiode gelten folgende Regelungen:
>   1. Auf Antrag von 120 seiner Mitglieder setzt der Bundestag einen Untersuchungs-
>   ausschuss gemäß Artikel 44 des Grundgesetzes ein. Die Zahl der Mitglieder des
>   Untersuchungsausschusses wird nach dem vom Bundestag beschlossenen Verteil-
>   verfahren (Bundestagsdrucksache 18/212) so bestimmt, dass die Fraktionen, die
>   nicht die Bundesregierung tragen, gemeinsam ein Viertel der Mitglieder stellen.
>   2. Der Verteidigungsausschuss stellt sicher, dass auf Antrag aller Ausschussmitglieder
>   der Fraktionen, die nicht die Bundesregierung tragen, gemäß Artikel 45a Absatz 2
>   des Grundgesetzes eine Angelegenheit der Verteidigung zum Gegenstand seiner
>   Untersuchung gemacht wird und die Rechte, die nach dem Untersuchungsaus-
>   schussgesetz einem Viertel der Ausschussmitglieder zustehen, von diesen Mitglie-
>   dern entsprechend geltend gemacht werden können.
>   3. Auf Antrag von 120 Mitgliedern des Bundestages beruft der Präsident den Bundes-
>   tag ein.
>   4. Auf Antrag von 120 seiner Mitglieder erhebt der Bundestag wegen Verstoßes eines
>   Gesetzgebungsakts der Europäischen Union gegen das Subsidiaritätsprinzip Klage
>   vor dem Gerichtshof der Europäischen Union entsprechend Artikel 23 Absatz 1a
>   des Grundgesetzes.
>   5. Auf Antrag von 120 seiner Mitglieder macht der Bundestag deren Auffassung ent-
>   sprechend § 12 Absatz 1 des Integrationsverantwortungsgesetzes in Verbindung mit
>   § 93d in der Klageschrift deutlich, sofern sie die Erhebung einer Klage wegen Ver-
>   stoßes eines Gesetzgebungsakts der Europäischen Union gegen das Subsidiaritäts-
>   prinzip vor dem Gerichtshof der Europäischen Union nicht stützen.
>   6. Einem Verlangen, die Bundesregierung möge nach § 8 Absatz 5 des Gesetzes über
>   die Zusammenarbeit von Bundesregierung und Deutschem Bundestag in Ange-
>   legenheiten der Europäischen Union die Gründe erläutern, aus denen nicht alle
>   Belange einer Stellungnahme des Bundestages berücksichtigt wurden, tritt der Bun-
>   destag dann bei, wenn es von 120 seiner Mitglieder erhoben wird.
>   7. Einem Verlangen nach Unterrichtung des Haushaltsausschusses gemäß § 5 Absatz 4
>   des ESM-Finanzierungsgesetzes durch den von Deutschland nach Artikel 5 Absatz 1
>   des Vertrags zur Einrichtung des Europäischen Stabilitätsmechanismus ernannten
>   Gouverneur und dessen Stellvertreter wird der Haushaltsausschuss dann beitreten,
>   wenn es von allen Ausschussmitgliedern der Fraktionen, die nicht die Bundesregie-
>   rung tragen, erhoben wird.

8. *Bei Anträgen oder Vorlagen der Bundesregierung gemäß § 5 Absatz 6 des ESM-Finanzierungsgesetzes oder § 4 Absatz 5 des Stabilisierungsmechanismusgesetzes führt der Haushaltsausschuss auf Verlangen aller Ausschussmitglieder der Fraktionen, die nicht die Bundesregierung tragen, eine öffentliche Anhörung entsprechend § 70 Absatz 1 Satz 2 durch.*

9. *Bei überwiesenen Vorlagen führt der federführende Ausschuss auf Verlangen aller Ausschussmitglieder der Fraktionen, die nicht die Bundesregierung tragen, eine öffentliche Anhörung entsprechend § 70 Absatz 1 Satz 2 durch.*

10. *Eine Plenarberatung statt einer erweiterten öffentlichen Ausschusssitzung (§ 69a Absatz 5) findet statt, wenn es von allen Mitgliedern des Ausschusses, die nicht die Bundesregierung tragen, verlangt wird.*

11. *Auf Antrag von 120 seiner Mitglieder setzt der Bundestag entsprechend § 56 Absatz 1 eine Enquete-Kommission ein.*

(2) Auf die Regelungen nach Absatz 1 findet § 126 keine Anwendung."[467]

Die Empfehlung wurde in dieser Form auch vom Deutschen Bundestag am 3. April 2014 bei 585 abgegebenen Stimmen mit 530 Ja-Stimmen und 55 Enthaltungen durch Teile der Mitglieder der Fraktion Die Linke angenommen.[468] Somit gewährte in der 18. Wahlperiode § 126a GO-BT auf geschäftsordnungsrechtlicher Ebene bestimmte Minderheitenrechte durch eine „*Selbstbildung des Bundestages von politisch-parlamentarischer Natur*"[469]. Zur Regelung in § 126a Abs. 1 Satz 2 GO-BT – hier steht den Nichtregierungsfraktionen disquotal ein Viertel der Ausschusssitze im Untersuchungsausschuss zu – wird zu Recht ein Verstoß gegen das Gebot der repräsentativen Spiegelbildlichkeit gesehen[470].

2. Urteil des Bundesverfassungsgerichts vom 3. Mai 2016, Az. 2 BvE 4/14

Aufgrund eines Antrags der Fraktion Die Linke beim Bundesverfassungsgericht musste sich nach der Legislativen mit den diversen Anträgen der Fraktionen Die Linke und Bündnis 90/Die Grünen auch die Judikative mit den Rechten der Nichtregierungsfraktionen im Deutschen Bundestag als Minderheit auseinandersetzen.

Die Fraktion Die Linke beantragte vor dem Bundesverfassungsgericht festzustellen, dass der Deutsche Bundestag als Antragsgegner unter Verstoß gegen das Demokratieprinzip und die Grundsätze des Parlamentarischen

---

467 BT-Drs. 18/997, S. 3f.
468 BT-PlPr. 18/26, S. 2085.
469 *Ritzel/Bücker/Schreiner*, HbdPP, GO-BT, § 126a Ziff. 1.
470 *Ingold*, Das Recht der Oppositionen, S. 625.

Regierungssystems Rechte und Pflichten des Deutschen Bundestages verletzt hatte, indem er den unter B.II.1.d) (Seite 128ff.) dargestellten Gesetzesentwurf zur Änderung des Grundgesetzes (BT-Drs. 18/838) abgelehnt hatte.[471] Diesem Hauptantrag schlossen sich zwei weitere Hilfsanträge an: einerseits, dass der nicht weiterreichende Antrag zur Änderung von einfachen Gesetzen (BT-Drs. 18/380)[472] abgelehnt worden war und andererseits, dass die Änderung der Geschäftsordnung mittels des neu eingefügten § 126a GO-BT in der 18. Wahlperiode des Deutschen Bundestages nicht weitreichend genug gewesen war.[471] Im Ergebnis war es Ziel der Anträge, durch eine Änderung des Grundgesetzes und verschiedener Bundesgesetze der Opposition im Deutschen Bundestag unabhängig von der Zahl ihrer Mitglieder gewisse feste Oppositionsrechte zuzugestehen. Interessanterweise begehrte der Antragsteller neben der Feststellung einer positiven Pflichtverletzung zugleich auch zusätzlich jene eines gesetzgeberischen Unterlassens.[471] Im Ergebnis wurde hier von dem Antragsteller ein Anspruch auf eine gesetzgeberische Aktivität eingeklagt.

a) Zulässigkeit

Das Bundesverfassungsgericht artikulierte keine größeren Bedenken an der Zulässigkeit des Antrags und hielt die Anträge für überwiegend zulässig.[473]

aa) Statthafter Antragsgegenstand nach § 64 Abs. 1 BVerfG

Nach der Rechtsprechung des Bundesverfassungsgerichts ist ein Unterlassen im Sinne des § 64 Abs. 1 BVerfGG nur dann rechtserheblich, wenn eine verfassungsrechtliche Verpflichtung zur Vornahme der unterlassenen Handlung nicht ausgeschlossen werden kann.[474] Bisher ist es offengeblieben, ob ein bloßes Unterlassen des Gesetzgebers Gegenstand eines Organstreitverfahrens sein kann.[475] Hiervon ist zu unterscheiden, ob der Gesetzgeber schlicht untätig bleibt, oder ob er sich inhaltlich mit dem Änderungsgegenstand befasst und sich durch dessen Ablehnung dagegen entschieden hat.[476] In dem zweiten Fall entschied das Bundesverfassungsgericht jedoch auch, dass bei einer inhaltlichen Auseinandersetzung mit

---

471 BVerfG, Urteil vom 3. Mai 2016, Az. 2 BvE 4/14, Rubrum.
472 siehe unter B.II.1.b), S. 122.
473 BVerfG, Urteil vom 3. Mai 2016, Az. 2 BvE 4/14, Rn. 55.
474 BVerfGE 97, S. 408 (414); 103, S. 81 (86); 104, S. 310 (324); 107, S. 286 (294).
475 *Lechner/Zuck*, BVerfGG, § 64 Rn. 9, mit Verweis auf BVerfGE 92, S. 80 (87); 103, S. 164 (168); 107, S. 286 (294); 110, S. 403 (405); so neuerdings auch BVerfGE 120, S. 82 (97).
476 BVerfGE 120, S. 82 (97).

der Gesetzesänderung die Ablehnung des Gesetzesentwurfs dem als Maßnahme zu wertenden Erlass eines Gesetzes gleichstehen soll.[477] Gerade dieser Grundsatz wurde vom Bundesverfassungsgericht noch insofern erweitert, als von ihm nicht die Frage beantwortet wurde, ob die Ablehnung von Gesetzesentwürfen generell eine rügefähige Maßnahme sei.[478] Dies sei aber auch im vorliegenden Fall nicht diskussionswürdig, da sich der Deutsche Bundestag inhaltlich mit dem später abgelehnten Gesetzesentwurf befasste; demnach lag ein qualifiziertes Unterlassen vor, der dem Erlass eines Gesetzes gleichstand.[478] Dies ist verwunderlich, denn hier wurde der Beschluss eines Gesetzes gerade mit der Ablehnung einer Gesetzesänderung gleichgesetzt.

In der Literatur ist umstritten, ob eine Normsetzungsunterlassung des Gesetzgebers im Organstreitverfahren überhaupt angegriffen werden kann.[479] Eine Unterlassung setzt schon allein begrifflich eine Pflicht zum Handeln voraus,[480] was bereits vom Bundesverfassungsgericht in der Vergangenheit so gesehen wurde.[481] Weite Teile der Literatur fordern weiter, dass das Unterlassen des Gesetzgebers nur Gegenstand eines Organstreitverfahrens sein kann, wenn eine gesetzgeberische Handlungspflicht überhaupt besteht.[482] Ob im vorliegenden Fall ein statthafter Antragsgegenstand in Form eines „Unterlassens" nach § 64 Abs. 1 BVerfGG vorliegt, entscheidet sich also nach Ansicht des Bundesverfassungsgerichts dadurch, ob sich der Gesetzgeber mit einer Gesetzesvorlage inhaltlich auseinandergesetzt hat. Hat sich der Gesetzgeber mit einer Gesetzesvorlage beschäftigt, liegt nach Ansicht des Bundesverfassungsgerichts kein unbeachtliches schlichtes Unterlassen vor, sondern ein qualifiziertes Unterlassen, welches auch für sich angreifbar ist.[483] Die Erweiterung durch das Bundesverfassungsgericht, nach der eine inhaltliche Befassung des Gesetzgebers mit einer Gesetzesvorlage *de facto* zu einem qualifizierten Unterlassen führe, ist hinterfragungswürdig, denn das Bundesverfassungsgericht stellt hier eine inhaltliche Befassung durch den Gesetzgeber mit einer gesetzgeberischen Handlungspflicht gleich. Solch eine

---

477 BVerfGE 120, S. 82 (98).
478 BVerfG, Urteil vom 3. Mai 2016, Az. 2 BvE 4/14, Rn. 60.
479 ablehnend *Schlaich/Korioth*, Das Bundesverfassungsgericht, Rn. 93; a.A. *Geis*, ZG 1993, S. 148 (154); *Pestalozza*, Verfassungsprozessrecht, § 7 Rn. 22.
480 *Lorenz*, Bundesverfassungsgericht und Grundgesetz I, S. 241.
481 BVerfGE 45, S. 1 (28f.).
482 *Geis*, ZG 1993, S. 148 (154); *Lechner/Zuck*, BVerfGG, § 64 Rn. 9; *Umbach* in Umbach/Clemens/Dollinger, BVerfGG, §§ 63, 64 Rn. 141; *Benda/Klein/Klein*, Verfassungsprozessrecht, Rn. 1032.
483 BVerfG, Urteil vom 3. Mai 2016, Az. 2 BvE 4/14, Rn. 60.

Gleichsetzung ist zumindest fraglich, da der Gesetzgeber bzw. die Regierung tragenden Abgeordneten eine inhaltliche Auseinandersetzung mit einem Gesetzesvorhaben der Nichtregierungsfraktionen auch leicht verhindern können.[484] Weiter stellt sich die Frage, wie solch eine inhaltliche Behandlung justiziabel sein soll. Konkret: Wann hat sich der Deutsche Bundestag mit einem konkreten Gesetzesvorschlag inhaltlich beschäftigt, und welche Tiefe muss diese Befassung haben? Das weiche Kriterium der inhaltlichen Befassung, welches vom Bundesverfassungsgericht im Urteil vom 3. Mai 2016 noch mal bestätigt wurde, trägt zumindest nicht zur Rechtssicherheit bei und öffnet ungewollt Türen, indem die regierungstragenden Fraktionen solch ein qualifiziertes Unterlassen durch eine ausbleibende Beratung einfach verhindern können. Nach seinem Telos soll das Organstreitverfahren kein Beanstandungsverfahren sein, durch welches eine allgemeine Verfassungsaufsicht ermöglicht wird.[485] Gerade dieses Beanstandungsverfahren wird aber eingeleitet, wenn eine Nichtverabschiedung eines Gesetzes als qualifiziertes Unterlassen dem Erlass eines Gesetzes gleichgestellt wird. Eine inhaltliche Auseinandersetzung als Kriterium für ein qualifiziertes Unterlassen – es sei dahingestellt, was hiermit überhaupt gemeint sein soll – ist untauglich. Die (intensive) inhaltliche Beratung eines Gesetzesvorschlags kann nicht dazu führen, dass ein Unterlassen i.S.d. § 64 Abs. 1 BVerfGG vorliegt. Den Gesetzgeber muss eine Pflicht zum Handeln treffen, und dieser Pflicht muss der Gesetzgeber auch nicht nachgekommen sein. Ein Unterlassen des Gesetzgebers steht einer gesetzgeberischen Maßnahme nur dann gleich, wenn eine gesetzgeberische Handlungspflicht möglich wäre und dieses Versäumnis gerichtlich angegriffen wird.[486] Die Zulässigkeit wird durch die eingeschränkte Prüfung der Möglichkeit einer gesetzgeberischen Handlungspflicht nicht überfrachtet.[487]

---

484 z.B. indem der Verhandlungsgegenstand nach § 20 Abs. 3 Satz 2 GO-BT von der Tagesordnung abgesetzt wird.

485 *Schorkopf* in Buriczak/Dollinger/Schorkopf, BVerfGG, § 64 Rn. 8; BVerfGE 100, S. 266 (268); 104, S. 151 (193f.).

486 *Lenz/Hansel*, Bundesverfassungsgerichtsgesetz, § 64 Rn. 14: *„qualifiziertes Unterlassen"*.

487 Gleichwohl wird es schwierig sein, den Fristbeginn bei einem „Unterlassen" nach § 64 Abs. 3 BVerfGG festzusetzen. Dieses Problem stellt sich aber nicht nur bei einem gesetzgeberischen Unterlassen, sondern bei jeder Form des Unterlassens nach § 64 Abs. 3 BVerfGG. In der Rechtsprechung hat sich demnach herauskristallisiert, dass die Frist mit der eindeutigen Erfüllungsverweigerung des Antragsgegners gegenüber dem Antragsteller zu laufen beginnt (vgl. BVerfGE 92, S. 80 (89); 107, S. 286 (297); 114, S. 107 (118)). Sofern eine Große Koalition bereits die inhaltliche Befassung mit einer

bb) Prozessstandschaft

Von dem Bundesverfassungsgericht wird die Prozessstandschaft des Antragstellers in Einklang mit der bisherigen Rechtsprechung des Bundesverfassungsgerichts unproblematisch bejaht.[488] Ein Antragsteller kann im Organstreit nach § 64 Abs. 1 Alt. 1 BVerfGG grundsätzlich nur eigene Rechte geltend machen. Eine Fraktion kann nach § 64 Abs. 1 BVerfGG die verfassungsrechtliche Rechte des Organs – hier ist es der Deutsche Bundestag – in Prozessstandschaft nach § 64 Abs. 1 Alt. 2 BVerfGG geltend machen.[489] Nach Ansicht der Antragsteller liegt in der Nichtannahme der Gesetzesentwürfe Verstöße gegen das Demokratieprinzip (Art. 20 Abs. 1 und 2 GG) und gegen die Grundsätze des parlamentarischen Regierungssystems (Art. 45b, 63, 67, 68 und 69 GG) vor, was vom Bundesverfassungsgericht auch als mögliche Rechtsverletzung – wobei auf die Verletzung von parlamentarischen Kontrollrechten abgestellt wurde – in Betracht gezogen wurde.[490] Im Ergebnis – und etwas deutlicher formuliert – nimmt das Bundesverfassungsgericht aufgrund einer kursorischen Prüfung im Rahmen der Zulässigkeit ein Recht des Antragstellers auf einen Änderungsanspruch des Grundgesetzes entgegen dem Willen der Parlamentsmehrheit an. Dieses Recht kann über das Konstrukt der Prozessstandschaft vom Antragsteller für den Deutschen Bundestag geltend gemacht werden.

Die Prozessstandschaft nach § 64 BVerfGG ist aber auf die Geltendmachung fremder Rechte im eigenen Namen beschränkt, insoweit als der Antragsteller auch geltend machen kann, dass das Organ, dem er angehört, durch eine Maßnahme oder Unterlassung des Antragsgegners in seinen ihm durch das Grundgesetz übertragene Rechte und Pflichten verletzt oder unmittelbar gefährdet ist.[491] Wenn man diesen Grundsatz auf die Entscheidung des Bundesverfassungsgerichts vom 3. Mai 2016 überträgt, bedeutet dies, der Antragsteller erleide alleine aufgrund des geltenden Verfassungsrechts eine Rechtsverletzung – es liegt hier ein verfassungswidriges Verfassungsrecht vor. Durch das Bundesverfassungsgericht werden sodann die Ausgangslage und das Ergebnis aufgezeigt; dagegen wird der Weg dorthin, der sicherlich von größer Relevanz und Interesse wäre, leider nicht näher erläutert.

Gesetzesvorlage ablehnt und eine Möglichkeit einer Rechtspflicht für einen Gesetzeserlass besteht, würde hier auch kein Fristenproblem – hinsichtlich des Beginns der Frist – bestehen.

488 BVerfG, Urteil vom 3. Mai 2016, Az. 2 BvE 4/14, Rn. 66.
489 BVerfGE 2, S. 143 (165); 45, S. 1 (28); 67, S. 100 (125); 131, S. 152 (190).
490 BVerfG, Urteil vom 3. Mai 2016, Az. 2 BvE 4/14, Rn. 68f.
491 grundlegend: BVerfGE 13, S. 54 (84).

cc) Rechtsschutzbedürfnis

Dem Rechtsschutzbedürfnis der Antragsteller widmete sich das Bundesverfassungsgericht ebenfalls kurz. Von der Parlamentsmehrheit wurde ein neuer § 126a GO-BT geschaffen, der im Ergebnis die Parlamentsminderheit der 18. Wahlperiode wieder so stellt, wie diese ohne eine Große Koalition mit Zweidrittelmehrheit stehen würde. Jedoch genügt dem Bundesverfassungsgericht keine konkrete Verletzungsgefahr für die Annahme eines Rechtsschutzbedürfnissens, da der Antragsteller ein erhebliches Interesse an einer verbindlichen Feststellung der sich aus dem Grundgesetz ergebenden Rechtslage habe.[492] Es wird noch mal herausgestellt, dass eine konkrete Verletzungsgefahr nicht notwendig sei, indem es dem Antragsteller nicht zugemutet werde, im parlamentarischen Prozess erst den Versuch zu unternehmen, ein Minderheitenrecht – erfolglos – auszuüben.[493]

Die Ausführungen des Bundesverfassungsgerichts werfen mehrere Fragen auf; auch hinsichtlich des Telos des Organstreitverfahrens, was an sich eigentlich kein Beanstandungsverfahren sein soll.[494] Vom Bundesverfassungsgericht wird hier eine Rechtsposition angenommen, ohne dass es (derzeit) eine konkrete Verletzungsgefahr gibt. Der Antragsteller ist nämlich nicht schutzlos, da mit § 126a GO-BT eine Regelung geschaffen wurde, welche die (übermächtigen) Kräfteverhältnisse zumindest teilweise vorerst neutralisiert. In Einklang mit der Begründung des Bundesverfassungsgerichts ist diese Geschäftsordnungsregelung aber nicht gleich effektiv wie eine Verfassungsänderung, da die Hürden für eine erneute Verfassungsänderung nicht unerheblich sind. Trotzdem ist es nicht unbeachtlich, dass seitens des Antragsgegners eine Ausgleichsregelung geschaffen wurde. In einer früheren Entscheidung hatte das Bundesverfassungsgericht festgestellt, dass ohne einen triftigen Grund parlamentarisches Handeln nicht durch verfassungsgerichtliche Schritte zu ersetzen wäre.[495] Das Rechtsschutzbedürfnis könnte auch weiterhin gegeben sein, wenn die ergriffene Maßnahme

---

492　BVerfG, Urteil vom 3. Mai 2016, Az. 2 BvE 4/14, Rn. 77.

493　BVerfG, Urteil vom 3. Mai 2016, Az. 2 BvE 4/14, Rn. 80.

494　*Schorkopf* in Burkiczak/Dollinger/Schorkopf, BVerfGG, § 64 Rn. 8; BVerfGE 100, S. 266 (268); 104, S. 151 (193f.).

495　BVerfGE 68, S. 1 (77); jedoch relativiert in BVerfGE 90, S. 286 (340): *„Um so weniger darf es [das Bundesverfassungsgericht] einen Antragsteller auf einen Weg rein politischen Agierens verweisen, der dem Organstreit verfassungsrechtlich und prozessual nicht gleichwertig ist.“*; jedoch a.A. Sondervotum *Böckenförde* und *Kruis* in BVerfGE 90, S. 286 (391f.), welche die Verfassungsgerichtsbarkeit vor dem Austragen von (politische) Konflikte oder Meinungsverschiedenheiten schützen wollen.

inzwischen keine konkrete Wirkung mehr entfaltet.[496] Trotzdem sollte vom Erfordernis des Rechtsschutzbedürfnisses zurückhaltend Gebrauch gemacht werden.[497] Auch wenn das Bundesverfassungsgericht hier eine abstrakte Gefährdungslage ausreichen ließ, ist es in Hinblick auf die mögliche Gefährdung der Kontrollrechte des Deutschen Bundestages als elementares Gestaltungsmittel der parlamentarischen Demokratie begrüßenswert, dass die vollständige rechtliche Prüfung in die Begründetheit verlagert wird.

dd) Zwischenergebnis zur Zulässigkeit des Antrags

Das Bundesverfassungsgericht hat hier Klippen der Zulässigkeit, welche sich durchaus bedrohlich für den Antragsteller aufgetan haben, umschifft. Es ist auffällig, dass bei den drei Hauptproblempunkten der Zulässigkeit – der Anspruch auf eine Verfassungsänderung, die Prozessstandschaft und das Rechtsschutzbedürfnis – die Begründung auffallend knapp geraten ist. Hier sollten wohl keine neuen Fallgruppen gebildet oder die Erfordernisse der Zulässigkeit im Rahmen des Organstreitverfahrens gesenkt werden, sondern sollte im Interesse der Rechtsklarheit der Anspruch des Antragstellers einer Prüfung in der Begründetheit unterzogen werden. Seitens des Bundesverfassungsgerichts wurde auf die bisherige Rechtsprechung zurückgegriffen; ein qualifiziertes und justiziables Unterlassen i.S.d. § 64 Abs. 1 Alt. 2 BVerfGG lag bereits in der inhaltlichen Auseinandersetzung mit einem Gesetzesvorschlag vor. In Zeiten einer Großen Koalition mit Zweidrittelmehrheit ist dieses Kriterium zukünftig aber schwierig handhabbar und im Ergebnis nicht mehr haltbar, da ein irgendwie geartetes Befassen, z.B. durch eine Absetzung des Beratungsgegenstandes von der Tagesordnung des Deutschen Bundestages, nicht als ein inhaltliches Befassen gewertet werden kann. Gerade diese inhaltliche Befassung kann von einer Großen Koalition, nicht nur mit Zweidrittelmehrheit, relativ einfach verhindert werden. Ein taugliches Kriterium ist, die Rechtspflicht des angegriffenen Organs einer konkreten Handlung vorzunehmen; bereits in diesem Fall soll ein Unterlassen i.S.d. § 64 Abs. 1 Alt. 2 BVerfGG tauglicher Antragsgegenstand sein. Diese weite Auslegung führt im Ergebnis aber auch nicht zu einem Fristenproblem, denn die Frist von sechs Monaten nach § 64 Abs. 3 BVerfGG stellt bereits jetzt auf die Kenntnis des Antragstellers ab, welche er im Verfahren nur schlüssig darlegen muss.

---

496 BVerfGE 1, S. 372 (379); 10, S. 4 (11); 41, S. 291 (303); 49, S. 70 (77).
497 *Benda/Klein/Klein*, Verfassungsprozessrecht, Rn. 1042.

b) Begründetheit

Die zulässigen Anträge im Organstreitverfahren waren nach Ansicht des Bundesverfassungsgerichts in vollem Umfang unbegründet. Es besteht von Verfassungs wegen keine Pflicht zur Einräumung von (weiteren) Oppositionsrechten auf Ebene der Verfassung[498], auf Ebene des einfachen Rechts[499] und schließlich auch nicht auf Ebene der Geschäftsordnung[500] des Deutschen Bundestages.

aa) Antrag auf Effektuierung der Kontrollfunktion der Opposition durch Einräumung von weiteren Oppositionsrechten auf Ebene der Verfassung

Bemerkenswert ist die Feststellung des Bundesverfassungsgerichts, dass die

> *„parlamentarische Kontrolle der Regierung nicht nur dem Parlament als Ganzem [obliegt],*
> *sondern insbesondere und gerade auch den Abgeordneten und Fraktionen, die nicht die*
> *Regierung tragen."*[501]

An dieser Stelle hat das Bundesverfassungsgericht den realpolitischen Verhältnissen ausreichend Rechnung getragen, indem es besonders den Nichtregierungsfraktionen und deren Abgeordneten die faktische – jedoch keineswegs ausschließliche – parlamentarische Kontrolle der Regierung zusprach. Träger des Kontrollrechts der Regierung ist originär das Parlament im Ganzen,[502] gleichwohl wird die Motivation der Regierungsfraktionen und deren Abgeordneten zur Kontrolle der ‚eigenen' Regierung gewöhnlich untergeordnet sein. Diesem besonderen Umstand wird auch dadurch Rechnung getragen, dass der parlamentarischen Opposition ein Rechtsschutzsystem in Form der abstrakten Normenkontrollklage, des Organstreitverfahrens und der prozessstandlichen Möglichkeit zur Geltendmachung der Rechte des Deutschen Bundestages offensteht.[503] Dabei ist auch zu erwähnen, dass die abstrakte Normenkontrolle der parlamentarischen Opposition im Deutschen Bundestag formal gerade nicht zusteht, da sie das Quorum von einem Viertel der Mitglieder des Deutschen Bundestages nach Art. 93 Abs. 1 Nr. 2 GG gerade nicht erfüllen kann. Konsequenterweise sind die der parlamentarischen Opposition zugedachten

---

498 BVerfG, Urteil vom 3. Mai 2016, Az. 2 BvE 4/14, Rn. 83.
499 BVerfG, Urteil vom 3. Mai 2016, Az. 2 BvE 4/14, Rn. 119.
500 BVerfG, Urteil vom 3. Mai 2016, Az. 2 BvE 4/14, Rn. 129.
501 BVerfG, Urteil vom 3. Mai 2016, Az. 2 BvE 4/14, Rn. 87.
502 *Grzeszick* in Maunz/Dürig, GG, Art. 20 Rn. 137.
503 BVerfG, Urteil vom 3. Mai 2016, Az. 2 BvE 4/14, Rn. 88.

Rechtsschutzmöglichkeiten zumindest geschwächt. Dieser Umstand wird jedoch nicht herausgearbeitet.

Nach dem deutlichen Bekenntnis zu einer begrüßenswerten effektiven Auslegung parlamentarischer Minderheitenrechte prüfte das Bundesverfassungsgericht weiter, inwieweit ein Gebot für die Schaffung solcher Rechte besteht. Die parlamentarische Minderheit stellt – ebenso wie die parlamentarische Mehrheit – keine homogene Einheit dar, und daher ist es zweckdienlich, an Quoren ohne Ansehung ihrer Zusammensetzung anzuknüpfen.[504] Es wird nicht auf die oppositionellen Akteure wie die Oppositionsfraktionen abgestellt, sondern auf eine Ad-hoc-Gruppe.[504] Diese Betrachtung des Bundesverfassungsgerichts ist zweckdienlich, denn die Nichtregierungsfraktionen und die nicht die Regierung tragenden Abgeordnete sind keine einheitliche Gruppe. Ein gutes Beispiel für die Diffizilität der parlamentarischen Opposition sind bereits dieses Antragsverfahren und das parlamentarische Präludium. Waren sich die Oppositionsfraktionen Die Linke und Bündnis 90/Die Grünen noch einig gewesen, eine einfachgesetzliche Gesetzesänderung und eine Änderung der Geschäftsordnung des Deutschen Bundestages auf den Weg zu bringen,[505] zog nur die Fraktion Die Linke vor das Bundesverfassungsgericht nach Karlsruhe. Das Bundesverfassungsgericht entnahm hier dem Grundgesetz keine Institutionengarantie, sondern eine Funktionsgarantie, die gerade nicht die Institutionalisierung bestimmter Oppositionsrechtsträger forderte.[506]

Das Bundesverfassungsgericht führt, wohl als *obiter dictum*, aus, der Einführung spezifischer Oppositionsfraktionsrechte stehe zudem Art. 38 Abs. 1 Satz 2 GG entgegen.[507] Im nächsten Satz des Urteils setzt aber das Bundesverfassungsgericht überraschend spezifische Oppositionsfraktionsrechte mit Oppositionsrechten gleich:

---

504 BVerfG, Urteil vom 3. Mai 2016, Az. 2 BvE 4/14, Rn. 93.

505 Der „*Antrag auf Änderung der Geschäftsordnung des Deutschen Bundestages zwecks Sicherung der Minderheitenrechte der Opposition im 18. Deutschen Bundestag*" (BT-Drs. 18/379) und der „*Entwurf eines Gesetzes zur Sicherung der Oppositionsrechte in der 18. Wahlperiode des Deutschen Bundestages*" (BT-Drs. 18/380) wurde gemeinsam von den Fraktionen Bündnis 90/Die Grünen und Die Linke auf den Weg gebracht. Der „*Entwurf eines ... Gesetzes zur Änderung des Grundgesetzes (Artikel 23, 39, 44, 45a, 93)*" (BT-Drs. 18/838) wurde nur von der Fraktion Die Linke zur Beratung eingereicht.

506 *Cancik*, Seite: „Der Grundsatz (in)effektiver Opposition: zum Urteil des Bundesverfassungsgerichts in Sachen Oppositionsfraktionsrechte" (verfassungsblog.de), Ziff. 2.2.

507 BVerfG, Urteil vom 3. Mai 2016, Az. 2 BvE 4/14, Rn. 95.

„Exklusiv den Oppositionsfraktionen zur Verfügung stehende Rechte – wie beispielhaft die Schaffung spezifischer Oppositionsrechte im Ausschuss in § 126a Abs. 1 Nr. 2 und 7 bis 10 GO-BT – stellen eine nicht zu rechtfertigende Durchbrechung des Grundsatzes der Gleichheit der Abgeordneten und ihrer Zusammenschlüsse aus Art. 38 Abs. 1 Satz 2 GG dar."[507]

An dieser Stelle ist der Verweis auf § 126a Abs. 1 Nr. 2 und 7 bis 10 GO-BT sehr erstaunlich, da hiermit die Rechtslage in der 18. Wahlperiode angesprochen wird.[508] In § 126a Abs. 1 Nr. 2 und 7 bis 10 GO-BT werden aber gerade den Oppositionsfraktionen spezifische Rechte zugewiesen. Das Bundesverfassungsgericht hat somit die Regelung in § 126a Abs. 1 Nr. 2 und 7 bis 10 GO-BT, welche befristet in der 18. Wahlperiode gültig waren, mit Art. 38 Abs. 1 Satz 2 GG für unvereinbar, demnach für verfassungswidrig erklärt;[509] dies führte jedoch nicht zu einer weiteren Konsequenz beim Deutschen Bundestag, z.B. in Form der Änderung der Geschäftsordnung. Es wird in dieser Entscheidung aber nicht

---

508 In § 126a Abs. 1 GO-BT ist Folgendes (auszugsweise) geregelt:

„2. Der Verteidigungsausschuss stellt sicher, dass auf Antrag aller Ausschussmitglieder der Fraktionen, die nicht die Bundesregierung tragen, gemäß Artikel 45a Absatz 2 des Grundgesetzes eine Angelegenheit der Verteidigung zum Gegenstand seiner Untersuchung gemacht wird und die Rechte, die nach dem Untersuchungsausschussgesetz einem Viertel der Ausschussmitglieder zustehen, von diesen Mitgliedern entsprechend geltend gemacht werden können."

„7. Einem Verlangen nach Unterrichtung des Haushaltsausschusses gemäß § 5 Absatz 4 des ESM-Finanzierungsgesetzes durch den von Deutschland nach Artikel 5 Absatz 1 des Vertrags zur Einrichtung des Europäischen Stabilitätsmechanismus ernannten Gouverneur und dessen Stellvertreter wird der Haushaltsausschuss dann beitreten, wenn es von allen Ausschussmitgliedern der Fraktionen, die nicht die Bundesregierung tragen, erhoben wird."

„8. Bei Anträgen oder Vorlagen der Bundesregierung gemäß § 5 Absatz 6 des ESM-Finanzierungsgesetzes oder § 4 Absatz 5 des Stabilisierungsmechanismusgesetzes führt der Haushaltsausschuss auf Verlangen aller Ausschussmitglieder der Fraktionen, die nicht die Bundesregierung tragen, eine öffentliche Anhörung entsprechend § 70 Absatz 1 Satz 2 durch."

„9. Bei überwiesenen Vorlagen führt der federführende Ausschuss auf Verlangen aller Ausschussmitglieder der Fraktionen, die nicht die Bundesregierung tragen, eine öffentliche Anhörung entsprechend § 70 Absatz 1 Satz 2 durch."

„10. Eine Plenarberatung statt einer erweiterten öffentlichen Ausschusssitzung (§ 69a Absatz 5) findet statt, wenn es von allen Mitgliedern des Ausschusses, die nicht die Bundesregierung tragen, verlangt wird."

509 Nach *Cancik*, ZParl 48 (2017), S. 516 (519) wird hier die teilweise Verfassungswidrigkeit der Norm angedeutet. So auch *Starski*, DÖV 2016, S. 750 (760).

hinreichend klar, warum auch eine Zuweisung von spezifischen Oppositionsfraktionsrechten durch eine Verfassungsänderung an Art. 38 Abs. 1 Satz 2 GG
scheitern soll.[510]

Eine Zuweisung spezifischer Oppositionsrechte stellt eine Bevorzugung der
nicht die Regierung tragenden Abgeordneten dar, und ein Rechtfertigungsgrund
hierfür ist nach Ansicht des Bundesverfassungsgerichts nicht ersichtlich.[511] Das
Bundesverfassungsgericht weitet den Sachverhalt – ohne Not – auch auf eine
„erdrückende" Regierungsmehrheit aus:

> *„Auch die besondere Situation einer ‚entrechteten' Opposition angesichts einer geradezu*
> *‚erdrückenden' Regierungsmehrheit führt zu keinem anderen Ergebnis. (…) Durch die*
> *Einführung der Opposition vorbehaltener Minderheitenrechte wäre diese lediglich rela-*
> *tiv, im Vergleich zu den die Regierung tragenden Abgeordneten, im Vorteil. Geht es der*
> *Antragstellerin indes um eine Verbesserung der Kontrollfunktion des Parlaments, wäre es*
> *sogar kontraproduktiv, den übrigen Abgeordneten die – zumindest theoretische – Möglich-*
> *keit eines situativen Gebrauchs der Rechte vorzuenthalten. Dies gilt selbst dann, wenn die*
> *spezifischen Oppositionsrechte neben und nicht anstelle der bereits vorhandenen Minder-*
> *heitenrechte eingeführt würden."*[512]

Das Bundesverfassungsgericht überzeugt hier aber mit seiner Begründung nicht.
Es soll verfassungsrechtlich bedenklich sein, dass einer *„erdrückenden"* Mehrheit spezifische Oppositionsrechte vorenthalten werden – die sich, nebenbei
bemerkt, diese jederzeit selber schaffen könnte –, aber es soll verfassungsrechtlich nicht bedenklich sein, dass eine *„entrechtete"* Opposition keine effektive
Kontrolle vornehmen kann, obwohl ihr gerade vom Bundesverfassungsgericht
die Rolle zur Kontrolle der Regierung zugesprochen wurde. In diesem Zusammenhang ist schwer nachvollziehbar, warum das Bundesverfassungsgericht den
Grundsatz einer effektiven Opposition im parlamentarischen System zuerst
hochhält, aber nicht anwendet und ausfüllt. Warum es *„kontraproduktiv"* sei,
im Interesse der Verbesserung der Kontrollfunktion des Parlaments den die
Regierung tragenden Abgeordneten spezifische Oppositionsrechte vorzuenthal-
ten, lässt sich wohl nur unter dem Bruch des Beratungsgeheimnisses der Verfassungsrichter erfahren. Wie kann eine Verbesserung der Kontrollfunktion des
Parlaments in einem parlamentarischen System kontraproduktiv – insbesondere
inwiefern kontraproduktiv? – sein? Schließlich wirft der Hinweis des Bundesverfassungsgerichts, dass der einzelne Abgeordnete allein Verantwortung für sein

---

510 *Sachs*, JuS 2016, S. 762 (766).
511 BVerfG, Urteil vom 3. Mai 2016, Az. 2 BvE 4/14, Rn. 99.
512 BVerfG, Urteil vom 3. Mai 2016, Az. 2 BvE 4/14, Rn. 101.

Abstimmungsverhalten und Auftreten im Parlament trägt,[513] in diesem Zusammenhang mehr Fragen auf, als sie zu beantworten.

Interpretationsbedürftig sind auch folgende Ausführungen im Urteil:

> *„Eine Schlechterstellung der die Regierung tragenden Abgeordneten durch Einführung exklusiver Oppositionsrechte würde diese Form der internen Kontrolle der Regierung aus der Mitte des Parlaments jedoch zusätzlich schwächen; den die Regierung tragenden Abgeordneten würde signalisiert, bei der Erfüllung der parlamentarischen Kontrollfunktion von untergeordneter Bedeutung zu sein."*[514]

Treffend ist hierzu die Anmerkung von *Cancik: „Man ist versucht, ein Taschentuch zu zücken"*[515]. Das Bundesverfassungsgericht nimmt die ‚Regierungsparteien' als homogene Masse wahr, was diese aber nicht ist.[516] Im Übrigen erscheint es bereits fraglich, ob die die Regierung tragenden Abgeordneten sich überhaupt *„untergeordnet"* fühlen, da die Kontrolle der Regierung nach Ansicht des Bundesverfassungsgerichts ja *„insbesondere und gerade"* die Opposition trägt.[517]

Nachdem sich das Bundesverfassungsgericht eindeutig gegen die Einführung spezifischer Oppositionsrechte ausgesprochen hat, da dies zu einer nicht zu rechtfertigenden Ungleichbehandlung der Abgeordneten der Regierung tragenden Parteien führt, ist es naheliegend und andenkenswert über eine generelle Absenkung der Quoren mittels einer richterlichen Auslegung nachzudenken. Dieser Weg wird aber nicht beschritten:

> *„Aufgrund des expliziten Wortlauts der Grundgesetzbestimmungen ist der Weg für eine Auslegung (zum Gebot der Auslegung zugunsten der Wirksamkeit parlamentarischer Kontrolle vgl. BVerfGE 67, 100 <130>; vgl. oben, Rn. 90) im Sinne einer teleologischen Reduktion der Quoren verstellt; für Analogieschlüsse fehlt es bereits an einer analogiefähigen Norm."*[518]

Gerade die Schlussfolgerung des Gerichts, eine teleologische Reduktion der grundgesetzlichen Minderheitenrechte sei nicht möglich, wird einfach aufgestellt

---

513 BVerfG, Urteil vom 3. Mai 2016, Az. 2 BvE 4/14, Rn. 102.

514 BVerfG, Urteil vom 3. Mai 2016, Az. 2 BvE 4/14, Rn. 103.

515 *Cancik,* Seite: „Der Grundsatz (in)effektiver Opposition: zum Urteil des Bundesverfassungsgerichts in Sachen Oppositionsfraktionsrechte" (verfassunsgblog.de), Ziff. 2.3.

516 Als letztes Mittel eine Regierungskoalition wieder auf Kurs zu bringen, ist die Möglichkeit der Stellung der Vertrauensfrage durch den Bundeskanzler nach Art. 68 GG. Vertrauensfragen wurden durch die Bundeskanzler Helmut Schmidt und Gerhard Schröder gestellt, damit brüchige Koalitionen wieder zusammengeschweißt werden, so *Herzog* in Maunz/Dürig, GG, Art. 68 Rn. 24.

517 BVerfG, Urteil vom 3. Mai 2016, Az. 2 BvE 4/14, Rn. 87.

518 BVerfG, Urteil vom 3. Mai 2016, Az. 2 BvE 4/14, Rn. 109.

und behauptet. Der im Urteil als Argument zitierten Fundstelle in BVerfGE 67, S. 100 (130)[519] ist diese Behauptung nicht zu entnehmen. Seitens des Bundesverfassungsgerichts wird weiter auf eine frühere Entscheidung Bezug genommen, in welcher eine Erweiterung der Antragsberechtigten bei der abstrakten Normenkontrolle diskutiert und im Ergebnis abgelehnt wurde.[520] In dieser historischen Entscheidung hatte eine nicht im Deutschen Bundestag vertretene Partei gegen das Notstandsgesetz von 1965 im Wege einer abstrakten Normenkontrolle klagen wollen.[521] Diese vom Bundesverfassungsgericht herangezogenen Verfahren hinken jedoch, denn es macht einen Unterschied, ob eine nicht im Deutschen Bundestag vertretene Partei eine abstrakte Normenkontrolle durchführen möchte, oder ob eine Minderheit im Deutschen Bundestag aus realpolitischen Gründen dieses Recht nicht Anspruch nehmen kann. Das Bundesverfassungsgericht hat hier die Prüfung zu früh abgebrochen und die Sachverhalte zu sehr verallgemeinert.

Weiter wird vom Bundesverfassungsgericht andiskutiert, ob ein Verfassungswandel eingetreten wäre, indem die bestehenden Quoren ihren Sinn verloren hätten, und ob ein verfassungswidriges Verfassungsrecht in den bestehenden Quoren vorliegt. Diese Überlegungen werden verneint.[522] Schließlich wird die verfassungsrechtliche Notwendigkeit einer Absenkung der grundgesetzlichen Quoren für die Ausübung der parlamentarischen Minderheitenrechte vom Bundesverfassungsgericht auch nicht aus dem allgemeinen verfassungsrechtlichen Grundsatz effektiver Opposition abgeleitet.[523] Nach Ansicht des

---

519 Dort heißt es: „*Der Grundsatz der Gewaltenteilung, der zu den tragenden Organisationsprinzipien des Grundgesetzes gehört (…), gebiete[t] gerade im Hinblick auf die starke Stellung der Regierung, (…) eine Auslegung des Grundgesetzes dahin, dass parlamentarische Kontrolle wirksam sein kann. (…) Vor diesem Hintergrund ist es folgerichtig, gerade auch den Untersuchungsausschuss mit denjenigen Befugnissen ausgestattet anzusehen, deren er bedarf, um die ihm aufgegebene Klärung von Zweifeln an der "Gesetzlichkeit oder Lauterkeit von Regierungs- oder Verwaltungsmaßnahmen" (vgl. § 52 des Preuß'schen Entwurfs zur Weimarer Reichsverfassung in Triepel, Quellensammlung zum Deutschen Reichsstaatsrecht, 5. Aufl., 1931, S. 14) wirksam vornehmen zu können. (…)*"
520 BVerfG, Urteil vom 3. Mai 2016, Az. 2 BvE 4/14, Rn. 109; mit Verweis auf BVerfGE 21, S. 52 (53f.).
521 BVerfGE 21, S. 52 (52f.). Der Antrag war aus Sicht des Bundesverfassungsgerichts offensichtlich unzulässig.
522 BVerfG, Urteil vom 3. Mai 2016, Az. 2 BvE 4/14, Rn. 111f.
523 BVerfG, Urteil vom 3. Mai 2016, Az. 2 BvE 4/14, Rn. 114.

Bundesverfassungsgerichts hat der historische Verfassungsgeber das Risiko einer kleinen Opposition erkannt:

> *„Die Entstehungsgeschichte der Grundgesetzbestimmungen über an Quoren gebundene parlamentarische Minderheitenrechte lässt keine Anhaltspunkte für eine Regelungslücke für Zeiten einer zahlenmäßig die geregelten Quoren nicht erreichenden parlamentarischen Opposition erkennen. Der Verfassungsgeber hat den Belang des Minderheitenschutzes auf der einen Seite und der Gefahr des Missbrauchs von Minderheitenrechten, die ihm noch aus Zeiten der Weimarer Republik vor Augen stand, auf der anderen Seite (vgl. BVerfGE 105, 197 <224> m.w.N. zur Diskussion im Parlamentarischen Rat) erkannt und gegeneinander abgewogen. Er hat auch die Konsequenzen seiner Quorenbestimmungen gesehen und billigend in Kauf genommen.“*[524]

Insoweit ist zutreffend, dass der historische Verfassungsgeber, namentlich der Organisationsausschuss des Parlamentarischen Rates, sich beim Recht des Parlaments zur Einsetzung eines Untersuchungsausschusses gegen das Quorum von ein Fünftel aus der Weimarer Reichsverfassung und für ein Quorum von ein Viertel aussprach,[525] da das Untersuchungsausschusswesen in der Weimarer Zeit von radikalen Parteien missbraucht worden war.[526] Konkret wurde aber sogar diskutiert, dass die Anhebung des Quorums von einem Fünftel auf ein Viertel gerade gegen die Minderheit gerichtet sei.[527] Zusammengefasst hatte der historische Verfassungsgeber eine größere Furcht vor einer destruktiven Opposition als vor einer rechtsbeschnittenen Opposition, was sicherlich auch dem historischen Kontext und der unmittelbar vorgelagerten nationalsozialistischen

---

524 BVerfG, Urteil vom 3. Mai 2016, Az. 2 BvE 4/14, Rn. 116.

525 *Deutscher Bundestag/Bundesarchiv*, Der Parlamentarische Rat 1948–1949, Band 13: Ausschuss für Organisation des Bundes/Ausschuss für Verfassungsgerichtshof und Rechtspflege, Ausschuss für Verfassungshof und Rechtspflege, 6. Sitzung vom 24. September 1948, S. 155 (187).

526 *Deutscher Bundestag/Bundesarchiv*, Der Parlamentarische Rat 1948–1949, Band 13: Ausschuss für Organisation des Bundes/Ausschuss für Verfassungsgerichtshof und Rechtspflege, Ausschuss für Verfassungshof und Rechtspflege, 2. Sitzung vom 16. September 1948, S. 4 (36f.): Der Abgeordnete *Katz* führte aus: *„Mit der Einsetzung von Untersuchungsausschüssen ist in der Weimarer Zeit sehr großer Mißbrauch betrieben worden.“*

527 *Deutscher Bundestag/Bundesarchiv*, Der Parlamentarische Rat 1948 – 1949, Band 13: Ausschuss für Organisation des Bundes/Ausschuss für Verfassungsgerichtshof und Rechtspflege, Ausschuss für Verfassungshof und Rechtspflege, 2. Sitzung vom 16. September 1948, S. 4 (37): *Dehler* zeigte hier als einziger seine Bedenken gegen ein zahlenmäßig zu hohes Quorum: *„Es ist ein Recht der Minderheit, die verlangen kann, daß ein Tatbestand überprüft wird. Dazu müssen 20% der Abgeordneten ausreichen.“*

Unrechtsherrschaft geschuldet war. Unabhängig von diesem Missbrauchs-
schutzgedanken muss jedoch der Schutzgedanke zur Funktionsfähigkeit des
Parlaments zurücktreten, wenn die nicht die Regierung tragenden Abgeordneten einer Übermacht an die Regierung tragenden Abgeordneten gegenübersteht.

bb) Antrag auf Effektuierung der Kontrollfunktion der Opposition durch
Einräumung von weiteren Oppositionsrechten auf Ebene des einfachen
Rechts und auf Ebene der Geschäftsordnung des Deutschen Bundestages

Nachdem bereits vom Bundesverfassungsgericht die Schaffung von Oppositionsrechten auf Ebene der Verfassung abgelehnt wurde, gibt es dementsprechend
keine verfassungsrechtliche Pflicht, abweichende Quoren einfachgesetzlich vor-
zusehen.[528] Auch auf der Ebene der Geschäftsordnung gibt es nach Ansicht des
Bundesverfassungsgerichts keinen Handlungsbedarf, da die Erweiterung des
Kreises der Berechtigten um die Oppositionsfraktionen als spezifisches Oppositionsrecht eine nicht gerechtfertigte Beeinträchtigung der Gleichheit der Fraktionen nach Art. 38 Abs. 1 Satz 2 GG darstellt.[529]

c) Zwischenergebnis zum Urteil des Bundesverfassungsgerichts vom
3. Mai 2016, Az. 2 BvE 4/14

Die Reaktionen auf die Entscheidung des Bundesverfassungsgerichts fielen in
der Literatur teilweise positiv aus.[530] Es wurde aber auch die Frage gestellt, ob
es nach dem Urteil des Bundesverfassungsgerichts bei einer nächsten Großen
Koalition mit Zweidrittelmehrheit erneut eine ähnliche Rechtezuweisung geben
wird, da diese nicht rechtlich geschuldet bzw. *„womöglich gar verfassungswidrig"*
ist.[531]

An der Entscheidung des Bundesverfassungsgerichts ist begrüßenswert,
dass die nicht nur unerheblichen Problemfelder im Rahmen der Zulässigkeit
des Antrags der Fraktion Die Linke zielstrebig andiskutiert und im Sinne der
Antragstellerin gelöst werden.[532] Das Bundesverfassungsgericht hätte hier auch

---

528 BVerfG, Urteil vom 3. Mai 2016, Az. 2 BvE 4/14, Rn. 120.
529 BVerfG, Urteil vom 3. Mai 2016, Az. 2 BvE 4/14, Rn. 135f.
530 *Lassahn*, NVwZ 2016, S. 922, (929). Lassahn begrüßt die Bemühungen des Bundes-
     verfassungsgerichts der Konstitutionalisierung politischer Desiderata klare Grenzen
     aufzuzeigen. *Rossi*, JZ 2016, S. 1169 (1170), spricht dem Bundesverfassungsgericht
     ein Lob für seine Entscheidung aus.
531 *Cancik*, ZParl 48 (2017), S. 516 (520).
532 a.A. *Rossi*, JZ 2016, S. 1169 (1171). Rossi meint, es handelt sich um eine *„umstrit-*
     tene Möglichkeit (…) Rechte des Deutschen Bundestages in Prozessstandschaft durch

die Prüfung zu Beginn abbrechen und die Antragstellerin erst auf einen konkreten Rechtsverstoß durch die Regierungsfraktionen verweisen können. Dies wäre aber für alle Parteien des Verfahrens ein unbilliges Ergebnis gewesen, wenn die Prüfung durch das Bundesverfassungsgericht nicht bis zur Begründetheit gelangt wäre und die eigentlichen Kernprobleme offengeblieben wären. Die großzügige oppositionsfreundliche Auslegung in der Zulässigkeit ist aber nicht so zu verstehen, dass es in Zukunft möglich sein soll, vor dem Bundesverfassungsgericht ein oppositionelles Organstreitverfahren als eine Art Normenkontrollersatz durchzuführen, weil gegen alle möglichen (unterlassenen) Gesetzesbeschlüsse im Organstreit vorgegangen werden kann.[533] Dem ist zuzustimmen, denn das Bundesverfassungsgericht wollte diese verfassungsrechtlich bedeutsame Frage klären und nicht das Organstreitverfahren rechtsschutzmäßig aufwerten – auch wenn dies zu wünschen wäre.

Ebenfalls zustimmungsbedürftig ist die Erklärung des Bundesverfassungsgerichts, die Kontrolle der Regierung durch das Parlament obliege insbesondere den Nichtregierungsfraktionen.[501] Auch wenn dies Aufgabe des Parlaments im Ganzen ist, zeigt sich doch realpolitisch, dass gerade die Opposition ein gesteigertes Interesse hat, die Regierung zu kontrollieren. Die Wortlautgrenzen zur zahlenmäßigen Ausübung von Minderheitenrechten im Grundgesetz[534] werden vom Bundesverfassungsgericht aber nicht überwunden. Vor diesem Hintergrund tritt der Grundsatz effektiver Opposition zurück. Um die Ausübung von Minderheitenrechten im parlamentarischen Betrieb handhabbar zu machen, ist es daher ohne Weiteres zweckdienlich, an Quoren ohne Ansehung ihrer Zusammensetzung anzuknüpfen.[504] Neben Licht findet sich aber auch Schatten in der Urteilsbegründung des Bundesverfassungsgerichts. Das Bundesverfassungsgericht kommt zu dem Schluss, auch einer „*entrechteten*" Opposition sei der gegenwärtige Status in der 18. Legislaturperiode des Deutschen Bundestages zuzumuten, denn weder nach dem Grundgesetz noch dem Willen des historischen Verfassungsgebers noch mittels weiterer Auslegungsmethoden, wie der teleologischen Auslegung, ist die Wortlautgrenze überwindbar. In der Entscheidung des Bundesverfassungsgerichts ist eine gewisse Inkonsequenz vorhanden.

Fraktionen im Organstreitverfahren geltend machen zu können, was dem Organstreitverfahren insofern den Charakter eines Insichprozesses verleiht." Im Ergebnis wäre aber die Zulässigkeit der Anträge eine Ausprägung des Grundsatzes effektiver parlamentarischer Opposition.

533 *Cancik*, Seite: „Der Grundsatz (in)effektiver Opposition: zum Urteil des Bundesverfassungsgerichts in Sachen Oppositionsfraktionsrechte" (verfassunsgblog.de), Ziff. 2.3.

534 Art. 23 Ab. 1a Satz 2, Art. 44 Abs. 1 Satz 1 und Art. 93 Abs. 1 Nr. 2 GG

Einerseits sollen exklusiv den Oppositionsfraktionen zur Verfügung stehende Rechte eine nicht zu rechtfertigende Durchbrechung des Grundsatzes der Gleichheit der Abgeordneten und ihrer Zusammenschlüsse aus Art. 38 Abs. 1 Satz 2 GG darstellen;[507] andererseits hält es das Bundesverfassungsgericht für vollkommen legitim, dass die Nichtregierungsfraktionen im Deutschen Bundestag finanzielle Mittel in Form eines Oppositionszuschlags zugewendet bekommen, damit Informationsdefizite ausgeglichen werden.[535] Solch ein Oppositionszuschlag ist ja gerade ein exklusiv den Nichtregierungsfraktionen im Deutschen Bundestag zustehendes Recht. Eine Klarstellung zu diesem Widerspruch wäre daher wünschenswert gewesen. Bedauernswert ist weiter, dass in einer Art *obiter dictum* die Gewährleistung spezifischer Oppositionsfraktionsrechte per se als Verletzung der Chancengleichheit von Abgeordneten und Fraktionen angesehen wurde.[533] *Rossi* hält hingegen die Selbstbeschränkung des Bundesverfassungsgerichts für klug, da dadurch kein Raum für weitere Anträge und Klagen vorhanden sei und inhaltsgleiche Entscheidungen vermieden werden.[536] Im Ergebnis stimmt *Hain* dem Bundesverfassungsgericht zu; ihn überzeugt jedoch teilweise die Begründung des Urteils nicht.[537]

Sofern das Bundesverfassungsgericht ein Verbot der Schaffung spezifischen Verfassungsrechts konstituiert, ließe sich schon infrage stellen, ob spezifische Oppositionsfraktionsrechte überhaupt wesentlich Gleiches ungleich behandeln würden, denn es gibt erhebliche Unterschiede in Informiertheit und Arbeitsweise zwischen Regierungs- und Oppositionsabgeordneten.[538] Auch die Argumentation des Bundesverfassungsgerichts überzeugt nicht umfassend: So sollen einfachgesetzliche Oppositionsfraktionsrechte neben den bestehenden Minderheitenrechten (und nicht an deren Stelle) wegen eines Verstoßes gegen Art. 38 Absatz 1 Satz 2 GG nicht zulässig sein.[539] Diese Rechte könnten derart ausgestaltet werden, dass hier nicht an den Status der Oppositionsfraktion(en) angeknüpft wird, sondern generell an eine Fraktion mit einer gewissen Mindeststärke oder an eine Mehrzahl an Fraktionen. Insoweit wären die Abgeordneten

---

535 BVerfG, Urteil vom 3. Mai 2016, Az. 2 BvE 4/14, Rn. 105.

536 *Rossi*, JZ 2016, S. 1169 (1171).

537 *Hain*, JZ 2016, S. 1172 (1173): Kritisiert wird, dass das Bundesverfassungsgericht völlig die Möglichkeit des *„Verfassungswidrig-Werdens von Verfassungsnormen durch gewandelte tatsächliche Verhältnisse"* verneint.

538 *Lassahn*, NVwZ 2016, S. 922 (930). *Lassahn* bezeichnet dies als eine der *„offenen Flanken"* in der Argumentation des Bundesverfassungsgerichts.

539 *Hillgruber*, JA 2016, S. 638 (640); *Lassahn*, NVwZ 2016, S. 922 (929). a.A. *Rossi*, JZ 2016, S. 1169 (1171).

der Regierungsfraktionen gegenüber ihren Kollegen, welche nicht die Regierung tragen, nicht benachteiligt. In der Urteilsbegründung wird außerdem vermisst, warum gerade das aus der Verfassung abgeleitete Recht auf organisierte politische Opposition und das Gebot effektiver Opposition bei der Rechtfertigung von Ungleichbehandlungen durch spezifische Oppositionsfraktionsrechte außer Betracht gelassen werden.[538] Verfassungspolitisch wird angemerkt, es sei problematisch, dass von den für die Oppositionsausübung entscheidenden Minderheitsrechten kein Gebrauch gemacht werden kann, und es erscheine ebenso fragwürdig, ob der Verfassungsgeber und der verfassungsändernde Gesetzgeber eine entrechtete Opposition – als Konsequenz hieraus – überhaupt gewollt hätten.[540] Es wird folgende berechtigte These aufgestellt: Wenn es eine Notwendigkeit effektiver Opposition, und sei diese verfassungsrechtlich und verfassungspraktisch auch einleuchtend, scheine sie aber in Hinblick auf das Urteil des Bundesverfassungsgerichts doch nicht zu stimmen.[541] Das richtige und notwendige Bekenntnis zum verfassungsrechtlichen Grundsatz der Ausübung einer effektiven Opposition benötigt aber gerade auch eine Möglichkeit zur effektiven Rechtsausübung, sonst ist dieser Grundsatz mehr ein Lippenbekenntnis als ein tatsächliches Recht. Ein Verschließen des Bundesverfassungsgerichts vor jeglicher Zuweisung von spezifischen Oppositionsrechten ist bedauerlich, denn diese können auch neben bestehenden Quoren erfolgen. So wie das Recht der Minderheit, einen Untersuchungsausschuss mit den Stimmen von einem Viertel der Mitglieder des Deutschen Bundestages nach Art. 44 Abs. 1 Alt. 2 GG einzuberufen, in der Verfassungswirklichkeit ein Oppositionsrecht ist, dem Wortlaut nach aber ein reines Ad-hoc-Quorum darstellen, wäre es denkbar, ähnliche offene Quoren zu schaffen. Der Begriff der spezifischen Oppositionsrechte darf daher nicht zu eng gefasst werden.

Von *Hillguber* wird das Urteil als Auftrag an den Verfassungsgeber verstanden, denn der *„Ball [wurde] dem verfassungsändernden Gesetzgeber"* zugespielt, und dieser habe die Aufgabe, Rechte zur Effektuierung der Oppositionsarbeit und weitere Absicherungen des Demokratieprinzips im Grundgesetz vorzunehmen.[539] Zweifelsohne ist jetzt der verfassungsändernde Gesetzgeber gefragt, dem verfassungsrechtlichen Grundsatz der effektiven Opposition wieder Leben einzuhauchen. Der Appell durch das Bundesverfassungsgericht hätte aber

---

540 *Cancik*, Seite: „Der Grundsatz (in)effektiver Opposition: zum Urteil des Bundesverfassungsgerichts in Sachen Oppositionsfraktionsrechte" (verfassunsgblog.de), Ziff. 2.4.

541 *Cancik*, Seite: „Der Grundsatz (in)effektiver Opposition: zum Urteil des Bundesverfassungsgerichts in Sachen Oppositionsfraktionsrechte" (verfassunsgblog.de), Ziff. 2.5.

deutlicher sein können. Bei der Formulierung einer Rechtserweiterung ist jedoch zu beachten, dass nach Ansicht des Bundesverfassungsgerichtes jegliche Form von spezifischen Oppositionsfraktionsrechten ein Verstoß gegen Art. 38 Abs. 1 Satz 2 GG wäre.

3. Beschlüsse des Bundesverfassungsgerichts vom 13. Oktober 2016, Az. 2 BvE 2/15, und des Bundesgerichtshofs vom 23. Februar 2017, Az. 3 ARs 20/16, zum sog. NSA-Untersuchungsauschuss der 18. Wahlperiode des Deutschen Bundestages

Anlass des 1. Untersuchungsausschussverfahrens in der 18. Wahlperiode waren die im Sommer 2013 durch die britische Zeitung „*The Guardian*" und die amerikanische Zeitung „*The Washington Post*" veröffentlichten geheimen Dokumente der amerikanischen National Security Agency (NSA), aus denen sich Anhaltspunkte ergaben, dass die NSA in großem Umfang Daten, teilweise in Zusammenarbeit mit dem Bundesnachrichtendienst (BND), erhoben haben könnte.[542] Bei dem sog. NSA-Untersuchungsausschuss sollte im Wesentlichen aufgeklärt werden, in welcher Weise und in welchem Umfang durch Nachrichtendienste der Staaten der sogenannten „*Five Eyes*"[543] eine Erfassung von Daten über Kommunikationsvorgänge (einschließlich Inhalts-, Bestands- und Verkehrsdaten), deren Inhalte sowie sonstige Datenverarbeitungsvorgänge (einschließlich Internetnutzung und angelegter Adressverzeichnisse) von, nach und in der Bundesrepublik Deutschland auf Vorrat erfolgt war, und inwieweit Stellen des Bundes von derartigen Praktiken Kenntnis gehabt hatten, daran beteiligt gewesen waren, diesen entgegengewirkt oder gegebenenfalls Nutzen daraus gezogen hatten.[544] Dieser Untersuchungsausschuss setzte sich aus acht Bundestagsabgeordneten zusammen, vier Mitgliedern der Fraktionen CDU/CSU, zwei Abgeordneten der SPD-Fraktion und jeweils ein Abgeordneter von den Fraktionen Die Linke und

---

542 BVerfG, Beschluss vom 13. Oktober 2016, Az. 2 BvE 2/15, Rn. 3.

543 Vereinigten Staaten von Amerika, Vereinigten Königreichs, Kanada, Australiens und Neuseeland – siehe Fn. 544

544 Antrag auf Einsetzung eines Untersuchungsausschusses, BT-Drs. 18/843, S. 1. Mittlerweile dürfte es als erwiesen gelten, dass der Bundesnachrichtendienst und das Bundesamt für Verfassungsschutz nachrichtendienstliche Erkenntnisse an den US- Geheimdienst National Security Agency weitergeleitet haben, vgl. *Fuchs/Goetz/Obermaier*, „Verfassungsschutz beliefert NSA", Süddeutsche Zeitung vom 13. September 2013.

Bündnis 90/Die Grünen.[545] Die nicht die Regierung tragenden Fraktionen Die Linke und Bündnis 90/Die Grünen verfügten somit gemeinsam über ein Viertel der Stimmen innerhalb einer Ausschusssitzung.

a) Gang des Untersuchungsausschusses und gerichtliche Verfahren

Der Gang des NSA-Untersuchungsausschusses soll hier nachfolgend nur insoweit knapp zusammengefasst werden, als es für die zwei gerichtlichen Verfahren vor dem Bundesverfassungsgericht und dem Bundesgerichtshof von Relevanz ist.

aa) Verfahren vor dem Bundesverfassungsgericht, Az. 2 BvE 2/15

Gegenstand des Organstreitverfahrens vor dem Bundesverfassungsgericht war die Frage, ob die Bundesregierung ein Vorlageersuchen des 1. Untersuchungsausschusses des 18. Deutschen Bundestages mit dem Hinweis auf entgegenstehende völkerrechtliche Verpflichtungen und den Schutz der Funktions- und Kooperationsfähigkeit der Nachrichtendienste hatte ablehnen dürfen.[546] Die Bundesregierung und der Chef des Bundeskanzleramtes lehnten es konkret ab, Akten, Dokumente, in Dateien oder auf andere Weise gespeicherte Daten und sonstige sächliche Beweismittel dem NSA-Untersuchungsausausschuss vorzulegen, die Auskunft darüber gaben, welche Erkenntnisse beim BND darüber vorlagen, inwiefern die NSA gegen deutsche Ziele oder deutsche Interessen Aufklärung versuchte oder tatsächlich betrieben hatte, und wie deutsche Behörden darauf reagierten.[547] Der BND und die NSA hatten gemeinsam eine Kooperation zur Fernmeldeaufklärung betrieben, wobei der BND die aus einem Internetknotenpunkt ausgeleiteten Daten nach von der NSA definierten Merkmalen (Selektoren) durchsuchte; die Herausgabe der Selektorenliste wurde von der Bundesregierung jedoch abgelehnt.[548] Mit dem verfassungsrechtlichen Verfahren begehrten die Antragsteller die Feststellung, dass die Bundesregierung und der Chef des Bundeskanzleramtes die Rechte des Bundestages aus Art. 44 GG verletzt hatten, indem diese das Begehren abgelehnt hatten.[547] Antragstellerinnen waren die Fraktionen im Deutschen Bundestag Die Linke und Bündnis 90/

---

545 *Deutscher Bundestag*, Seite: „Zusammensetzung des 1. Untersuchungsausschusses der 18. Wahlperiode", http://www.bundestag.de/ausschuesse/ausschuesse18/ua/1untersuchungsausschuss.

546 BVerfG, Beschluss vom 13. Oktober 2016, Az. 2 BvE 2/15, Rn. 1.

547 BVerfG, Beschluss vom 13. Oktober 2016, Az. 2 BvE 2/15, Rubrum.

548 BVerfG, Beschluss vom 13. Oktober 2016, Az. 2 BvE 2/15, Rn. 4ff., 22.

Die Grünen sowie zwei Mitglieder des NSA-Untersuchungsausschusses, die den vorgenannten Fraktionen angehörten.[549] Im Folgenden soll nur die Antragsbefugnis der Mitglieder des Untersuchungsausschusses näher betrachtet werden.

bb) Verfahren vor dem Bundesgerichtshof, Az. 3 ARs 201/16

Von Beginn des NSA-Untersuchungsausschusses an stand der Plan im Raum den „Whistleblower" Edward J. Snowden zu vernehmen, wobei die Bundesregierung hiergegen Bedenken wegen der außen- und sicherheitspolitischen Interessen der Bundesrepublik Deutschland hegte.[550] Am 8. Mai 2013 beschloss der NSA-Untersuchungsausschuss, dass Edward Snowden als Zeuge vernommen werden sollte.[551] Nachdem sich der Untersuchungsausschuss nicht auf eine einheitliche Linie zur Umsetzung des vorgenannten Beweisbeschlusses hatte einigen können, Edward Snowden jedoch nicht bereit war, sich in seinem Exil in Russland vernehmen zu lassen, strebten Teile des Untersuchungsausschusses eine Vernehmung von Snowden in Deutschland an.[552] Die Abgeordneten im Untersuchungsausschuss von Die Linke und Bündnis 90/Die Grünen beantragten daher zu beschließen, dass die Bundesregierung alle Voraussetzungen für die Vernehmung des Zeugen Snowden in der Bundesrepublik Deutschland schaffen sollte, was jedoch von der Ausschussmehrheit am 15. Oktober 2015 abgelehnt wurde.[553] Die Antragsteller sahen in dieser Ablehnung eine Verletzung ihrer Rechte aus § 17 Abs. 2 PUAG, dem gemäß eine Beweiserhebung zwingend sei, wenn dies ein Viertel der Mitglieder des Untersuchungsausschusses verlangt und keine Versagungsgründe vorliegen.[554] Gegen diese Maßnahme legten die Antragsteller beim Ermittlungsrichter am Bundesgerichtshof Rechtsmittel nach § 17 Abs. 4 PUAG ein, und die Ermittlungsrichterin entschied durch Beschluss am 11. November 2016, dass der NSA-Untersuchungsausschuss nochmals über den von den Antragstellern am 8. Oktober 2015 gestellten Antrag, die Bundesregierung zu ersuchen, unverzüglich die Voraussetzungen für eine Vernehmung des Zeugen Snowden in der Bundesrepublik Deutschland zu schaffen, abstimmen und ihm – sollte er weiterhin von einem Viertel der Mitglieder des

---

549 BVerfG, Beschluss vom 13. Oktober 2016, Az. 2 BvE 2/15, Rn. 2.

550 BGH, Beschluss vom 23. Februar 2017, Az. 3 Ars 20/16, Rn. 3.

551 *Deutscher Bundestag*, Ausfertigung des Beweisbeschlusses Z-1 vom 08.04.2014, https://www.bundestag.de/blob/282894/98535a5e8c41e03312e5c5ce50998ee6/z-001-pdf-data.pdf.

552 BGH, Beschluss vom 23. Februar 2017, Az. 3 Ars 20/16, Rn. 4.

553 BGH, Beschluss vom 23. Februar 2017, Az. 3 Ars 20/16, Rn. 5f.

554 BGH, Beschluss vom 23. Februar 2017, Az. 3 Ars 20/16, Rn. 7.

Ausschusses unterstützt werden – zumindest mehrheitlich zustimmen sollte.[555]
Gegen diese Entscheidung des Ermittlungsrichters legte schließlich der NSA-
Untersuchungsausschuss seinerseits[556] Beschwerde nach § 36 Abs. 3 PUAG ein,
sodass der Bundesgerichtshof über diesen entscheiden musste.

b) Beschluss des BVerfG vom 13. Oktober 2016, Az. 2 BvE 2/15

In dem Organstreitverfahren vor dem Bundesverfassungsgericht waren die zwei
Mitglieder der Fraktionen Die Linke und Bündnis 90/Die Grünen des NSA-
Untersuchungsausschusses als Antragsteller im Ergebnis nicht antragsbefugt, als
Viertelminderheit im Untersuchungsausschuss im Wege der Prozessstandschaft
nach § 18 Abs. 3 PUAG Rechte des Deutschen Bundestages geltend zu machen.[557]
Eine prozessrechtliche Besonderheit ist, dass das Bundesverfassungsgericht die
Oppositionsfraktionen Die Linke und Bündnis 90/Die Grünen als potenzielle
Einsetzungsminderheit nach Art. 44 Abs. 1 Satz 1 GG i.V.m. § 126a Abs. 1 Nr. 1
Satz 1 GO-BT für parteifähig ansieht:

> *„Voraussetzung der Parteifähigkeit ist hiernach das Erreichen des in Art. 44 Abs. 1 Satz 1*
> *GG genannten Quorums.*
> *(…)*
> *Die den Antragstellerinnen zu 1. und zu 2. [Fraktion Die Linke und Bündnis 90/Die*
> *Grünen] angehörenden Mitglieder werden jedoch durch das Geschäftsordnungsrecht mit*
> *eigenen Rechten im Sinne des Art. 93 Abs. 1 Nr. 1 GG ausgestattet. Nach § 126a Abs. 1*
> *Nr. 1 Satz 1 GO-BT ist für die Dauer der 18. Wahlperiode auf Antrag von 120 der Mit-*
> *glieder des Bundestages ein Untersuchungsausschuss gemäß Art. 44 GG einzusetzen. Im*
> *Hinblick auf die Einsetzung von Untersuchungsausschüssen weicht die Geschäftsordnung*
> *des Deutschen Bundestages damit vom Viertelquorum des Art. 44 Abs. 1 GG ab und erfor-*
> *dert geschäftsordnungsrechtlich die Einsetzung eines Untersuchungsausschusses bereits auf*
> *Verlangen von 120 Abgeordneten.“[558]*

Die zwei Mitglieder der Fraktionen Die Linke und Bündnis 90/Die Grünen im
NSA-Untersuchungsausschuss sind ebenfalls parteifähig gemäß Art. 44 Abs. 1
Satz 1 GG i.V.m. § 126a Abs. 1 Nr. 1 Satz 1 GO-BT;[559] jedoch nicht antragsbe-
fugt, da diese keine Einsetzungsminderheit von einem Viertel der Mitglieder des

---

555 BGH, Ermittlungsrichter I, Beschluss vom 11. November 2016, Az. 1 BGs
125/16, Tenor.

556 BGH, Beschluss vom 23. Februar 2017, Az. 3 Ars 20/16, Rn. 12.

557 BVerfG, Beschluss vom 13. Oktober 2016, Az. 2 BvE 2/15, Rn. 95.

558 BVerfG, Beschluss vom 13. Oktober 2016, Az. 2 BvE 2/15, Rn. 78 und 80.

559 BVerfG, Beschluss vom 13. Oktober 2016, Az. 2 BvE 2/15, Rn. 81.

Deutschen Bundestages nach Art. 44 Abs. 1 GG repräsentieren.[560] Eine Viertel-minderheit nach § 18 Abs. 3 PUAG ist nur antragsbefugt und kann im Wege der Prozessstandschaft auftreten, wenn diese von der konkreten oder potenziellen Einsetzungsminderheit im Deutschen Bundestag im Sinne des Art. 44 Abs. 1 Satz 1 GG getragen wird.[561] Das Bundesverfassungsgericht setzt sich über die Wortlautgrenze des § 18 Abs. 3 PUAG hinweg. Das Bundesverfassungsgericht meint, das Untersuchungsausschussgesetz sei nur verfassungsinterpretatorisches und ein deklaratorisches Gesetz, welches über Art. 44 GG hinaus keine verfassungsprozessual durchsetzbaren Minderheitenrechte schaffen könne.[562]

c) Beschluss des BGH vom 23. Februar 2017, Az. 3 Ars 20/16

Die Entscheidung des Bundesgerichtshofs ist nach der vorgenannten Entscheidung des Bundesverfassungsgerichts wenig verwunderlich. Der Bundesgerichtshof versagt den Antragstellern, einer Minderheit von einem Viertel der Ausschussmitglieder, die Antragsbefugnis im vorliegenden Organstreitverfahren mit folgender Begründung:

> „§ 17 Abs. 4 PUAG dient der Durchsetzung unter anderem der Rechte, welche § 17 Abs. 2 PUAG der qualifizierten Minderheit einräumt. Das entsprechende Quorum kann deshalb nur einheitlich bestimmt werden. Die Antragstellerin setzt sich zwar dem reinen Wortlaut des § 17 Abs. 2 und 4 PUAG entsprechend aus einem Viertel der Mitglieder des Untersuchungsausschusses zusammen. Diese Regelungen sind ungeachtet ihrer sprachlichen Fassungen jedoch dahin zu verstehen, dass der Ausschussminderheit im Verfahren nach § 17 Abs. 2 und 4 PUAG nur dann eigene Rechte zukommen, wenn sie entsprechend Art. 44 Abs. 1 Satz 1 GG mindestens ein Viertel der Mitglieder des Bundestags repräsentiert, was hinsichtlich der Antragstellerin nicht der Fall ist."[563]

Von dem Bundesgerichtshof setzt man sich auch unter Missachtung der Wortlautgrenze über die Regelungen in § 17 Abs. 2 und 4 PUAG hinweg, der als Tatbestandsmerkmal lediglich von einem Antrag von einem Viertel der Mitglieder des Untersuchungsausschusses ausgeht. Dieses Ergebnis begründet der Bundesgerichtshof aus der Entstehungsgeschichte des PUAG, und zwar ausführlicher, als es das Bundesverfassungsgericht in seinem Beschluss vom 13. Oktober 2016, Az. 2 BvE 2/15, tat.

---

560 BVerfG, Beschluss vom 13. Oktober 2016, Az. 2 BvE 2/15, Rn. 93ff.
561 BVerfG, Beschluss vom 13. Oktober 2016, Az. 2 BvE 2/15, Rn. 96.
562 BVerfG, Beschluss vom 13. Oktober 2016, Az. 2 BvE 2/15, Rn. 98.
563 BGH, Beschluss vom 23. Februar 2017, Az. 3 Ars 20/16, Rn. 19.

Um sein Ergebnis zu stützen, zog der Bundesgerichtshof weiter die systematische Auslegung der streitgegenständlichen Norm heran. Trotz der Erkenntnis, dass § 17 Abs. 2 und 4 PUAG gerade nicht an die Mehrheitsverhältnisse im Deutschen Bundestag nach Art. 44 Abs. 1 Satz 1 GG anknüpften, sind jedoch nach § 4 Satz 2 PUAG die Mehrheitsverhältnisse im Deutschen Bundestag bei der Bemessung der Zahl der Mitglieder des Untersuchungsausschusses zu berücksichtigen.[564] Herauszulesen ist dies nach der Binnensystematik des Rechts der Untersuchungsausschüsse, nach der sich die Quoren von Art. 44 Abs. 1 Satz 1 GG, § 1 Abs. 1 PUAG und § 17 PUAG entsprechen würden.[564] Daher ist nicht jede Viertelmehrheit antragsbefugt.[565] Vielmehr ist nur die im Rahmen des § 18 Abs. 3 PUAG von der konkreten oder potenziellen Einsetzungsminderheit im Deutschen Bundestag nach Art. 44 Abs. 1 Satz 1 GG getragene Ausschussminderheit antragsbefugt.[566] Im Sinne der Einheitlichkeit der Rechtsprechung darf das Quorum von § 18 Abs. 3 PUAG nicht anders von § 17 Abs. 2 und 4 PUAG verstanden werden.[565] Unmaßgeblich wäre für die Rechtsfindung auch, dass der Deutsche Bundestag das Quorum von einem Viertel der Mitglieder des Deutschen Bundestages für die Einsetzung eines Untersuchungsausschusses mit § 126a GO-BT auf 120 anstelle von 127 Mitgliedern herabgesetzt hat.[567] Diese Rechtsposition ist jederzeit entziehbar und eine durch die Diskontinuität des Deutschen Bundestages begrenzte Regelung.[567] Bei der Auslegung des Untersuchungsausschussgesetzes kommt § 126a GO-BT somit keine maßgebliche Bedeutung zu.[567]

d) Kritik an der Rechtsprechung des Bundesverfassungsgerichts und des Bundesgerichtshofes

Grundsätzlich stellt sich bei der Lektüre der vorgenannten Entscheidungen des Bundesverfassungsgerichts und des Bundesgerichtshofs zum NSA-Untersuchungsausschuss die rein rechtspolitische Frage, ob anders entschieden worden wäre, wenn es sich nicht um einen solch neuralgischen Punkt der transatlantischen Freundschaft wie die Vernehmung des – aus der Sicht der Vereinigten Staaten von Amerika – Hochverräters Edward Snowden gegangen wäre. Aufgrund der Gerichtsentscheidung des Bundesverfassungsgerichts wurde jedenfalls ein

---

564 BGH, Beschluss vom 23. Februar 2017, Az. 3 Ars 20/16, Rn. 24.
565 BGH, Beschluss vom 23. Februar 2017, Az. 3 Ars 20/16, Rn. 25.
566 BGH, Beschluss vom 23. Februar 2017, Az. 3 Ars 20/16, Rn. 25, mit Verweis auf BVerfG, Beschluss vom 13. Oktober 2016, Az. 2 BvE 3/16, NVwZ 2017, S. 137 (140).
567 BGH, Beschluss vom 23. Februar 2017, Az. 3 Ars 20/16, Rn. 30.

Konflikt mit den Vereinigten Staaten und deren Nachrichtendiensten vermieden.[568] Der Entscheidung des Bundesverfassungsgerichts kommt dahin gehend Bedeutung zu, da sie deutlich machte, dass die Minderheit im Untersuchungsausschuss, welche keine qualifizierte Einsetzungsminderheit nach Art. 44 Abs. 1 GG repräsentiert, im Organstreitverfahren keine durchsetzbaren Rechte geltend machen kann.[569] Die Fraktionen Die Linke und Bündnis 90/Die Grünen wurden vom Bundesverfassungsgericht dennoch überraschend als parteifähig angesehen, obwohl diese das Einsetzungsquorum nach Art. 44 Abs. 1 GG offensichtlich nicht erfüllt hatten.[570] Grundsätzlich erachtet das Bundesverfassungsgericht Fraktionen in ihrer Gesamtheit nur insoweit parteifähig, als sie gemeinsam die Antragsminderheit nach Art. 44 Abs. 1 Satz 1 GG bilden;[571] denn erst dann seien sie ein mit eigenen rechten ausgestattetes Organteil im Sinne des Art. 93 Abs. 1 Nr. 1 GG[572]. Das Bundesverfassungsgericht macht die Zuweisung von Rechten im Endeffekt davon abhängig, ob eine Minderheit im Untersuchungsausschuss von einer Einsetzungsminderheit nach Art. 44 Abs. 1 GG getragen wurde. Dies ist bemerkenswert, da hier die Rechte der Einsetzungsminderheit mit einem Oppositionsschutzrecht gleichgesetzt werden. Es wurde nicht differenziert, wer überhaupt den Untersuchungsausschuss eingesetzt hatte – es waren alle[573] Fraktionen im Deutschen Bundestag gewesen –, und ob man grundsätzlich von der Annahme ausgehen konnte, dass nur Mitglieder der parlamentarischen Oppositionsfraktionen den angegriffenen Beweisantrag unterstützten. Seitens des Bundesverfassungsgerichts wird die Einsetzungsminderheit mit einer homogenen Gruppe in Form der Oppositionsfraktionen gleichgesetzt, was aber gerade nach der Qualität eines Ad-hoc-Quorums nach Art. 44 Abs. 1 GG nicht möglich ist.

Außerdem stellt sich die Frage, ob dann ein Abgeordneter der Fraktion CDU/CSU oder SPD mit einem Abgeordneten der Fraktionen Die Linke oder Bündnis 90/Die Grünen im Untersuchungsausschuss im Organstreitverfahren durchsetzbare Rechte haben, da diese beiden Abgeordneten gemeinsam die potenzielle Einsetzungsminderheit vertreten würden. Oder wäre der Abgeordnete der Regierungsfraktionen prozentual aufzuteilen? Außerdem können Abgeordnete der Regierungsfraktionen im Rahmen des Opponierens in den eigenen Reihen

568 *Sachs*, JuS 2017, S. 185 (187).
569 *Glauben*, NVwZ 2017, S. 129 (131).
570 BVerfG, Beschluss vom 13. Oktober 2016, Az. 2 BvE 2/15, Rn. 77, Rn. 93ff.
571 BVerfGE 127, S. 78 (106).
572 BVerfGE 10, S. 4 (14); 20, S. 56 (104); 49, S. 70 (77).
573 BT-Drs. 18/843, S. 1.

den angefochtenen Beweisbeschluss entgegen der Meinung der Regierungsfraktionen unterstützen, da diese an einer Sachaufklärung bei dem massenweisen Ausforschen von Daten der Bürger in der Bundesrepublik Deutschland interessiert sind. Dies wird aber niemand erfahren, da diese Abgeordneten u.U. nicht Mitglieder des NSA-Untersuchungsausschusses sind. Die Kritik liegt darin, dass der einstimmige Einsetzungsbeschluss des Deutschen Bundestages vom 20. März 2014[574] unnatürlich in eine potenzielle Einsetzungsminderheit aufgeteilt wurde, da die Einsetzung des NSA-Untersuchungsausschusses von allen Fraktionen des Deutschen Bundestages getragen worden war. Auch verkennt hier das Bundesverfassungsgericht, dass der Deutsche Bundestag den Abgeordneten der Fraktionen Die Linke und Bündnis 90/Die Grünen einen Stimmanteil von einem Viertel der Mitglieder des Untersuchungsausschusses – aufgrund der Regelung in § 126a Abs. 1 Nr. 1 Satz 2 GO-BT – nach § 4 Satz 1 PUAG zugewiesen hat. Die tatbestandserweiternde Auslegung des Bundesverfassungsgerichts von § 18 Abs. 3 PUAG wurde von weiten Teilen in der Literatur vor der Entscheidung des Bundesverfassungsgerichts großteils noch nicht in Betracht gezogen.[575] *Glauben* vertrat in der Literatur die Ansicht, dass das Quorum von einem Viertel der Mitglieder des Untersuchungsausschusses die parlamentarische Einsetzungsminderheit repräsentieren müsse und kein Dissens zwischen der Fraktion und ihren Vertretern im Ausschuss erkennbar sein dürfe, sofern eine Fraktion im Ausschuss Rechtsschutz im Rahmen eines Organstreitverfahrens begehrt.[576] Es wird aber gerade schwer justiziabel sein, einen Dissens zwischen Ausschussmitglied und seiner Fraktion festzustellen, sofern der Konflikt nicht offen ausgetragen wird. Im Übrigen kann eine Fraktion auch nach § 5 PUAG ein ihr in

---

574 BT-PlPr. 18/23, S. 1828.

575 *Pieper* in Pieper/Spoerhase, PUAG, § 18 Rn. 8; *Gärditz* in Waldhoff/Gärditz, PUAG, § 18 Rn. 56. *Glauben* in Glauben/Brocker, Das Recht der parlamentarischen Untersuchungsausschüsse in Bund und Ländern, Kapitel 28 Rn. 34: *„Dagegen ist auch eine sich spontan bildende ad hoc-Abstimmungsminderheit antragsbefugt, wenn sie ein Viertel der Mitglieder des Untersuchungsausschusses erreicht."*

576 *Glauben* in Glauben/Brocker, Das Recht der parlamentarischen Untersuchungsausschüsse in Bund und Ländern, Kapitel 28 Rn. 34; jedoch *Glauben* in Glauben/Brocker, Das Recht der parlamentarischen Untersuchungsausschüsse in Bund und Ländern, Kapitel 28 Rn. 34: *„Dagegen ist auch eine sich spontan bildende ad hoc-Abstimmungsminderheit antragsbefugt, wenn sie ein Viertel der Mitglieder des Untersuchungsausschusses erreicht."*; *Glauben* in Glauben/Brocker, Das Recht der parlamentarischen Untersuchungsausschüsse in Bund und Ländern, PUAG, § 18 Rn. 24.

Ungnade gefallenes Ausschussmitglied der eigenen Fraktion jederzeit abberufen; die materiell-rechtlichen Voraussetzungen und Grenzen sind nicht hoch.[577]

Wenig überraschend ist, dass sich der Bundesgerichtshof in seiner Entscheidung vom 23. Februar 2017 den Ergebnissen des Bundesverfassungsgerichts anschließt. Er sieht hier ebenfalls eine Korrelation hinsichtlich der Viertelminderheit zwischen § 17 Abs. 2 und 4 PUAG mit Art. 44 Abs. 1 Satz 1 GG, was im Ergebnis dazu führt, dass der Tatbestand des § 17 Abs. 2 und 4 PUAG um das ungeschriebene Tatbestandsmerkmal des Einsetzungsquorums von einem Viertel der Mitglieder des Deutschen Bundestages ergänzt werden muss. In der Literatur wird einerseits davon ausgegangen, dass jedes situative Mitgliederviertel nach § 17 Abs. 2 und 4 PUAG ein bedingungsloses Antragsrecht hat,[578] andererseits wird darauf abgestellt, dass die Viertelminderheit im Untersuchungsausschuss von der Einsetzungsminderheit[579] getragen werden muss. Sofern diese Bedingung nicht erfüllt ist, hat die Minderheit nur den Anspruch auf eine willkürfreie Entscheidung.[579]

Die beiden Gerichtsentscheidungen vermögen nicht zu überzeugen. Neben der parlamentarischen Einsetzungsminderheit[580] und der Fraktion im Ausschuss[581] müssen jedoch auch der Minderheit von einem Viertel im Untersuchungsausschuss Rechte und Rechtsschutzmöglichkeiten nach §§ 17 Abs. 2 und 4, 18 PUAG zustehen. Dies ist gerade dadurch zu sehen, dass der Deutsche Bundestag die Zusammensetzung des Untersuchungsausschusses nach § 4 PUAG und § 126a Abs. 1 Nr. 1 Satz 2 GO-BT in Ansehung der Mehrheitsverteilung im Parlament bestimmt. Der Deutsche Bundestag entschied sich für eine disquotale Verteilung und eine Übergewichtung der parlamentarischen Opposition durch Zuweisung von Mitgliedersitzen im Untersuchungsausschuss; diese (nicht unstrittige[582]) Entscheidung ist zu berücksichtigen. Die verfassungsdogmatische

---

577 *Geis* in HStR III, § 54 Rn. 61; *Morlok* in Dreier, GG II, Art. 38 Rn. 194; *Arndt* in Schneider/Zeh, Parlamentsrecht und Parlamentspraxis, § 21 Rn. 14; a.A. *Birk*, NJW 1988, S. 2521 (2523); *Kasten*, Ausschussorganisation und Ausschussrückruf, S. 188; *Klein*, DÖV 1972, S. 329 (330).

578 *Klein* in Maunz/Dürig, GG, Art. 44 Rn. 201; *Gärditz* in Waldhoff/Gärditz, PUAG, § 17 Rn. 25, 32; *Glauben*, NVwZ 2017, S. 129 (130).

579 *Brocker*, DÖV 2014, S. 475 (477); *Brocker* in Glauben/Brocker, Das Recht der parlamentarischen Untersuchungsausschüsse in Bund und Ländern, PUAG, § 17 Rn. 7; a.A. *Ritzel/Bücker/Schreiner*, HbdPP, GO-BT, § 126a Ziff. 2 lit. a).

580 BVerfGE 124, S. 78 (106f.); 113, S. 113 (120); 105, 197 (220); 67, S. 100 (126).

581 BVerfGE 113, S. 113 (120); 67, S. 100 (124).

582 *Ingold*, Das Recht der Oppositionen, S. 625, sieht in § 126 Abs. 1 Nr. 1 Satz 2 GO-BT einen Verstoß gegen das Gebot der repräsentativen Spiegelbildlichkeit.

schwierige Fiktion der Fortsetzung der qualifizierten Einsetzungsminderheit im Untersuchungsausschuss hätte daher in den vorgenannten Entscheidungen der Rechtsprechung nicht bemüht werden müssen. Der Deutsche Bundestag hatte vor Augen, dass die parlamentarische Opposition über besondere Minderheitenrechte verfügen wird, was er auch so hinnahm. Eine weitere Inkonsequenz ergibt sich bei der Übertragung der vorgenannten Rechtsprechung auf den Verteidigungsausschuss als Untersuchungsausschuss. Hierbei handelt es sich um einen speziellen Verteidigungsausschuss mit Monopolzuständigkeit auf dem Gebiet der Verteidigung.[583] Der Verteidigungsausschuss als Untersuchungsausschuss nach Art. 45a Abs. 2 Satz 1 GG kann nur durch die Ausschussmitglieder eingesetzt werden; eine Einsetzungsminderheit des Deutschen Bundestages nach Art. 44 Abs. 1 Satz 1 GG existiert hier aber nicht. Nach § 34 Abs. 1 PUAG ist das Untersuchungsausschussgesetz auch auf den Verteidigungsausschuss als Untersuchungsausschuss anwendbar, insoweit würden §§ 1 bis 3 PUAG entsprechend gelten. Das Quorum von einem Viertel der Mitglieder des Ausschusses wäre demnach bei einem Untersuchungsausschuss nach Art. 44 GG hinsichtlich ihrer Rechte aus u.a. §§ 17 Abs. 2 und 4, 18 PUAG an strengere Voraussetzungen geknüpft, als ein Quorum von einem Viertel der Mitglieder des Verteidigungsausschusses als Untersuchungsausschuss. Nach Art. 45a Abs. 3 GG findet Art. 44 Abs. 1 GG – damit konsequenterweise auch die potentielle Einsetzungsminderheit von einem Viertel der Mitglieder des Deutschen Bundestages auf dem Gebiet der Verteidigung – nämlich keine Anwendung. Eine unterschiedliche Wertung von Untersuchungsausschüssen ist aber nicht gerechtfertigt, da sich diese nur über das einsetzende Gremium unterscheiden. Die wortlautgetreue Auslegung ist auch verfassungspolitisch wünschenswert, da mit dieser Wertung der besonderen Bedeutung des Untersuchungsausschusses als wirksamstes Kontrollinstrument der parlamentarischen Opposition effektive Wirkung verschafft wird. Verfassungsrechtlich unbedenklich ist diese Annahme ebenfalls, da hier der Minderheit im Untersuchungsausschuss ein *„Agieren auf Augenhöhe"*[584] ermöglicht wird und ihr nicht mehr Rechte als der Mehrheit im Untersuchungsausschuss zugesprochen werden. Wenn einer Minderheit von einem Viertel der Ausschussmitglieder nach dem Untersuchungsausschussgesetz Rechte eingeräumt werden, müssen diese für jede situative Minderheit ohne Ansehung der Zusammensetzung gelten.

---

583 ausführlich unter B.III.5.a) (S. 186ff.) und B.III.5.b) (S. 190).
584 Begriff von *Gärditz* in Waldhoff/Gärditz, PUAG, § 17 Rn. 9.

III. Einfluss einer Großen Koalition mit Zweidrittel-/ Dreiviertelmehrheit auf die Rechte der Parlamentarier

Eine Große Koalition mit Zweidrittelmehrheit stellt erst mal keine generelle bzw. per se abstrakte Gefahr für die Ausübung weiter Teile der Minderheitsrechte dar. Sofern die Abgeordneten der Nichtregierungsfraktionen aber die Minderheitenrechte – wie Einberufung eines Untersuchungsausschusses oder Einlegung einer abstrakten Normenkontrolle – faktisch nicht wahrnehmen können, gilt es zu untersuchen, inwiefern einer wirkungsvollen parlamentarischen Opposition diese Rechte in der parlamentarischen Demokratie zur Verfügung gestellt werden müssen. Es drängt sich weiter die Frage auf, ob es Grenzen der Macht im demokratischen Rahmen durch faktische Mehrheitsverhältnisse geben kann.[585]

1. Erhebung einer Subsidiaritätsklage nach Art. 23 Abs. 1a Satz 2 GG

Die europäische Integration der Bundesrepublik Deutschland findet in Art. 23 GG ihre verfassungsrechtliche Grundlage und verleiht der offenen Staatlichkeit im Grundgesetz Ausdruck.[586] Art. 23 GG in seiner heutigen Fassung wurde anlässlich der Gründung der Europäischen Union durch den Vertrag von Maastricht im Grundgesetz wiederbelebt,[587] Art. 23 Abs. 1a GG wurde aufgrund des Vertrags von Lissabon zeitgleich mit dessen Inkraftsetzung in das Grundgesetz aufgenommen.[588] In Art. 23 Abs. 1a GG ist die Erhebung der Subsidiaritätsklage vor dem Gerichtshof der Europäischen Union normiert, die ihrerseits supranational in Art. 263 Abs. 2 AEUV geregelt ist. Im Endeffekt ist die Subsidiaritätsklage eine Nichtigkeitsklage, Art. 264 AEUV.

a) Art. 23 Abs. 1a Satz 2 GG als minderheitsschützende Norm

Bei der Erhebung einer Subsidiaritätsklage durch den Deutschen Bundestag auf Antrag eines Viertels der Mitglieder des Deutschen Bundestages nach Art. 23 Abs. 1a Satz 2 GG kommt nach dem Willen des verfassungsändernden Gesetzgebers der

---

585 Exemplarisch sei hier nur auf die Möglichkeit nach § 126 GO-BT hingewiesen, mit welchem eine Zweidrittelmehrheit der Abgeordneten von der Geschäftsordnung des Bundestages abweichen kann.

586 *Wollenschläger* in Dreier, GG II, Art. 23 Rn. 1.

587 *Bauer/Jestaedt*, Das Grundgesetz im Wortlaut, Art. 23 GG, S. 235f. Art. 23 GG a.F. regelte den Geltungsbereich des Grundgesetzes für die alten Bundesländer und wurde durch das Einigungsvertragsgesetz vom 23. September 1990 (BGBl. II, 1990, S.885) aufgehoben (*Bauer/Jestaedt*, aaO, Fn. 2).

588 *von Heinegg* in Epping/Hillgruber, BeckOK GG, Art. 23 Rn. 1.

Schutz parlamentarischer Minderheiten zu tragen und überlagert das Mehrheitsprinzip.[589] Das für die Klageerhebung durch den Deutschen Bundestag vorgesehene Quorum von einem Viertel der Mitglieder sollte nach dem Willen des Gesetzgebers an das für Normenkontrollanträge nach Art. 93 Abs. 1 Nr. 2 GG sowie an das für die Einsetzung eines Untersuchungsausschusses gemäß Art. 44 Abs. 1 Satz 1 GG maßgebende Quorum angelehnt werden.[589] Der verfassungsändernde Gesetzgeber machte sich im Rahmen der Gesetzgebung auch konkrete Gedanken über die Höhe des Quorums und entschied sich für den (allgemeinen) Minderheitenschutz zur Verhinderung missbräuchlicher Ausübung des Minderheitenrechts.[589]

b) Unionsrechtliche Einordnung des Klagerechts des Parlaments

Es ist umstritten, ob es sich bei dem vorgenannten Klagerecht um ein eigenes Klagerecht des Parlaments oder um einen Fall der Prozessstandschaft handelt. Nach Art. 8 EU-Subsidiaritätsprotokoll könne eine Subsidiaritätsklage wegen eines Verstoßes eines Gesetzgebungsaktes gegen das Subsidiaritätsprinzip von einem Mitgliedstaat oder entsprechend der jeweiligen innerstaatlichen Rechtsordnung von einem Mitgliedstaat im Namen seines nationalen Parlaments oder einer Kammer dieses Parlaments erhoben bzw. übermittelt werden. Überwiegend gibt es in der Literatur Befürworter[590] einer Konstruktion des Klagerechts über das Rechtsinstitut der Prozessstandschaft des Parlaments anstelle eines eigenen Klagerechts des Parlaments, jedoch ohne dies näher zu begründen. Um Irritationen und Verwechslungen mit dem Institut der Prozessstandschaft im deutschen Recht zu vermeiden, wird anstelle einer Prozessstandschaft dieses Instrument auch als „*indirektes Klagerecht*"[591] des Parlaments bezeichnet, welches jedoch an der privilegierten Klageberechtigung des Mitgliedstaats nach Art. 263 Abs. 2 AEUV partizipieren soll.[592] Als Argument für ein eigenes Klagerecht[593] wird von der Gegenansicht angeführt, dass Art. 8 EU-Subsidiaritätsprotokoll auf das nationale Recht und somit auf Art. 23 Abs. 1a GG verweise und im Übrigen unklar sei, welches fremde Recht hier im eigenen Namen eingeklagt werden

---

589 BT-Drs. 16/8488, S. 4.

590 *Schröder*, DÖV 2009, S. 61 (65); *Thiele*, EuR 2010, S. 30 (46); *Dörr* in Grabitz/Hilf/ Nettesheim, AEUV, Art. 263 Rn. 12; nach *Rabe*, NJW 2007, S. 3153 (3155), wohl eine Prozessstandschaft *sui generis* („... *eine[r] Art Prozessstandschaft für das nationale Parlament* ...").

591 *Geiger* in Geiger/Khan/Kotzur, EUV/AEUV, Art. 12 EUV Rn. 6.

592 *Huber* in Streinz, EUV/AEUV, Art. 12 EUV Rn. 44.

593 *Ehricke* in Streinz, EUV/AEUV, Art. 263 AEUV Rn. 6.

solle.[594] Unter Verweis auf den Wortlaut des Art. 8 EU-Subsidiaritätsprotokoll wird auch darauf hingewiesen, das Klagerecht des Mitgliedstaates werde gesondert – also neben dem Klagerecht des Parlaments – genannt.[595] Der Wortlaut des Art. 8 EU-Subsidiaritätsprotokoll[596] kann so ausgelegt werden, dass hier beide Literaturmeinungen ihre Auslegungen mit dem Wortlaut der Norm begründen können. Grundsätzlich vertritt die jeweilige Regierung des Mitgliedstaates im System der Europäischen Union[597] den Mitgliedstaat; demnach ist es auch folgerichtig, dass ein nationales Parlament nicht im eigenen Namen eine Subsidiaritätsklage anstreben kann, sondern diese nur im Namen des Mitgliedstaates erhebt. Da sich aber dieses derivative Recht des Parlaments nicht qualitativ vom Klagerecht des Mitgliedstaates unterscheidet, ist es geschickter, hier von einem „*indirekten Klagerecht*"[591] zu sprechen – und nicht von einer Prozessstandschaft.

c) Unionsrechtliche Zulässigkeit der Zuweisung eines Klagerechts an eine parlamentarische Minderheit

Ferner ist umstritten, ob die Zuweisung eines Klagerechts an eine Minderheit – wie durch Art. 23 Abs. 1a Satz 2 GG erfolgt – europarechtlich überhaupt zulässig ist.[598] Das Europarecht weist das Klagerecht allein dem nationalen Parlament und nicht der parlamentarischen Opposition, einer Fraktion oder sonstigen Minderheiten zu.[599] Diese europarechtliche Grundannahme kann das nationale Recht nicht ändern.[599] Das Bundesverfassungsgericht hielt diese Regelung im Urteil zum Vertrag von Lissabon

> „*jedoch schon deshalb unbedenklich, weil es hier nicht um Entscheidungen mit regelnder Wirkung, sondern um die Befugnis zur Anrufung eines Gerichts geht (vgl. Art. 93 Abs. 1 Nr. 2 GG).*"[600]

---

594 *Bickenbach*, EuR 2013, S. 523 (533).

595 *Melin*, EuR 2011, S. 655 (671f.).

596 „*Der Gerichtshof der Europäischen Union ist für Klagen wegen Verstoßes eines Gesetzgebungsakts gegen das Subsidiaritätsprinzip zuständig, die (…) von einem Mitgliedstaat erhoben oder entsprechend der jeweiligen innerstaatlichen Rechtsordnung von einem Mitgliedstaat im Namen seines nationalen Parlaments oder einer Kammer dieses Parlaments übermittelt werden.*"

597 z.B. der Europäischer Rat oder der Rat der Europäischen Union

598 *Classen* in von Mangoldt/Klein/Starck, GG II, 7. Auflage, Art. 23 Rn. 61.

599 *Uerpmann-Wittzack/Edenharter*, EuR 2009, S. 313 (321).

600 BVerfGE 123, S. 267 (432).

Gleichwohl war es hier nicht Aufgabe des Bundesverfassungsgerichtes die Unionsrechtskonformität von Art. 23 Abs. 1a Satz 2 GG festzustellen, sondern den Vertrag von Lissabon nach dem Maßstab des Grundgesetzes zu prüfen. Insbesondere wird bei der Ausgestaltung des Klagerechts als Minderheitenrecht (mit zu niedrigen Anforderungen in Form von Quoren) die Missbrauchsgefahr durch politische Instrumentalisierung erhöht.[601] Grundsätzlich ist bei jeder Zuweisung von Minderheitenrechten eine Missbrauchsgefahr gegeben, dies kann daher kein taugliches Argument sein; ebenfalls wäre eine Missbrauchsgefahr durch eine Mehrheit von vornherein nicht auszuschließen. Jedoch verweist der Wortlaut von Art. 8 EU-Subsidiaritätsprotokoll[596] bei der Beteiligung der nationalen Parlamente gerade auf die innerstaatlichen Rechtsordnungen; insoweit bleibt es den jeweiligen nationalen Gesetzgebern überlassen, hier eine Regelung zu treffen.[602] Dieser Minderheitenschutz bei der Subsidiaritätsklage wurde bewusst der Systematik des deutschen Verfassungsrechts, namentlich dem Art. 44 GG, nachempfunden.[603] Aufgrund der abstrakten Normenkontrolle nach Art. 93 Abs. 1 Nr. 2 GG besteht in vergleichbaren Fällen auf nationaler Ebene eine gleich niedrige Hürde zur Anrufung eines Gerichts.[604] Wegen des ausdrücklichen Verweises von Art. 8 EU-Subsidiaritätsprotokoll auf die jeweiligen innerstaatlichen Rechtsordnungen konnte demnach der verfassungsändernde Gesetzgeber die Ausübung einer Subsidiaritätsklage ebenso der Parlamentsminderheit in die Hände legen; ansonsten hätte hier eine anderslautende Regelung getroffen werden müssen.

d) Einordnung des Antragsrechts der parlamentarischen Minderheit im Lichte einer Großen Koalition mit Zweidrittelmehrheit

Das Antragsrecht zur Erhebung einer Subsidiaritätsklage, welches auch die parlamentarische Minderheit für sich unionsrechtlich zulässig beanspruchen kann, müsste aber gerade diese parlamentarische Minderheit schützen, damit

---

601 *Uerpmann-Wittzack/Edenharter*, EuR 2009, S. 313 (326).

602 In Frankreich wurde auch eine vergleichbare Regelung zu Art. 23 Abs. 1a Satz 2 GG gewählt, so *Classen* in von Mangoldt/Klein/Starck, GG II, 7. Auflage, Art. 23 Rn. 61 Fn. 5 mit Verweis auf Art. 88-6 § 3 Vf.

603 *Altmeier* in Derra, Freiheit, Sicherheit und Recht, Festschrift für Jürgen Meyer, S. 301 (318).

604 *Classen* in von Mangoldt/Klein/Starck, GG II, 7. Auflage, Art. 23 Rn. 61: Aus diesem Grund war die Senkung des Quorums bei der abstrakten Normenkontrolle zwingend. Das Quorum für die abstrakte Normenkontrolle wurde von einem Drittel auf ein Viertel gesenkt, Gesetz zur Änderung des Grundgesetzes (Artikel 23, 45 und 93) vom 8. Oktober 2008, BGBl. I, 2008, S. 1926.

eine Große Koalition in diesem Zusammenhang verfassungsrechtlich bedenklich sein könnte. Vom Sinn und Zweck der Norm ausgehend, sei Telos der Subsidiaritätsklage nach Art. 23 Abs. 1a Satz 2 GG aber nicht die Sicherung der effektiven Opposition im mitgliedstaatlichen Parlament, sondern vielmehr die Sicherung parlamentarischer Kompetenzen gegen den Zugriff der europäischen Ebene.[605] Diese Ansicht überzeugt, denn der Deutsche Bundestag und nicht die parlamentarische Minderheit soll vor überschießenden Handlungen unter Verstoß des Subsidiaritätsprinzips durch die Europäische Union geschützt werden. Des Weiteren hat sich der verfassungsändernde Gesetzgeber mit dem Gesetzesentwurf zur Änderung des Art. 23 u.a GG bewusst für ein Quorum von einem Viertel der Mitglieder des Deutschen Bundestages als Missbrauchsschutzgrenze entschieden. Nachdem von Verfassungs wegen solch ein Minderheitenschutz bei der Subsidiaritätsklage nicht angezeigt ist und es sich vielmehr um ein besonderes verfassungsrechtliches Zugeständnis an eine parlamentarische Minderheit handelt, kann eine Große Koalition mit Zweidrittelmehrheit keinen schädlichen Einfluss auf die Ausübung dieses Minderheitenrechts haben. Die parlamentarische Minderheit ist in Abweichung vom Mehrheitsprinzip nur schutzbedürftig, wo ihr auch ein spezifischer Schutz zustehen soll.

2. Einberufung des Deutschen Bundestages nach Art. 39 Abs. 3 Satz 3 GG

Der Bundestagspräsident muss den Deutschen Bundestag nach Art. 39 Abs. 3 Satz 3 GG einberufen, wenn dies von einem Drittel der Mitglieder des Deutschen Bundestages, dem Bundespräsidenten oder dem Bundeskanzler verlangt wird. Anfänglich war dieses Einberufungsrecht des Parlaments das ausschließliche Recht der Monarchen.[606] Eine Versammlung des Parlaments ohne die ausdrückliche Einberufung durch den König war noch im Jahr 1831 im Königreich Sachsen unzulässig,[607] was dem Standard des damaligen konstitutionellen

---

605 *Cancik*, NVwZ 2014, S. 18 (23).

606 *Boldt*, Deutsche Verfassungsgeschichte, S. 86: Der Monarch hatte weite Befugnisse, er konnte den Landtag jederzeit vertagen, die laufende Sitzung schließen und den Landtag notfalls auch auflösen.

607 § 118 der Verfassungsurkunde des Königreichs Sachsen vom 4. September 1831: „*Eigenmächtig dürfen die Kammern weder sich versammeln, noch nach dem Schlusse oder der Vertagung des Landtags, oder Auflösung der zweiten Kammer versammelt bleiben und berathschlagen.*", nach *Huber*, Dokumente zur deutschen Verfassungsgeschichte, Nr. 59, S. 263 (283).

Staatsrechts entsprach.[608] Erst mit der Weimarer Verfassung fand ein Selbstversammlungsrecht des Parlaments auf Ebene des Reichs Eingang in die deutsche Verfassungswirklichkeit; davor, hatte noch immer der Deutsche Kaiser das Einberufungsrecht gehabt.[609] Somit ist dieses Selbstversammlungsrecht des Parlaments eine essenzielle Errungenschaft des modernen Parlamentarismus.[608] Das Selbstversammlungsrecht ist Bestandteil der Parlamentsautonomie, die ihrerseits wiederum aus der Volkssouveränität nach Art. 20 GG folgt.[610]

a) Einordnung des Einberufungsrechts des Bundestagspräsidenten

Umstritten ist, ob der Bundestagspräsident sein Selbstversammlungsrecht nach Art. 39 Abs. 3 Satz 3 GG als Organ[611] für den Deutschen Bundestag wahrnimmt oder ob er ein eigenes Einberufungsrecht[612] ausübt, was im Ergebnis aber keine Bedeutung[613] hat. Diesem Meinungsstreit kann Leben eingehaucht werden, wenn es zu einem Konflikt zwischen der Großen Koalition mit Zweidrittelmehrheit und der parlamentarischen Opposition kommt und Zweitere eine außerordentliche Sitzung des Deutschen Bundestages einberufen möchte. Verlangt in diesem Fall die parlamentarische Opposition eine Einberufung einer Sitzung des Deutschen Bundestages beim Bundestagspräsidenten, obwohl diese nicht das notwendige Quorum nach Art. 39 Abs. 3 Satz 3 GG erfüllt, kommt es eben darauf an, ob der Bundestagspräsident über ein eigenes (wenn auch subsidiäres) Einberufungsrecht verfügt. Die neutrale Stellung des Bundestagspräsidenten verbietet es, eine inhaltlich-politische Bewertung des Anlasses und

---

608 *Klein* in Maunz/Dürig, GG, Art. 39 Rn. 62.

609 *Huber,* Deutsche Verfassungsgeschichte seit 1789, S. 882; Art. 64 WRV vom 11. August 1919; *Schneider* in Alternativkommentar GG, Art. 39 Rn. 20; *Versteyl* in von Münch/Kunig, GG II, Art. 39 Rn. 37.

610 *Schneider* in Alternativkommentar GG, Art. 39 Rn. 20; *Versteyl* in von Münch/Kunig, GG II, Art. 39 Rn. 37.

611 *Groß,* DVBl. 1954, S. 422 (422); *Klein* in Maunz/Dürig, GG, Art. 39 Rn. 67; *Brocker* in Epping/Hillgruber, BeckOK GG, Art. 39 Rn. 25.

612 *v.Mangold/Klein,* Bonner Kommentar GG, Art. 39 S. 904f.: Dieses Einberufungsrecht des Bundestagspräsidenten unterliegt aber einer sachlichen und zeitlichen Schranke, zeitlich kann der Bundestagspräsident den Deutschen Bundestag erst nach dem Ende der alten Sitzung einberufen. Sachlich steht dem Bundestagspräsidenten ein Einberufungsrecht nur subsidiär, wenn der Deutsche Bundestag von seinem Selbstversammlungsrecht kein Gebrauch machen will oder kann, zu.

613 *Achterberg/Schulte* in von Mangoldt/Klein/Starck, GG II, 6. Auflage, Art. 39 Rn. 26.

Gegenstandes der verlangten Sitzung anzustellen.[614] Demnach könnte dem Bundestagspräsidenten dennoch ein eigenes Einberufungsrecht, jedoch keine Einberufungsverpflichtung zustehen, da das verfassungsmäßige Quorum nicht erfüllt ist. Die Annahme solch eines eigenen Einberufungsrechts des Bundestagspräsidenten wäre auch nicht bedenklich, da sich der Deutsche Bundestag kraft eines Mehrheitsbeschlusses nach § 25 Abs. 2 Satz 1 GO-BT entweder vertagen oder die Aussprache jederzeit schließen könnte. In solch einem Fall müsste die Große Koalition dafür sorgen, dass sie auch bei einer außerordentlichen Sitzung durch ihre Abgeordneten mehrheitlich vertreten ist. Der Geschäftsordnung des Deutschen Bundestages ist ein Einberufungsrecht des Bundestagspräsidenten nicht fremd, wie § 20 Abs. 5 Satz 1 GO-BT[615] und § 21 Abs. 3 GO-BT[616] beweisen. Es scheint daher nicht von vornherein ausgeschlossen, dass der Bundestagspräsident neben dem Selbstversammlungsrecht des Deutschen Bundestages über ein subsidiäres Einberufungsrecht verfügt. Außerhalb von Art. 39 Abs. 3 Satz 3 GG steht dem Bundestagspräsidenten gerade in Hinblick auf § 21 Abs. 3 GO-BT ein eigenes Einberufungsrecht zu, welches jedoch gegenüber dem Selbstversammlungsrecht des Deutschen Bundestages subsidiär[612] ist. Ruft der Bundestagspräsident außerhalb der Anwendungsfälle des Art. 39 Abs. 2 GG eine Sitzung des Deutschen Bundestages ein, muss er bei Beginn der Sitzung zunächst die Genehmigung des Deutschen Bundestages einholen. Insoweit wird das Recht des Deutschen Bundestages, über seinen Sitzungsbeginn und die Tagesordnung selbst zu bestimmen, nicht verletzt.[617] Dem Bundestagspräsidenten steht demnach ein eigenes Einberufungsrecht zu; dieser Fall ist sogar in § 21 Abs. 3 GO-BT abgebildet.

---

614 *Ritzel/Bücker/Schreiner*, HbdPP, GO-BT, § 21 II. lit. b).

615 Bei § 20 Abs. 5 Satz 1 GO-BT handelt es sich um ein originäres Einberufungsrecht für eine Einberufung einer Sitzung am selben Tage, so *Ritzel/Bücker/Schreiner*, HbdPP, GO-BT, § 20 V. 1. lit. a).

616 *„Hat der Präsident in anderen Fällen* [als Art. 39 Abs. 3 GG] *selbständig eine Sitzung anberaumt (…), so muss er bei Beginn der Sitzung die Genehmigung des Bundestags einholen".*

617 *Ritzel/Bücker/Schreiner*, HbdPP, GO-BT, § 21 III: Es handle sich hierbei nur um eine Umschreibung des Rechts des Deutschen Bundestages über seinen Sitzungsbeginn und die Tagesordnung selbst zu befinden, sofern keine anderen Normen einschlägig sind.

b) Weiterer Inhalt des Art. 39 Abs. 3 Satz 3 GG und Ausübung in der parlamentarischen Praxis

Nach der bisherigen parlamentarischen Praxis ist zur Geltendmachung des Selbstversammlungsrechts sogar ausreichend, dass die Sitzung des Deutschen Bundestages durch den Vorsitzenden oder einen Parlamentarischen Geschäftsführer im Namen einer Fraktion gegenüber dem Bundestagspräsidenten verlangt wird und diese über mindestens ein Drittel der gesetzlichen Mitglieder des Deutschen Bundestages verfügt.[618] Sofern mehrere Fraktionen ihr Einberufungsverlangen durch ihre Vorsitzenden oder Parlamentarischen Geschäftsführer bündeln und diese ebenfalls das notwendige Quorum von einem Drittel der Mitglieder des Deutschen Bundestages erreichen, ist dies nicht anders zu bewerten als wenn dies nur durch eine (einzelne) Fraktion erfolgt.

Neben dem Deutschen Bundestag und dem Bundestagspräsidenten können auch der Bundespräsident und der Bundeskanzler den Deutschen Bundestag zu einer Sitzung durch den Bundestagspräsidenten nach Art. 39 Abs. 3 Satz 3 GG einberufen lassen. Das Einberufungsverlangen des Bundespräsidenten wurzelt in seiner Reservefunktion nach Art. 63 Abs. 4 Satz 3, 68 Abs. 1 Satz 1 GG und soll den Deutschen Bundestag zum Tätigwerden anhalten.[619] Eine andere Ansicht spricht dem Einberufungsverlangen des Bundespräsidenten jede praktische Bedeutung ab und meint, dieses Einberufungsverlangen sei „*wahrscheinlich ohne gründliche Überlegung*"[620] aus Art. 24 Abs. 1 Satz 2 WRV übernommen worden.[621] Der Bundeskanzler kann den Deutschen Bundestag einberufen, da die Bundesregierung vom Parlament abhängig und dies letztendlich ein Ausfluss der Einwirkungsmöglichkeit der Bundesregierung auf das Parlament, wie in Art. 43 Abs. 2 GG normiert, ist.[619] Gerade die Weimarer Reichsverfassung hatte solch eine Befugnis des Reichskanzlers nicht vorgesehen.[622]

c) Auswirkung einer Großen Koalition mit Zweidrittelmehrheit auf die Ausübung des Einberufungsverlangens der parlamentarischen Minderheit

Besonders in Abgrenzung vom monarchistischen Regierungssystem soll das Parlament das Recht haben, sich zu einer Sitzung einzuberufen und nicht von

---

618 *Ritzel/Bücker/Schreiner*, HbdPP, GO-BT, § 21 II. lit. a) zu aa).
619 *Morlok* in Dreier, GG II, Art. 39 Rn. 29.
620 *Nawiasky*, Grundgedanken, S. 112.
621 *v.Mangold/Klein*, Bonner Kommentar GG, Art. 39, S. 906.
622 *Ritzel/Bücker/Schreiner*, HbdPP, GO-BT, § 21 II. lit. a) zu cc).

einem Dritten abhängig zu sein. Das Einberufungsrecht des Bundestagspräsidenten und die Einberufungsverlangen des Bundespräsidenten und des Bundeskanzlers sind punktuelle Sonderfälle; diese Durchbrechungen sollen jedoch nicht das Selbstversammlungsrecht des Deutschen Bundestages schmälern. Vielmehr bleibt es bei der Parlamentsautonomie zumindest ab Beginn der Sitzung des Deutschen Bundestages. Das Selbstversammlungsrecht gilt demnach für den Deutschen Bundestag als Organ und die Einberufungspflicht des Bundestagspräsidenten aufgrund eines Einberufungsverlangens einer parlamentarischen Minderheit; Letztere macht hinsichtlich der Hürde für diese Einberufung eine Ausnahme. Sinn und Zweck der Norm ist es aber nicht, eine parlamentarische Minderheit zu schützen, sondern ihr nur eine Einberufung des Deutschen Bundestages zu ermöglichen. Die parlamentarische Minderheit muss sich nämlich ab Beginn der Sitzung des Deutschen Bundestages der Mehrheit beugen. Denn es soll ohne Weiteres zulässig sein, dass sich der Deutsche Bundestag nach einem Einberufungsverlangen durch ein Drittel der Mitglieder des Deutschen Bundestages und nach seinem Zusammentreten wieder umgehend vertagt.[623] Eine Große Koalition mit Zweidrittelmehrheit stellt demnach keine Gefahr für eine Einberufung des Deutschen Bundestages nach Art. 39 Abs. 3 Satz 3 GG dar.

3. Ausschluss der Öffentlichkeit von den Verhandlungen des Plenums nach Art. 42 Abs. 1 Satz 2 GG

Die Maximen der parlamentarischen Verhandlung sind Öffentlichkeit, Unmittelbarkeit, Mündlichkeit, Mehrheitsprinzip und Minderheitenschutz.[624] Daher verhandelt der Deutsche Bundestag auch nach Art. 42 Abs. 1 Satz 1 GG während seiner Plenarsitzungen grundsätzlich öffentlich. Die öffentliche Verhandlung des Deutschen Bundestages ist ein wesentliches Element des demokratischen Parlamentarismus.[625] Dieser Grundsatz ermöglicht dem Bürger die Wahrnehmung seiner Kontrollfunktion und dient damit der effektiven Verantwortlichkeit des Parlaments gegenüber dem Wähler.[626] Als absolute Ausnahme von diesem Verfassungsgrundsatz hiervon ist ein Ausschluss der Öffentlichkeit in Art. 42 Abs. 1 Satz 2 GG vorgesehen.

---

623 *Klein* in Maunz/Dürig, GG, Art. 39 Rn. 72.
624 *Achterberg*, DVBl. 1980, S. 512 (512).
625 BVerfGE 125, S. 104 (123f.); 131, S. 152 (205).
626 BVerfGE 40, S. 296 (327); 70, S. 324 (355); 84, S. 304 (329).

a) Der Ausschluss der Parlamentsöffentlichkeit

Nach Art. 42 Abs. 1 Satz 2 GG kann die Öffentlichkeit von den Verhandlungen des Plenums des Deutschen Bundestages ausgeschlossen werden, wenn dies ein Zehntel seiner Mitglieder oder die Bundesregierung beantragt und dieser Antrag mit Zweidrittelmehrheit angenommen wird. Teilweise wird die Praxisrelevanz des Ausschlusses der Öffentlichkeit für irrelevant gehalten.[627] Da diese Norm nicht auf eine Zweidrittelmehrheit der Mitglieder des Deutschen Bundestages abstellet, ist für die Annahme des Antrags nur eine Zweidrittelmehrheit der Abstimmenden notwendig.[628] Es ist umstritten, ob sich der Antrag auf Ausschluss der Öffentlichkeit nach dem Grundsatz *a maiore ad minus* auch auf einen teil- oder zeitweisen Ausschluss der Öffentlichkeit beschränken kann.[629] Grundsätzlich ist eine flexible Handhabung solch eines einschneidenden Rechts begrüßenswerter als eine ‚*Alles oder nichts*'-Regelung. Sofern nur ein zeitlicher Ausschluss der Öffentlichkeit in Betracht kommt, sollte im Interesse der Öffentlichkeit von der weniger einschneidenden Maßnahme Gebrauch gemacht werden. Neben den rechtlichen Fragen in Hinblick auf eine willkürliche Ausübung des Ausschlussrechts stellt sich aber die rein praktische Frage, ob der Ausschluss der Öffentlichkeit heute überhaupt noch ein effektives Mittel ist. Ob diese Maßnahme zielführend ist, ist keine juristische Frage. In Zeiten der modernen Kommunikationsmedien lässt sich der Inhalt einer geheimen Sitzung wohl nicht recht lange geheim halten. Die Öffentlichkeit, welche nach Art. 42 Abs. 1 Satz 2 GG auszuschließen wäre, wären all jene Personen, die kein eigenes Recht zur Teilnahme an den Sitzungen des Deutschen Bundestages haben, wie Zuschauer,

---

627 *Risse/Witt* in Hömig/Wolff, GG, Art 42 Rn. 1.

628 mittlerweile hM: *Versteyl* in von Münch/Kunig, GG II, Art. 42 Rn. 17; *Schliesky* in von Mangoldt/Klein/Starck, GG II, 7. Auflage, Art. 42 Rn. 42; *Achterberg/Schulte* in von Mangoldt/Klein/Starck, GG II, 6. Auflage, Art. 42 Rn. 19; *Klein* in Maunz/Dürig, GG, Art. 42 Rn. 50; *Magiera* in Sachs, GG, Art. 42 Rn. 8; *Ritzel/Bücker/Schreiner*, HbdPP, GO-BT, § 19 Ziff. 2 lit. f); *Linck*, ZParl 23 (1992), S. 673 (687).

629 Bejahend teilweise Ausschluss der Öffentlichkeit: *Pieroth* in Jarass/Pieroth, GG, Art. 42 Rn. 2; *Achterberg/Schulte* in von Mangoldt/Klein/Starck, GG II, 6. Auflage, Art. 42 Rn. 18; *Brocker* in Epping/Hillgruber, BeckOK GG, Art. 42 Rn. 11. Ein Ausschluss von Teilen der Zuhörer ist unzulässig sein: *Magiera* in Sachs, GG, Art. 42 Rn. 7; *Versteyl* in von Münch/Kunig, GG II, Art. 42 Rn. 18. Ein Ausschluss von Teilen der Zuhörer ist unzulässig, ein teilweiser Ausschluss bezogen auf die Sitzungsdauer (Teil der Verhandlung) jedoch nicht: *Klein* in Maunz/Dürig, GG, Art. 42 Rn. 53; *Morlok* in Dreier, GG II, Art. 42 Rn. 30; *Schliesky* in von Mangoldt/Klein/Starck, GG II, 7. Auflage, Art. 42 Rn. 39.

Journalisten und Diplomaten; insoweit kann auch von einer „*Räumung der Tribünen*" gesprochen werden, da die vorbezeichneten Gruppen je eine von drei Tribünen im Plenum des Deutschen Bundestages zugeteilt wurde.[630]

b) Der Ausschluss der Öffentlichkeit als unbedeutendes Ausnahmerecht?

Eine praktische Bedeutung hat dieses Geheimsitzungsrecht nicht (mehr), da der Deutsche Bundestag – im Gegensatz zum Reichstag – hiervon in seiner Geschichte noch nie Gebrauch gemacht hat.[631] Verfassungshistorisch kam dies nur einmal vor: In einer Sitzung des Reichstags am 17. März 1900 wurde die Nichtöffentlichkeit mit großer Mehrheit hergestellt,[632] über die rechtliche Zulässigkeit dieser Maßnahme war man sich bereits damals uneins.[633] Neben den Randnotizen aus dem Deutschen Reich ist die juristische Behandlung dieses Ausschlussrechts nicht sonderlich umfassend. Bei einer Großen Koalition mit Zweidrittelmehrheit wäre es aber – *zumindest theoretisch* – denkbar, dass unredlich handelnde Regierungsparteien dieses Recht nutzen und den Deutschen Bundestag bei wichtigen Sitzungen zu einem Nichtöffentlichen Plenum machen und den Nichtregierungsfraktionen jegliche Möglichkeit genommen wird, medial im Rahmen des Parlamentsbetriebs in Erscheinung zu treten.

---

630 *Versteyl* in von Münch/Kunig, GG II, Art. 42 Rn. 18; *Ritzel/Bücker/Schreiner*, HbdPP, GO-BT, § 19 Ziff. 2 lit. f).

631 *Klein* in Maunz/Dürig, GG, Art. 42 Rn. 47. In der Deutschen Verfassungsgeschichte tagte der Reichstag nur einmal in einer Geheimsitzung, am 17. März 1900 wurde zum ersten und einzigen Male die Öffentlichkeit mit einer großen Mehrheit ausgeschlossen, man befürchtete die Gefährdung der öffentlichen Sittlichkeit, so *Huber*, Deutsche Verfassungsgeschichte III, § 61 II. Ziff. 3 Fn. 26.

632 Der Anlass für den Ausschluss der Öffentlichkeit lag in einer befürchteten Gefährdung der öffentlichen Sittlichkeit bei der Beratung um die Aufnahme eines Zusatzantrags zum Strafgesetzbuch, der Strafmaßnahmen im Kampf gegen die Ausbreitung von Geschlechtskrankheiten vorsah, aber im Ergebnis abgelehnt wurde (*Huber*, Deutsche Verfassungsgeschichte III, § 61 II. 3 Fn. 26 nach Sten. B. d. RT Bd. 170 S. 4775).

633 *Merg*, Die Öffentlichkeit der Parlamentsverhandlung, S. 22f.: Die Reichsverfassung sah in Art. 22 Abs. 2 RV vor, dass der Reichstag öffentlich verhandelt, lediglich in der Geschäftsordnung des Reichstags gab es durch § 36 GO-RT eine Möglichkeit die Öffentlichkeit auszuschließen. Es war zum damaligen Zeitpunkt strittig, ob die GO-RT hier der Verfassung vorgehen kann, da in der Verfassung keine Möglichkeit einer Geheimverhandlung vorgesehen war (*Merg*, aaO m.w.N.).

c) Materiell-rechtliche Voraussetzungen für einen Antrag auf Ausschluss der Öffentlichkeit

Formell ist nach Art. 42 Abs. 1 Satz 2 GG der Antrag auf Ausschluss der Öffentlichkeit von den Verhandlungen des Plenums des Deutschen Bundestages an ein Antragsquorum von einem Zehntel seiner Mitglieder oder durch einen Antrag der Bundesregierung gebunden. Materiell-rechtlich sind mit Blick auf die Besonderheit des Ausschlusses aber weitere Voraussetzungen gegeben.

aa) Notwendigkeit des Vorliegens von Gründen für den Ausschluss der Öffentlichkeit und Konsequenz eines fehlerhaften Ausschlusses der Öffentlichkeit

Einigkeit – soweit dieses Problem überhaupt diskutiert wird – herrscht darüber, dass ein Ausschluss der Öffentlichkeit nur in Betracht kommt, wenn es hierfür hinreichende Gründe gibt.[634] Der juristische Streitstand zum Vorliegen solcher materiell-rechtlicher Voraussetzungen eines Antrags auf Ausschluss der Öffentlichkeit wird von *Link* pointiert zusammengefasst:

> *„Die Frage nach den materiell-rechtlichen Zulässigkeitskriterien beim Ausschluß der Öffentlichkeit wird in der Literatur dennoch weitgehend überhaupt nicht und im übrigen nur mit Hinweisen gestreift, wie die Entscheidung dürfe ‚nicht willkürlich' sein, es müßten ‚sachliche Gründe für den Ausschluß gegeben sein, die eine Abweichung von dem allgemeinen Grundsatz demokratischer Verhandlungen rechtfertigen'."*[635]

In einer Aufstellung fasst *Link* enumerativ, aber nicht abschließend die Gründe zusammen, die nach seiner Ansicht einen Ausschluss der Öffentlichkeit von den Sitzungen des Deutschen Bundestages rechtfertigen sollen:

---

634 *Klein* in Maunz/Dürig, GG, Art. 42 Rn. 49; *Linck,* ZParl 23 (1992), S. 673 (687).

635 *Linck,* ZParl 23 (1992), S. 673 (688), mit Verweis auf *Feuchte,* in Feuchte (Hrsg.), Verfassung des Landes Baden-Württemberg, Art. 33 Rn. 12, und *Schneider* in Alternativkommentar GG, Art. 42 Rn. 9.

- Schutz privater Geheimnisse[636],
- Schutz von Staatsgeheimnissen[637] und
- Sicherung strafrechtlicher Ermittlungsergebnisse[638].

Weiter sei eine Einschränkung der Parlamentsöffentlichkeit nicht zur Wahrung der Unabhängigkeit der Abgeordneten und aus Gründen der Funktionsfähigkeit des Parlaments gerechtfertigt.[639] Es müssen schon hinreichende Gründe vorliegen, bei denen das Geheimhaltungsinteresse das Öffentlichkeitsprinzip deutlich überwiegt. Unterschiedlich wird die Frage diskutiert, ob ein Verstoß gegen die Maxime der (Sitzungs-)Öffentlichkeit Rechtsfolgen für die in nichtöffentlicher Sitzung gefassten Beschlüsse nach sich zieht. Trotz der zwingenden Natur dieses Grundsatzes bewirkt die Nichteinhaltung nicht die Nichtigkeit der unter Ausschluss der Öffentlichkeit gefassten parlamentarischen Beschlüsse, da es keine Rechtsnorm gibt, die diese Folge anordnet.[640] Früh wurde bereits die Meinung vertreten, dass es unerheblich sei, ob die Verfassung Folgen eines Verstoßes gegen den Öffentlichkeitsgrund nennt, da die Nichtigkeit eine sich bereits aus allgemeinen Rechtsgrundsätzen ergebende Konsequenz sei.[641] Weiter wird der erstgenannten Ansicht entgegengehalten, dass ein Verstoß gegen den Öffentlichkeitsgrundsatz nicht folgenlos bleiben kann, weil die Öffentlichkeit einen Beitrag zur inhaltlichen Qualität der Entscheidung beiträgt, eine Kontrolle der Abgeordneten ermöglicht und deren Arbeit legitimiert.[642] Eine folgenlose Behandlung dieses Verstoßes reduziert den Öffentlichkeitsgrundsatz auf eine bloße Ordnungsvorschrift.[642] Weiter wird vertreten, ein fehlerhafter Ausschluss der Öffentlichkeit sei ein erheblicher Verfahrensmangel der durch eine Nichtigkeit

---

636 *Linck,* ZParl 23 (1992), S. 673 (690f.): Im Rahmen einer Einzelfallbetrachtung wäre in diesem Fall jeweils abzuwägen, ob der Grundrechtseingriff in den Schutz privater Daten vor dem Öffentlichkeitsgebot vorrangig ist.

637 Das Parlament hat bei staatlichen Angelegenheiten im parlamentarischen Bereich grundsätzlich selber – und nicht die Regierung – zu entscheiden, ob diese Angelegenheit geheim zu behandeln ist, *Linck,* ZParl 23 (1992), S. 673 (692).

638 Sofern der Untersuchungszweck bzw. die Durchführung einer strafrechtlichen Ermittlung gefährdet ist, würde die Funktionsfähigkeit der Justiz eine Einschränkung der Parlamentsöffentlichkeit rechtfertigen, *Linck,* ZParl 23 (1992), S. 673 (693).

639 *Linck,* ZParl 23 (1992), S. 673 (694f.).

640 *Achterberg/Schulte,* in von Mangoldt/Klein/Starck, GG II, 6. Auflage, Art. 42 Rn. 6; a.A. *Klein* in Maunz/Dürig/ Klein, GG, Art. 42 Rn. 55: Art. 20 Abs. 3 GG ordnet die Nichtigkeit an.

641 *Perels,* AöR 15 (1900), S. 548 (561).

642 *Morlok* in Dreier, GG II, Art. 42 Rn. 28.

der getroffenen Beschlüsse, insbesondere Gesetzgebungsvorhaben, zu sanktionieren ist.[643] Beim Öffentlichkeitsgrundsatz handelt es sich um einen elementaren Grundsatz der parlamentarischen Verhandlung, deren Verstoß nicht leichtfertig relativiert werden sollte. Somit muss ein Gesetz, das in nichtöffentlicher Verhandlung beschlossen wurde, obgleich die Öffentlichkeit nicht auf verfassungsrechtlich zulässige Weise ausgeschlossen wurde, im Ergebnis als nicht ordnungsgemäß zustande gekommen gewertet werden.[644] Im Rahmen eines Vergleichs wird angeführt, dass der Mangel der Öffentlichkeit der Parlamentsverhandlung von nicht geringerem Gewicht sei als andere Verfahrensfehler, wie die fehlende Ausfertigung durch den Bundespräsidenten oder die fehlerhafte Behandlung eines zustimmungspflichtigen Gesetzes als Einspruchsgesetz.[644] Eine Bundestagesversammlung, von welcher fehlerhaft die Öffentlichkeit ausgeschlossen wird, hat nicht den Charakter einer Verhandlung des Deutschen Bundestages.[644] Es ist daher der Ansicht zu folgen, dass ein fehlerhafter Ausschluss der Öffentlichkeit als Konsequenz zur Nichtigkeit der Beschlüsse führt, die in dieser fehlerhaften Sitzung gefasst wurden.

Nach der überwiegenden Ansicht in der Literatur ist ein Antrag zum Ausschluss der Öffentlichkeit nicht begründungsbedürftig.[645] Teilweise wird diese Ansicht damit gerechtfertigt, dass die Einschränkung eines verfassungsrechtlichen Grundsatzes durch das Parlament an relativ hohe Quoren gebunden und diese Ausnahme in der Regel nur mit den Stimmen der Opposition zu erreichen ist.[646] Hohe Quoren führen zu einem breiten Konsens, und die Vermutung der Sachgerechtigkeit der getroffenen Entscheidung ist zu indizieren.[647] Gerade diese Begründung – unter stillschweigender Annahme der Prämisse, die nicht die Regierung tragenden Abgeordneten sollen eine effektive parlamentarische Opposition darstellen – lässt sich aber aufgrund der geänderten politischen

---

643 *Magiera* in Sachs, GG, Art. 42 Rn. 7; *Pieroth* in Jarass/Pieroth, GG, Art. 42 Rn. 2; a.A. *Brocker* in Epping/Hillgruber, BeckOK GG, Art. 42 Rn. 14, hier soll nach den allgemeinen Regeln des Geschäftsordnungsrechts dies als bloßer Verfahrensfehler wie eine allgemeine Verletzung Öffentlichkeitsprinzips nicht zur Nichtigkeit führen.

644 *Klein* in Maunz/Dürig, GG, Art. 42 Rn. 55.

645 *Schliesky* in von Mangoldt/Klein/Starck, GG II, 7. Auflage, Art. 42 Rn. 38; *Pieroth* in Jarass/Pieroth, GG, Art. 42 Rn. 2; *Klein* in Maunz/Dürig, GG, Art. 42 Rn. 52; *Magiera* in Sachs, GG, Art. 42 Rn. 6; *Linck*, ZParl 23 (1992), S. 673 (687) ggf. Beratung in vertraulicher oder geheimer Sitzung; nach *Ritzel/Bücker/Schreiner*, HbdPP, GO-BT, § 19 Ziff. 2 lit. f) „*sollte*" der Antrag in einer nichtöffentlichen Sitzung begründet werden.

646 *Linck*, ZParl 23 (1992), S. 673 (687).

647 *Linck*, ZParl 23 (1992), S. 673 (688).

Rahmenbedingungen bei Vorliegen einer Großen Koalition mit Zweidrittel-mehrheit nicht mehr vorbehaltlos aufrechterhalten. *Versteyl* vertritt eine vermit-telnde Ansicht: Wegen der überragenden Bedeutung des Öffentlichkeitsprinzips werden Gründe für eine kursorische Begründung gefordert, die den Zweck der Geheimhaltung aber nicht illusorisch machen, andererseits jedoch erkennen lassen, ob ausreichende Gründe für einen Ausschluss der Öffentlichkeit vorlie-gen.[648]

bb) Zusammenfassung

Die Öffentlichkeit kann von einer Plenarsitzung des Deutschen Bundestages nur ausgeschlossen werden, wenn es hierfür nicht bloß unerhebliche Gründe gibt. Im Kommunalrecht ist es hingegen anerkannt, dass zwingende oder drin-gende Gründe für die Herstellung der Nichtöffentlichkeit bei einer Gemeinde-ratsitzung nicht vorliegen müssen.[649] Die unterschiedliche Betrachtung ist aber bereits dadurch gerechtfertigt, dass in den Kommunalgremien ehrenamtliche Politiker vertreten sind, welche vor der strengen Folge eines nichtigen Beschlus-ses geschützt werden sollen, und im Deutschen Bundestag – sowie in den Lan-desparlamenten – Berufspolitiker vertreten sind, diese auf eigene Mitarbeiter sowie ggf. einen wissenschaftlichen Dienst zurückgreifen können. Außerdem kommt den Plenarsitzungen des Deutschen Bundestages in der Regel, aber nicht unbedingt und im Allgemeinen eine größere Medienaufmerksamkeit zu als den Kommunalgremien.

Es dürfte nahezu unstrittig sein, dass ein Ausschluss der Öffentlichkeit nur bei gewichtigen Gründen zulässig ist, gleichwohl soll nach der Auffassung im Schrifttum ein Antrag auf Ausschluss der Öffentlichkeit nicht begründungsbe-dürftig sein. Die Gegner einer Begründungspflicht des Antrags auf Ausschluss der Öffentlichkeit führen an, bei solchen materiell-rechtlichen Zulässigkeitsvo-raussetzungen liege eine unter Umständen lang anhaltende Rechtsunsicherheit vor, und es sei unausbleiblich, dass das Bundesverfassungsgericht die Ent-scheidung des Deutschen Bundestages auf die Stichhaltigkeit der für den Aus-schluss angegebenen Gründe hin zu überprüfen habe, wodurch die Autonomie des Deutschen Bundestages erheblich verkürzt werde.[650] Jedoch ist gerade in

---

648 *Versteyl* in von Münch/Kunig, GG II, Art. 42 Rn. 14; dem zustimmend *Morlok* in Dreier, GG II, Art. 42 Rn. 29; a.A. *Klein* in Maunz/Dürig, GG Art. 42 Rn. 51, der sich dagegen verwahrt formellen Voraussetzungen um materiell-rechtliche Zulässigkeits-voraussetzungen, namentlich die Begründungspflicht, zu ergänzen.

649 *Geis*, Kommunalrecht, § 11 Rn. 132.

650 *Klein* in Maunz/Dürig, GG, Art. 42 Rn. 51.

Hinblick auf eine Große Koalition mit Zweidrittelmehrheit geboten, der vermittelnden Ansicht von *Versteyl* zu folgen und eine kursorische Begründungspflicht einzufordern. Dies ist mit Blick auf die geänderten politischen Rahmenbedingungen bei Vorliegen einer Großen Koalition mit Zweidrittelmehrheit nötig, denn für den Ausschluss der Öffentlichkeit ist kein breiter politischer Konsens mehr zwischen Regierungsfraktionen und Oppositionsfraktionen notwendig, sondern die die Regierung tragenden Abgeordneten können dies ohne Abstimmungszwänge mit den anderen Abgeordneten des Deutschen Bundestages entscheiden. Weiter ist jedoch zu beachten, dass beim Ausschluss der Öffentlichkeit aus dem Plenum des Deutschen Bundestages Gäste oder Medienvertreter gegen solch einen Beschluss juristisch vorgehen könnten. In einem gerichtlichen Verfahren wären daher wieder inzident die Gründe für einen Ausschluss der Öffentlichkeit zu prüfen. Sofern eine kursorische Begründung für den Ausschluss der Öffentlichkeit der Öffentlichkeit auch zugänglich ist, lässt sich dieses Kriterium in einem Gerichtsverfahren einfach und transparent klären. Im Ergebnis wäre daher eine transparente Handhabung des Ausschlussrechts, und zwar in Form einer (eingeschränkten) Begründungspflicht für die Herstellung der Nichtöffentlichkeit, geboten.

4. Der neuralgische Punkt: Das Recht der Minderheit einen Untersuchungsausschuss, nach Art. 44 Abs. 1 Satz 1 Alt. 2 GG einzusetzen

Das Budgetrecht des Parlaments wird gerne auch als das *„Königsrecht des Parlaments"*[651] bezeichnet, sofern der parlamentarischen Minderheit ein besonders und überaus wichtiges Recht zusteht, ist das wohl unzweifelhaft in Art. 44 Abs. 1 Satz 1 GG, dem Antrag auf Einsetzung eines Untersuchungsausschusses, zu sehen. Die Besonderheit dieses Untersuchungsausschusseinsetzungsrechts beruht auf zwei wesentlichen Punkten: Der Deutsche Bundestag muss bei einem Antrag von einem Viertel der Mitglieder des Bundestages verpflichtend einen Untersuchungsausschuss einsetzen (Art. 44 Abs. 1 Satz 1 Alt. 2 GG), und dieses Gremium kann selbst Beweise erheben (Art. 44 Abs. 2 GG). Der Untersuchungsausschuss hat daher ein Selbstinformationsrecht, kann sich selbst Informationen

---

651 *Scheider,* Die Rolle des Haushaltsausschusses des Bundestages, S. 295; *Degenhart,* Staatsrecht I, § 2 II 2. Rn. 35-37; *v. Lewinski* in HStR X, § 217 Rn. 53. Der Begriff *„Königsrecht"* wird historisch abgeleitet aus der Zeit des Absolutismus, indem das Staatsbudget ein königliches Herrschaftsinstrument gewesen war, so *Bergmoser,* Zweckgerechte Vitalisierung des Budgetrechts der Legislativen, S. 529.

besorgen (Sachstandsenquete)[652] und ist nicht – wie eine Fraktion – auf Kleine und Große Anfragen an die Bundesregierung angewiesen. Weiter gibt es noch die Missstandsenquete, die bei Rechtsverstößen, Pflichtverletzungen und anderen Unzulänglichkeiten eingesetzt wird.[652]

a) Die Bedeutung des Art. 44 GG als Minderheitenrecht

Untersuchungsausschüsse gelten als Hilfsorgane (bzw. besser: Unterorgane) des Parlaments, die mit besonderen Rechten ausgestattet sind; dem Plenum hingegen stehen diese Rechte nicht zu.[653] Teilweise werden Untersuchungsausschüsse auch als nichtständige (Sonder-)Ausschüsse bezeichnet.[654] Das Untersuchungsrecht aus Art. 44 Abs. 1 GG bleibt selbst nach der Einsetzung des Untersuchungsausschusses Sache des Parlaments als Ganzes, das sich des Ausschusses zur sachgerechten Erfüllung dieser Aufgabe bedient.[655] Somit ist das Parlament als Ganzes *„Träger des Untersuchungsausschussrechts"* und *„Herr des Untersuchungsverfahrens"*.[656] Dem Parlament als Ganzen obliegen demnach außerdem die Einsetzung, die Umschreibung und damit die Begrenzung des Untersuchungsgegenstandes sowie die Auflösung des Untersuchungsausschusses.[657] Der Auflösungsbeschluss bedarf im Fall einer Mehrheitsenquete der einfachen Mehrheit; im Fall der Minderheitsenquete einer Zustimmung von mehr als drei Viertel der Mitglieder des Deutschen Bundestages.[658] Der Untersuchungsausschuss ist jedoch im laufenden Verfahren befugt, im Rahmen seines Untersuchungsauftrages diejenigen

---

652 *Schneider* in Alternativkommentar GG, Art. 44 Rn. 3; *Magiera* in Sachs, GG, Art. 44 Rn. 4.

653 BVerfGE 67, S. 100 (124); *Schneider* in Alternativkommentar GG, Art. 44 Rn. 7.

654 *Klein* in Maunz/Dürig, GG, Art. 44 Rn. 63; *Achterberg/Schulte* in von Mangoldt/Klein/Starck, GG II, 6. Auflage, Art. 44 Rn. 76.

655 BVerfGE 49, S. 70 (85); 67, S. 100 (125); 105, S. 197 (220); 113, S. 113 (121f.).

656 BVerfGE 124, S. 78 (114).

657 *Magiera* in Sachs, GG, Art. 44 Rn. 11; *Schneider* in Alternativkommentar GG, Art. 44 Rn. 8.

658 *Geis* in HStR III, § 55 Rn. 61; *Klein* in Maunz/Dürig, GG, Art. 44 Rn. 68; *Versteyl* in von Münch/Kunig, GG II, Art. 44 Rn. 31; *Unger* in von Mangoldt/Klein/Starck, GG II, 7. Auflage, Art. 44 Rn. 80; *Morlok* in Dreier, GG II, Art. 44 Rn. 55; a.A. *Ingold*, Das Recht der Oppositionen, S. 393: Aufgrund des Minderheitenschutzes ist auch bei der Mehrheitsenquete eine Dreiviertelmehrheit erforderlich; *Magiera* in Sachs, GG, Art. 44 Rn. 27; nach *Brocker* in Epping/Hillgruber, BeckOK GG, Art. 44 Rn. 80, ist eine Auflösung gegen die Stimmen der (potentiellen) qualifizierten Einsetzungsminderheit nicht möglich.

Beweise zu erheben, die er für erforderlich hält.[659] Durch den Untersuchungsausschuss hat das Parlament die Möglichkeit,

> *„unabhängig von Regierung, Behörden und Gerichten mit hoheitlichen Mitteln, wie sie*
> *sonst nur Gerichten und besonderen Behörden zur Verfügung stehen, selbständig die Sach-*
> *verhalte zu prüfen, die sie in Erfüllung ihres Verfassungsauftrags als Vertretung des Volkes*
> *für aufklärungsbedürftig halten"[660].*

Aufgabe der Untersuchungsausschüsse ist daher, das Parlament bei seiner
Arbeit zu unterstützen und seine Entscheidungen vorzubereiten.[660] Im Untersuchungsausschuss geht es um die Aufklärung eines Sachverhalts zu politischen Zwecken.[661] Es überrascht daher nicht, dass der Untersuchungsausschuss
hauptsächlich von der Parlamentsminderheit eingesetzt wird, um Regierungs-
vorgänge näher zu beleuchten. Die Parlamentsmehrheit kann zwar auch einen
Untersuchungsausschuss einsetzen, um Vorgänge im Oppositionslager zu untersuchen, dies ist aber eher selten der Fall.[662] Die Bedeutung des Untersuchungsrechts hat sich im Lauf der Geschichte nicht besonders gewandelt: Es war und
ist ein Kontrollrecht gegenüber einem stärkeren Gegenspieler – zunächst gegenüber der monarchischen Exekutive. Heutzutage ist es das Recht der Opposition
gegenüber einer Regierungsmehrheit, wie bereits das Bundesverfassungsgericht
im Jahr 2002 knapp ausführte:

> *„War das Untersuchungsrecht im System der konstitutionellen Monarchie noch in erster*
> *Linie ein Instrument des gewählten Parlaments gegen die monarchische Exekutive, so hat*
> *es sich unter den Bedingungen des parlamentarischen Regierungssystems maßgeblich zu*
> *einem Recht der Opposition auf eine Sachverhaltsaufklärung unabhängig von der Regie-*
> *rung und der sie tragenden Parlamentsmehrheit entwickelt."[663]*

---

659 BVerfGE 67, S. 100 (128); 124, S. 78 (114f.).

660 BVerfGE 49, S. 70 (85).

661 BVerfGE 124, S. 78 (116). In Abgrenzung zu einem Strafverfahren stellt das Bundesverfassungsgericht in der vorgenannten Entscheidung klar, dass es im Untersuchungsverfahren um ein anderes Ziel als im Strafverfahren geht. Im Strafverfahren wird die
Verwirklichung eines bestimmten, fest umrissenen Tatbestandes im Hinblick auf die
individuelle Schuld einer Person geprüft; im Untersuchungsausschuss geht es jedoch
um die Aufklärung eines Sachverhalts zu politischen Zwecken, vor allem um die
Wahrnehmung der Kontrollfunktion des Parlaments. Die einzelne Beweiserhebung
eines Untersuchungsausschusses muss daher nicht auf bestimmte Tatsachen bezogen
sein, sondern kann bereits darauf abzielen zunächst *„Licht ins Dunkel"* eines Unter-
suchungskomplexes zu bringen.

662 *Geis* in HStR III, § 55 Rn. 7.

663 BVerfGE 105, S. 197 (222).

Es ist allgemeine Aufgabe eines Untersuchungsausschusses, Sachverhalte, deren Aufklärung im öffentlichen Interesse liegt, zu untersuchen und darüber zu berichten.[664] Da dieses Recht sowohl der Mehrheit als auch der Minderheit zur Verfügung steht, verdeutlichte das Bundesverfassungsgericht doch die Bedeutung als minderheitsschützende Vorschrift:

> *„Das Grundgesetz hat deshalb dem Bundestag nicht nur das Recht eingeräumt, einen Untersuchungsausschuss einzusetzen, sondern dies der Mehrheit auch zur Pflicht gemacht, wenn ein Viertel der Abgeordneten es beantragt. Art. 44 Abs. 1 Satz 1 GG ist als minderheitsschützende Vorschrift angelegt und damit auch auf einen Ausgleich zwischen fortwirkender parlamentarischer Mehrheitsregel, Art. 42 Abs. 2 GG, und qualifiziertem Minderheitsrecht, Art. 44 Abs. 1 Satz 1 GG."*[663]

Wegen der Bedeutung der Minderheitsenquete für die Oppositionspraxis wird dieses – weitergehend als die Rechtsprechung des Bundesverfassungsgerichts – als verfassungsrechtlich unverzichtbar für die Kontrollfunktion angesehen.[665] Die Zusammensetzung des Untersuchungsausschusses ist in § 4 PUAG näher geregelt: So sind bei den Mitgliedern die Mehrheitsverhältnisse im Parlament widerzuspiegeln, und die Aufgabenstellung und Arbeitsfähigkeit des Untersuchungsausschusses sind zu berücksichtigen. Diese kumulative Voraussetzung ist für die Arbeitsfähigkeit des Gremiums essenziell. Der Untersuchungsausschuss würde zur Makulatur, wenn eine Minderheit diesen zwar einsetzen kann, auf der anderen Seite die Regierungsmehrheit in diesem Ausschuss die Tatsachenaufklärung aber wieder behindern könnte. Das Bundesverfassungsgericht stellte in einem Urteil klar, dass eine Minderheit, die über das nötige Stimmgewicht verfügt, einen Untersuchungsausschuss einzusetzen, im Rahmen des Untersuchungsauftrags auch über die Beweiserhebung

---

664 *Brocker* in Epping/Hillgruber, BeckOK GG, Art. 44 Rn. 5.

665 *Masing,* Parlamentarische Untersuchungen privater Sachverhalte, S. 278; *Versteyl* in von Münch/Kunig, GG II, Art. 44 Rn. 1; *Möllers,* AöR 132 (2007), S. 493 (519); *Cancik,* NVwZ 2014, S. 18 (20), geht noch weiter und erklärt *„das Untersuchungsausschussrecht für die je existierende Opposition zur verfassungsrechtlichen Grundausstattung";* *Robbers* in Kahl/Waldhoff/Walter, BK-GG, Art. 20 Rn. 656, sieht in der Minderheitsenquete *„eine eigenständige Rechtsstellung der Opposition … aus dem Grundgesetz";* Schlussbericht der Enquete-Kommission Verfassungsreform BT-Drs. 7/5924, S. 50: Die parlamentarische Opposition *„muss daher auch durch institutionelle Hilfen in den Stand gesetzt werden, aus ihrer Minderheitsposition die Kontrollaufgaben wahrzunehmen, zu deren Ausübung das Gesamtparlament politisch wenn auch nicht weniger geeignet, so doch infolge der politischen Zusammengehörigkeit von Regierung und Regierungsmehrheit praktisch weniger geneigt sein dürfte.";* a.A. *Mundil,* Die Opposition, S. 119.

mitentscheiden können muss.[666] Es ist unerheblich, ob der Untersuchungsausschuss von einer Mehrheits- oder Minderheitsenquete einberufen wurde,
die Rechte der Minderheit müssen in einem Untersuchungsausschuss stets
gewährleistet werden.[666] Das ist durchaus auch notwendig, da sonst eine Parlamentsmehrheit immer einer Minderheitsenquete zuvorkommen könnte. Die
Rechtsprechung des Bundesverfassungsgerichts wurde ebenso einfachgesetzlich vom Gesetzgeber in § 17 Abs. 2 PUAG aufgegriffen und wiedergegeben.

Zusammenfassend kann festgestellt werden: Das Untersuchungsausschussrecht ist ein zentrales Kontrollrecht in der parlamentarischen Demokratie.
Das Recht der Minderheit, einen Untersuchungsausschuss einzuberufen, darf
als wesentliches Recht nicht angetastet werden.[667] Die Einsetzung eines Untersuchungsausschusses ist zwar kein originäres Minderheitenrecht, da eine
Mehrheitsenquete ebenfalls ausdrücklich bereits in Art. 44 Abs. 1 Satz 1 GG vorgesehen ist; in der Verfassungswirklichkeit wird dieses Recht aber am ehesten
von der Opposition in Anspruch genommen.

b) Die Ausgestaltung des parlamentarischen Untersuchungsausschussrechts als Minderheitenrecht

Das parlamentarische Untersuchungsausschussrecht in der Bundesrepublik
Deutschland und damit auch sein Verfahren sind – bezogen auf die Einsetzung eines Untersuchungsausschusses sowie auf das Verfahren – maßgeblich
von den besonderen Rechten der parlamentarischen Minderheit geprägt.[668] Die
gesamte Entwicklung der parlamentarischen Minderheitenrechte wurzelt im
parlamentarischen Untersuchungsausschussrecht.[669] Überraschend erscheint
es, dass Art. 44 Abs. 1 Satz 1 GG seinem eindeutigen Wortlaut nach lediglich ein Minderheitenrecht hinsichtlich der Einsetzung eines Untersuchungsausschusses ist und darüber hinaus, somit über die Einsetzung hinaus, keine
Minderheitenrechte im Verfahren begründet.[670] Eine überproportionale oder
auch nur paritätische Berücksichtigung der parlamentarischen Minderheit

---

666 *Geis* in HStR III, § 55 Rn. 25, mit Verweis auf BVerfGE 105, S. 197 (197ff.) als grund-
     legendes Urteil.
667 BVerfGE 49, S. 70 (86).
668 *Brocker* in Glauben/Brocker, Das Recht der parlamentarischen Untersuchungsaus-
     schüsse in Bund und Ländern, Kapitel 27 Rn. 1.
669 *Achterberg*, Parlamentsrecht, S. 301.
670 *Brocker* in Glauben/Brocker, Das Recht der parlamentarischen Untersuchungsaus-
     schüsse in Bund und Ländern, Kapitel 27 Rn. 2.

im Untersuchungsausschuss läuft dem Mehrheitsprinzip nach der Verfassung zuwider.[671] Minderheitenrechte kommen daher im parlamentarischen Untersuchungsausschuss nur zum Tragen, wenn sich dies zwingend aus der Verfassung ergibt.[672] Ein bloßes Einsetzungsrecht eines parlamentarischen Untersuchungsausschusses hat aber eine verfassungsrechtliche Alibi-Funktion. Bereits früh urteilte daher das Bundesverfassungsgericht hierzu:

> *„Mit dem Recht auf Einsetzung eines Untersuchungsausschusses allein ist jedoch das Kontrollrecht der Minderheit noch nicht gewährleistet. Seine ungehinderte Ausübung setzt weitere Sicherungen voraus. So muss es vor allem der Minderheit überlassen bleiben, den Gegenstand der von ihr beantragten Untersuchung festzulegen."*[673]

Frühe Stimmen in der Literatur[674] und die Rechtsprechung[675] sahen dies noch anders und wollten der Minderheit im parlamentarischen Untersuchungsausschuss keine Fortwirkung der Minderheitenrechte zuschreiben.[676] Rechtsprechung und Literatur sind sich mittlerweile jedoch unisono einig, ein Einsetzungsrecht der Minderheit nach Art. 44 Abs. 1 Satz 1 GG muss eine Fortwirkung entfalten, da sonst der Minderheitenschutz leerläuft.[677] Dogmatisch wird der Minderheitenschutz im parlamentarischen Untersuchungsverfahren

---

671 *Achterberg/Schulte* in von Mangoldt/Klein/Starck, GG II, 6. Auflage, Art. 44 Rn. 158.

672 *Schleich*, Das parlamentarische Untersuchungsrecht des Bundestages, S. 84; *Scholz*, AöR 105 (1980), S. 564 (602f.); *Brocker*, BayVBl. 2007, S. 171 (174).

673 BVerfGE 49, S. 70 (86).

674 *Heck*, Das parlamentarische Untersuchungsrecht, S. 36, jedoch zu Art. 34 WRV, der Reichstag durfte dem Untersuchungsausschuss Vorschriften in formeller Hinsicht machen („*modus procendendi*"), da dieses nur ausführendes Organ des Reichstages war; *Steinhof*, Die rechtliche Stellung der parlamentarischen Untersuchungsausschüsse in strafprozessualer Beziehung, S. 9: (ebenfalls zu Art. 34 WRV) es wird danach differenziert, ob der Untersuchungsausschuss durch eine Mehrheitsenquete oder eine Minderheitsenquete eingesetzt wurde. Der Minderheitenschutz würde dazu führen, dass das Plenum „*in dieser Hinsicht*" gebunden sei und das Plenum dem Untersuchungsausschuss keine Vorschriften in formeller Hinsicht machen könne.

675 Der Staatsgerichtshof führte in einer Entscheidung vom 12. Januar 1922, StGH, RGZ 104, S. 423 (430), aus: Ein „*selbständiger, von dem Willen des Parlaments unabhängiger Wirkungskreis* [wäre] *also den Untersuchungsausschüssen nicht eingeräumt*".

676 *Kipke*, Die Untersuchungsausschüsse des Bundestags, S. 54.

677 BVerfGE 67, S. 100 (127); 105, S. 197 (221f.); 113, S. 113 (126); *Unger* in von Mangoldt/Klein/Starck, GG II, 7. Auflage, Art. 44 Rn. 115; *Hermes*, Festschrift für Ernst Gottfried Mahrenholz, S. 349 (365f.); *Klein* in Maunz/Dürig, GG, Art. 44 Rn. 197; *Wiefelspütz*, NJ 2002, S. 398 (400).

einerseits mit der kompetenzgerechten Aufgabenwahrnehmung[678] des Untersuchungsausschusses und andererseits mit der Aufrechterhaltung eines funktionstüchtigen Untersuchungsausschusses begründet.[679] Folgerichtig ergibt sich daher auch ein Mitgestaltungsanspruch der Minderheit im parlamentarischen Untersuchungsausschuss, unabhängig davon, ob durch den Deutschen Bundestag eine Mehrheits- oder Minderheitsenquete beschlossen wurde.[680] Jedoch darf der Umfang dieses Mitgestaltungsanspruchs der Minderheit nicht weiterreichen als jener der Mehrheit, denn Mehrheit und qualifizierte Minderheit müssen beide ihre Vorstellungen von einer sachgemäßen Aufklärung angemessen durchsetzen können.[680] Es ist daher eine Balance von Minderheits- und Mehrheitsrechten im Untersuchungsausschuss herzustellen,[681] was im Einzelfall jedoch nicht immer leichtfällt. Die Minderheitenrechte im parlamentarischen Untersuchungsausschuss des Deutschen Bundestages werden mittlerweile im Untersuchungsausschussgesetz gesetzlich normiert.[682] Hierbei ging der Gesetzgeber von einer Fortwirkung der Minderheitenrechte aus. Im Einzelnen verfügt eine Minderheit nach dem Untersuchungsausschussgesetz über folgende mehrheitsunabhängige Rechte:

– Beantragt ein Viertel der Mitglieder des Deutschen Bundestages die Einsetzung eines Untersuchungsausschusses, so hat der Bundestag nach § 2 Abs. 1 PUAG die Einsetzung unverzüglich zu beschließen.[683]
– Der Vorsitzende eines Untersuchungsausschusses hat nach § 8 Abs. 2 PUAG[684] die Pflicht, eine Sitzung des Untersuchungsausschusses zum nächstmöglichen

---

678 *Löwer*, Jura 1985, S. 358 (362).
679 *Achterberg/Schulte* in von Mangoldt/Klein/Starck, GG II, 6. Auflage, Art. 44 Rn. 162.
680 BVerfGE 105, S. 197 (223).
681 *Cancik*, Der Staat 49 (2010), S. 251 (269).
682 *Wiefelspütz*, NJ 2002, S. 398 (400).
683 BVerfGE 49, S. 70 (80); *Gärditz* in Waldhoff/Gärditz, PUAG, § 2 Rn. 2; *Glauben* in Glauben/Brocker, Das Recht der parlamentarischen Untersuchungsausschüsse in Bund und Ländern, PUAG, § 2 Rn. 1; *Wiefelspütz*, Das Untersuchungsausschussgesetz, S. 87: minderheitsschützende Norm. Als Annex schließe sich dem an, dass der Untersuchungsgegenstand im Einsetzungsbeschluss des Deutschen Bundestages nur vom Einsetzungsantrag abweichen darf, wenn die Antragsteller dem zustimmen, § 2 Abs. 2 PUAG. Dieser „Schutz" des ursprünglichen Untersuchungsgegenstandes setze sich im Verfahren fort, § 2 Abs. 3 i.V.m. § 2 Abs. 2 PUAG.
684 *Pieper* in Pieper/Spoerhase, PUAG, § 8 Rn. 2f.; *Wiefelspütz*, Das Untersuchungsausschussgesetz, S. 87; *Georgii* in Waldhoff/Gärditz, PUAG, § 8 Rn. 9; *Brocker* in Glauben/Brocker, Das Recht der parlamentarischen Untersuchungsausschüsse in Bund und Ländern, PUAG, § 8 Rn. 5; jeweils als minderheitsschützende Norm angesehen.

Termin einzuberufen, wenn dies von einem Viertel der Mitglieder des Untersuchungsausschusses unter Vorlage einer Tagesordnung verlangt wird. Ebenso ist auch eine außerplanmäßige Einberufung einer Sitzung des Untersuchungsausschusses nach § 8 Abs. 3 PUAG eine minderheitsschützende Norm.[685]

- Der Untersuchungsausschuss hat auf Antrag eines Viertels seiner Mitglieder nach § 10 Abs. 1 PUAG[686] die Pflicht, zu seiner Unterstützung eine Untersuchung zu beschließen, die von einem oder einer Ermittlungsbeauftragten durchgeführt wird.

- Beweise sind im Untersuchungsausschuss zu erheben, wenn diese von einem Viertel der Mitglieder des Untersuchungsausschusses beantragt sind, § 17 Abs. 2 PUAG.[687] Die Reihenfolge der Vernehmung von Zeugen und Sachverständigen wird bei Widerspruch eines Viertels der Mitglieder des Untersuchungsausschusses entsprechend den Vorschriften der Geschäftsordnung des Deutschen Bundestages[688] zur Reihenfolge der Reden vorgenommen, § 17 Abs. 3 PUAG[689].

---

685 *Ritzel/Bücker/Schreiner*, HbdPP, GO-BT, § 60 III. lit. a); *Georgii* in Waldhoff/Gärditz, PUAG, § 8 Rn. 19; *Glauben* in Glauben/Brocker, Das Recht der parlamentarischen Untersuchungsausschüsse in Bund und Ländern, PUAG, § 8 Rn. 8.

686 *Glauben* in Glauben/Brocker, Das Recht der parlamentarischen Untersuchungsausschüsse in Bund und Ländern, PUAG, § 10 Rn. 8; *Wiefelspütz*, Das Untersuchungsausschussgesetz, S. 87; *Pieper* in Pieper/Spoerhase, PUAG, § 10 Rn. 5; jeweils als minderheitsschützende Norm angesehen.

687 BVerfGE 105, S. 197 (222), wobei hier schon von der Einsetzungsminderheit bzw. potentiellen Einsetzungsminderheit i.S.d. Art. 44 Abs. 1 Satz 1 GG gesprochen wird; auch *Brocker* in Glauben/Brocker, Das Recht der parlamentarischen Untersuchungsausschüsse in Bund und Ländern, PUAG, § 17 Rn. 6f.; *Spoerhase* in Pieper/Spoerhase, PUAG, § 17 Rn. 6; *Wiefelspütz*, Das Untersuchungsausschussgesetz, S. 87; jeweils als minderheitsschützende Norm angesehen. a.A. *Gärditz* in Waldhoff/Gärditz PUAG § 17 Rn. 9: Kein originäres Minderheitenrecht, denn es steht auch Mehrheiten zur Verfügung und diene nur zur Gewährleistung der Funktionsfähigkeit des Ausschusses; BGH, Beschluss vom 23. Februar 2017, Az. 3 Ars 20/16, Rn. 19, nur für die *„qualifizierte Minderheit"*.

688 Es gilt die abwechselnde Vernehmung der von Mehrheit und Minderheit benannten Zeugen, vgl. § 28 GO-BT.

689 Durch eine *„geeignete Verfahrensregel"* sicherzustellen, so BVerfGE 105, S. 197 (222); *Brocker* in Glauben/Brocker, Das Recht der parlamentarischen Untersuchungsausschüsse in Bund und Ländern, PUAG, § 17 Rn. 21; *Spoerhase* in Pieper/Spoerhase, PUAG, § 17 Rn. 8; *Wiefelspütz*, Das Untersuchungsausschussgesetz, S. 88; jeweils als minderheitsschützende Norm angesehen.

- Lehnt der Untersuchungsausschuss die Erhebung bestimmter Beweise oder die Anwendung beantragter Zwangsmittel nach den § 21 Abs. 1 (Folgen des Ausbleibens von Zeugen), § 27 Abs. 1 (Grundlose Zeugnisverweigerung), § 28 Abs. 6 (Sachverständige) und § 29 Abs. 2 Satz 1 (Herausgabepflicht) PUAG ab, so entscheidet auf Antrag eines Viertels der Mitglieder des Ausschusses der Ermittlungsrichter oder die Ermittlungsrichterin des Bundesgerichtshofes über die Erhebung der Beweise oder über die Anordnung des Zwangsmittels, § 17 Abs. 4 PUAG[690].
- Nach § 18 Abs. 3 PUAG[691] kann auf Antrag eines Viertels der Mitglieder des Untersuchungsausschusses das Bundesverfassungsgericht über die Rechtmäßigkeit der Ablehnung eines Ersuchens auf Vorlage von Beweismitteln der Ermittlungsrichter oder die Ermittlungsrichterin des Bundesgerichtshofes über die Rechtmäßigkeit einer Einstufung angerufen werden.
- Über Streitigkeiten bei einem zufolge leistenden Rechts- und Amtshilfegesuchen an Gerichte und Verwaltungsbehörden entscheidet auf Antrag eines Viertels der Mitglieder des Untersuchungsausschusses der Ermittlungsrichter oder die Ermittlungsrichterin des Bundesgerichtshofes hierüber, § 18 Abs. 4 PUAG[692].

---

690 *Wiefelspütz*, Das Untersuchungsausschussgesetz, S. 88; *Spoerhase* in Pieper/Spoerhase, PUAG, § 17 Rn. 9; jeweils als minderheitsschützende Norm angesehen. a.A. *Brocker* in Glauben/Brocker, Das Recht der parlamentarischen Untersuchungsausschüsse in Bund und Ländern, PUAG, § 17 Rn. 25: Rechtsschutzbestimmung für die qualifizierte parlamentarische Minderheit im Ausschuss. Der Antragsteller kann lediglich eine Feststellungsentscheidung erstreiten, so *Brocker* in Glauben/Brocker, Das Recht der parlamentarischen Untersuchungsausschüsse in Bund und Ländern, PUAG, § 17 Rn. 26.

691 BVerfGE 124, S. 78 (107), hier wird ausdrücklich nur von (jeder) Ausschussminderheit von einem Viertel der Mitglieder des Untersuchungsausschusses geredet. a.A. mittlerweile BVerfG, Beschluss vom 13. Oktober 2016, Az. 2 BvE 2/15, Rn. 96; *Gärditz* in Waldhoff/Gärditz, PUAG, § 18 Rn. 6; *Wiefelspütz*, Das Untersuchungsausschussgesetz, S. 88; jeweils als minderheitsschützende Norm angesehen. *Glauben* in Glauben/Brocker, Das Recht der parlamentarischen Untersuchungsausschüsse in Bund und Ländern, PUAG, § 18 Rn. 24, geht von der parlamentarischen Einsetzungsminderheit aus. BVerfGE 124, S. 78 (105): Die Zuständigkeit des Bundesverfassungsgerichts nach § 18 Abs. 3 Halbsatz 1 PUAG ist bereits eröffnet, wenn Beweisbeschlüssen auf Vorlage von Akten an den Untersuchungsausschuss insofern nicht Folge geleistet wird, als die betreffenden Akten oder Aktenteile nur teilweise oder mit Schwärzungen (und Auslassungen) übergeben werden.

692 *Wiefelspütz*, Das Untersuchungsausschussgesetz, S. 88: minderheitsschützende Norm.

- Nach § 19 PUAG[692] gelten die Minderheitenrechte entsprechend § 18 Abs. 3 und 4 PUAG auch bei Augenscheinbeweisen. Entsprechend § 18 Abs. 1 bis 3 PUAG gilt dies auch bei der Vernehmung von Amtsträgern, § 23 Abs. 2 Halbsatz 2 PUAG[692].

- Nach § 29 Abs. 2 Satz 2 PUAG[693] kann der Ermittlungsrichter oder die Ermittlungsrichterin des Bundesgerichtshofes auf Antrag eines Viertels der Mitglieder des Untersuchungsausschusses zur Erzwingung einer Herausgabe von Beweismitteln Haft gegen die Person verhängen, die den Gewahrsam des Beweismittels hat. Entsprechendes gilt für Beschlagnahmen und Durchsuchungen (§ 29 Abs. 3 PUAG)[693].

- Nach § 30 Abs. 4 Satz 2 PUAG[694] entscheidet auf Antrag eines Viertels der Mitglieder des Untersuchungsausschusses der Ermittlungsrichter oder die Ermittlungsrichterin des Bundesgerichtshofes, ob ein Widerspruch gegen die beabsichtigte Aufhebung des Geheimhaltungsgrades GEHEIM begründet ist.

Der Gesetzgeber hat die Fortwirkung der Minderheitenrechte im Verfahren eines parlamentarischen Untersuchungsausschusses umfassend normiert. Es stellt sich aber die Frage, welche Rechte eine Minderheit hat, die nicht über das Quorum von einem Viertel für die Einsetzung eines Untersuchungsausschusses verfügt und im Untersuchungsausschuss auch nicht dieses Quorum erreicht – wie dies bei einer Großen Koalition mit Zweidrittelmehrheit der Fall ist. Diese Problematik wurde in der Literatur bisher nur vereinzelt beachtet. Die Minderheitenrechte im parlamentarischen Untersuchungsausschuss sollen demnach nicht auf die sog. Splitterenquete entfallen.[695] Wird der Antrag auf Einsetzung eines Untersuchungsausschusses nicht von mindestens einem Viertel der Mitglieder

---

693 *Glauben* in Glauben/Brocker, Das Recht der parlamentarischen Untersuchungsausschüsse in Bund und Ländern, PUAG, § 29 Rn. 15, 18; Glauben stellt hier nur auf eine Minderheit von einem Viertel der Ausschussmitglieder ab und nicht auf die parlamentarische Einsetzungsminderheit. *Wiefelspütz*, Das Untersuchungsausschussgesetz, S. 88f.: minderheitsschützende Norm.

694 *Wiefelspütz*, Das Untersuchungsausschussgesetz, S. 89: minderheitsschützende Norm. *Glauben* in Glauben/Brocker, Das Recht der parlamentarischen Untersuchungsausschüsse in Bund und Ländern, PUAG, § 30 Rn. 10 – *Glauben* stellt hier wieder nur auf eine Minderheit von einem Viertel der Ausschussmitglieder ab und nicht auf die parlamentarische Einsetzungsminderheit.

695 *Brocker* in Glauben/Brocker, Das Recht der parlamentarischen Untersuchungsausschüsse in Bund und Ländern, Kapitel 27 Rn. 7; *Glauben* in Glauben/Brocker, Das Recht der parlamentarischen Untersuchungsausschüsse in Bund und Ländern, PUAG, § 1 Rn. 15.

des Deutschen Bundestages getragen, entscheidet der Deutsche Bundestag nach freiem Ermessen, wie mit diesem Antrag zu verfahren ist.[696] Nimmt der Deutsche Bundestag jedoch diesen Antrag an, handelt es sich hierbei nicht um eine Mehrheits- oder Minderheitsenquete, sondern um eine „Splitterenquete" oder eine „nicht qualifizierte Minderheitsenquete".[697] Bei solch einer Splitterenquete haben die Minderheit gegen die Ausschussmehrheit keine Ansprüche.[695] Diese Ansicht klärt aber nicht, was gilt, wenn der Antrag auf Einsetzung eines Untersuchungsausschusses von einer breiten Parlamentsmehrheit getragen wird. Denn wie soll hier eine belastbare Aufteilung erfolgen? Es soll verfassungsrechtlich nicht geboten sein, im Fall einer Großen Koalition mit Zweidrittelmehrheit dieses verfassungsrechtliche Quorum zu senken.[698] Dieser Ansicht haben auch das Bundesverfassungsgericht[699] und der Bundesgerichtshof[700] in ihren jüngsten Entscheidungen im Ergebnis angeschlossen. Es müssen jedoch jeder Minderheit von einem Viertel der Mitglieder im Untersuchungsausschuss die entsprechenden Rechte zustehen. Es ist keine Abstufung vorzunehmen, ob dieses Viertel von der Einsetzungsminderheit nach Art. 44 Abs. 1 Satz 1 GG getragen wird oder nicht, denn der Deutsche Bundestag hat die Aufteilung der Sitze im Untersuchungsausschuss selbst in der Hand.[701] Im Sinne des Aufklärungsinteresses des Untersuchungsausschusses ist hier entgegen der neueren Rechtsprechung kein ungeschriebenes Tatbestandsmerkmal zu sehen, dass das Viertelquorum im Untersuchungsausschuss auch von einem Einsetzungsquorum im Deutschen Bundestag nach Art. 44 Abs. 1 Satz 1 GG getragen werden muss. Ein Viertel der Mitglieder eines Untersuchungsausschusses ist ein Viertel der Mitglieder eines Untersuchungsausschusses, ohne Wenn und Aber.

---

696 *Geis* in HStR III, § 55 Rn 20; *Klein* in Maunz/Dürig, GG, Art. 44 Rn. 73.

697 *Brocker* in Glauben/Brocker, Das Recht der parlamentarischen Untersuchungsausschüsse in Bund und Ländern, Kapitel 1 Rn 32.

698 *Kluth* in Schmidt-Bleibtreu/Hofmann/Henneke, GG, Art. 44 Rn. 13: Es handle sich hierbei um „nur eines von vielen auf Regierungskontrolle ausgerichteten parlamentarischen Minderheitenrechten"; *Schwarz*, ZRP 2013, S. 226 (228); *Waldhoff* in Waldhoff/ Gärditz, PUAG, § 1 Rn. 48; a.A. *Cancik*, NVwZ 2014, S. 18 (23).

699 siehe B.II.3.b), S. 152 – BVerfG, Beschluss vom 13. Oktober 2016, Az. 2 BvE 2/15.

700 siehe B.II.3.c), S. 153 – BGH, Beschluss vom 23. Februar 2017, Az. 3 Ars 20/16.

701 siehe bereits B.II.3.d), S. 154.

c) Die Bedeutung der Minderheitenenquete in einer Großen Koalition mit Zweidrittelmehrheit und Lösungsansätze

Der historische Wille des Verfassungsgebers war grundsätzlich nicht darauf gerichtet, eine parlamentarische Kontrolle durch ein bestimmtes Quorum zu dosieren, sondern den Untersuchungsausschuss als Kontrollmittel weitgehend vor dem Missbrauch zur politischen Agitation zu schützen. Anders ist nicht zu erklären, dass hier der Verfassungsgeber bewusst die Entscheidung traf, das Quorum für eine Minderheitenenquete von einem Fünftel, wie in der Weimarer Zeit, auf ein Viertel im Grundgesetz zu erhöhen. Das Recht der Parlamentsminderheit, einen Untersuchungsausschuss einberufen zu können, ist historisch sehr langsam und behutsam gewachsen. Gleichwohl kommt diesem Recht des Parlaments ein besonderer Schutz zu – auch vom Bundesverfassungsgericht[702] so angedeutet –, denn es hat einen von der Verfassung vorausgesetzten „Änderungsschutz".

Das Minderheitenrecht nach Art. 44 Abs. 1 Satz 1 GG ist aber per se kein Oppositionsschutzrecht, sondern ein Minderheitenrecht – auch wenn die tatsächliche Bedeutung weitestgehend deckungsgleich ist. Nichtsdestotrotz ergibt sich aus der politischen Situation in der 18. Wahlperiode des Deutschen Bundestages ein verfassungsrechtliches Spannungsverhältnis. Das Recht der parlamentarischen Minderheit, einen Untersuchungsausschuss einzuberufen, ist ein wesentliches Recht innerhalb der parlamentarischen Demokratie. In der 18. Wahlperiode unterlag jedoch diese parlamentarische Opposition dem rein faktischen Problem, dass die beiden Fraktionen Die Linke und Bündnis 90/Die Grünen autark dieses Recht nicht in Anspruch nehmen können. Erst durch die Änderung der Geschäftsordnung mit § 126a Abs. 1 Nr. 1 GO-BT wurde dieses Missverhältnis korrigiert. Die Opposition im Deutschen Bundestag befindet sich in einem Dilemma, da das Recht, einen Untersuchungsausschuss einzusetzen, aus dem demokratischen Prinzip geboten ist; auf der anderen Seite kann die Opposition dieses Recht nicht allein geltend machen. Jedoch ist anzumerken, dass der Auslegungsspielraum der Norm begrenzt ist, da Art. 44 Abs. 1 Satz 1 GG direkt an dem fixen Quorum von einem Viertel anknüpft. Die Wortlautgrenze steht einer quorumsändernden Auslegung weitgehend entgegen. Es ist weiter fraglich, ob die Große Koalition mit Zweidrittelmehrheit ein solches Extremum ist, sodass eine Abweichung von einem fixen Quorum als Ausfluss des Demokratieprinzips notwendig ist. Eine Lösungsmöglichkeit wäre demnach durch eine praktische Konkordanz aus Art. 20 Abs. 1 GG und Art. 44 Abs. 1 GG möglich, um dieses

---

702 BVerfGE 49, S. 70 (86).

Dilemma aufzulösen. Anhaltspunkte für solch eine Argumentation liefert wieder eine frühe Entscheidung des Bundesverfassungsgerichts:

> *„Wenn das Minderheitsrecht – und mit ihm das parlamentarische Kontrollrecht – nicht über Gebühr geschwächt werden soll, darf die Minderheit in dieser Frage nicht auf das Wohlwollen der Mehrheit angewiesen sein. Das könnte sie daran hindern, rückhaltlos die Umstände aufzuklären, deren Aufdeckung der jeweiligen Mehrheit unangenehm ist. Der parlamentarischen Opposition würde so ein Instrument genommen, das ihr nicht nur in ihrem eigenen Interesse, sondern in erster Linie im Interesse des demokratischen Staates – nämlich zur öffentlichen Kontrolle der von der Mehrheit gestützten Regierung und ihre Exekutivorgane – in die Hand gegeben ist. Das ist mit der Verfassung nicht vereinbar."*[703]

Die Entscheidung erfolgte jedoch vor einem anderen Hintergrund.[704] Leider ist daher festzuhalten, dass die Wortlautgrenze und die bewusste Festlegung des historischen und verfassungsändernden Gesetzgebers eine unüberwindbare Hürde bilden. Eine Korrektur muss demnach auf Ebene der Verfassung durch eine Anpassung dieser erfolgen.

5. Tätigwerden des Verteidigungsausschusses als Untersuchungsausschuss nach Art. 45a Abs. 2 Satz 2 GG

Der Deutsche Bundestag bestellt nach Art. 45a Abs. 1 GG einen Verteidigungsausschuss ein, der auch nach Art. 45a Abs. 2 Satz 1 GG über die Rechte eines Untersuchungsausschusses verfügt. Angelehnt an die Regelung in Art. 44 Abs. 1 Satz 1 GG, hat der Untersuchungsausschuss nach Art. 45a Abs. 2 Satz 2 GG auf Antrag eines Viertels seiner Mitglieder die Pflicht, eine Angelegenheit zum Gegenstand seiner Untersuchung zu machen.

a) Ursprung und Reichweite der Norm

Historisch verfügte der Verteidigungsausschuss im Reichstag nach Art. 35 Abs. 3 WRV – als Vorläufer von Art. 45a GG – bereits über die Rechte des Untersuchungsausschusses, jedoch nicht über einen gesondert garantierten Minderheitenschutz. Art. 45a GG ist als Produkt seiner Zeit im Rahmen der sog. Wehrverfassung zu verstehen und wurde im Jahr 1956 in das Grundgesetz

---

703 BVerfGE 49, S. 70 (87).

704 BVerfGE 49, S. 70 (Leitsatz): Die Entscheidung fiel im Hintergrund zu Art. 15 Abs. 1 der Landessatzung für Schleswig-Holstein, der Antragsteller wendete sich gegen das Verhalten der Mehrheit, die den Untersuchungsgegenstand des Untersuchungsausschusses gegen den Willen der Minderheit durch Zusatzfragen erweitern wollte.

eingefügt.[705] Art. 45a Abs. 2 Satz 1 GG begründet ein besonderes verfassungsunmittelbares Enqueterecht des Verteidigungsausschusses, welches in dieser Form keinem anderen Ausschuss im Deutschen Bundestag zusteht.[706] Zum Geschäftsbereich des Verteidigungsausschusses gehört nach h.M. nur die Militärverteidigung[707], nicht aber der Schutz der Zivilbevölkerung und der Katastrophenschutz.[708] Insoweit kommt dem Verteidigungsausschuss als Untersuchungsausschuss eine *„Monopolzuständigkeit"* bzw. ein Enquetemonopol zu.[709] Zu begründen ist dies mit der Stellung des Art. 45a Abs. 2 Satz 3 GG als *lex specialis* zu Art. 44 GG.[710] Diese Argumentation überzeugt. Ausfluss dieses Monopols sei daher, dass dieser die parlamentarische Verantwortung für die Bundeswehr als *„Parlamentsheer"* trage.[711] Durch die Alleinzuständigkeit und Konstituierungsmöglichkeit des Verteidigungsausschusses als Untersuchungsausschuss wird dieser auch als wichtigste Instanz der Regierungsüberwachung im Wehrbereich bezeichnet.[712]

Das Enquetemonopol führt sogar so weit, dass das Plenum des Deutschen Bundestages einerseits nicht das Recht hat, auf dem Gebiet der Verteidigung

---

705 *Magiera* in Sachs, GG, Art. 45a Rn. 1.

706 *Brocker* in Epping/Hillgruber, BeckOK GG, Art. 45a Rn. 7.

707 Die Militärverteidigung bedeutet die militärische Verteidigung der Bundesrepublik Deutschland mit Waffengewalt gegen Angriffe auf das Bundesgebiet, so *Kretschmer* in Schmidt-Bleibtreu/Klein/Hofmann/Hopfau, GG, 11. Auflage, Art. 45a Rn. 14. Jedoch erweiterte Auslegung auch auf die Behandlung der Vorlagen zur Verteidigung des Bundesgebietes gegen militärische Angriffe von außen einschließlich einer Zusammenarbeit in Verteidigungsbündnissen, *Kluth* in Schmidt-Bleibtreu/Hofmann/ Henneke, GG, Art. 45a Rn. 8. Einschließlich aller mit dem Einsatz der Bundeswehr einhergehende Fragestellungen nebst Personal- und Haushaltsangelegenheiten, so *Achterberg/Schulte*, in von Mangoldt/Klein/Starck, GG II, 6. Auflage, GG II, 6. Auflage, Art. 45a Rn. 20f., und *Brocker* in Epping/Hillgruber, BeckOK GG, Art. 45a Rn. 6. BVerfGE 124, 267 (360): Auslandseinsätze der Streitkräfte sind außer im Verteidigungsfall nur in System gegenseitiger kollektiver Sicherheit erlaubt.

708 *Risse/Witt* in Hömig/Wolff, GG, Art 45a Rn. 1; *Brocker* in Epping/Hillgruber, GG, Art. 45a Rn. 5; *Hernenkamp* in von Münch/Kunig, GG II, Art. 45a Rn. 6; *Magiera* in Sachs, GG, Art. 45a Rn. 3; *Heun* in Dreier, GG II, Art. 45a Rn. 6; *Dürig/Klein* in Maunz/Dürig, GG, Art. 45a Rn. 21: Schutz der Zivilbevölkerung fällt in den Zuständigkeitsbereich des Innenausschusses.

709 *Magiera* in Sachs, GG, Art. 45a Rn. 8; *Unger* in von Mangoldt/Klein/Starck, GG II, 7. Auflage, Art. 45a Rn. 21.

710 *Morlok* in Dreier, GG II, Art. 44 Rn. 64.

711 BVerfGE 90, S. 286 (382); 123, S. 267 (360; 422); 124, S. 267 (275).

712 *Martens*, Grundgesetz und Wehrverfassung, S. 177.

einen Untersuchungsausschuss einzusetzen; andererseits hat das Plenum nicht die Befugnis, den Verteidigungsausschuss anzuweisen und eine Enquete durchzuführen.[713] Ob von dem Plenum des Deutschen Bundestages eine Berichterstattung durch den Verteidigungsausschuss verlangt werden kann, ist umstritten.[714] Die einfachgesetzliche Berichtspflicht nach § 34 Abs. 4 PUAG kann zwar nicht im Widerspruch zur verfassungsrechtlichen Situation stehen,[715] jedoch steht diese Norm auch nicht im Widerspruch zur Verfassung. Der Verteidigungsausschuss als Untersuchungsausschuss ist ebenso ein Hilfsorgan[716] des Deutschen Bundestages und wird daher nicht im eigenen Auftrag tätig; insoweit muss er auch gegenüber dem Organ berichtspflichtig sein. Vereinzelt wird vertreten, dass das Enquetemonopol des Verteidigungsausschusses nur durch das Missbrauchsrecht begrenzt ist.[717] Bei solch einem Missbrauchsfall besteht aber auch kein Selbsteintrittsrecht des Plenums, einen eigenen Untersuchungsausschuss nach Art. 44 Abs. 1 GG einzuberufen.[718] Der Deutsche Bundestag kann jedoch in solch einem Ausnahmefall den Verteidigungsausschuss im Wege eines

---

713 ganz h.M.: *Hernenkamp* in von Münch/Kunig, GG II, Art. 45a Rn. 10; *Dürig/Klein* in Maunz/Dürig, GG, Art. 45a Rn. 39; *Martens*, Grundgesetz und Wehrverfassung, S. 176; *Magiera* in Sachs, GG, Art. 45a Rn. 3; *Kluth* in Schmidt-Bleibtreu/Hofmann/Henneke, GG, Art. 45a Rn. 9; *Pieroth* in Jarass/Pieroth, GG, Art. 45a Rn. 2; BT-Drs. 2/2150, S. 3; *Robbe*, Aktueller Begriff: Der Verteidigungsausschuss als Untersuchungsausschuss nach Art. 45a GG, S. 2.

714 für eine Berichtspflicht: *Unger* in von Mangoldt/Klein/Starck, GG II, 7. Auflage, Art. 45a Rn. 20, *Dürig/Klein* in Maunz/Dürig, GG, Art. 45a Rn. 43 (die Exklusivität seines Enquete-Rechts begründet keine exklusive Zuständigkeit des Verteidigungsausschusses für die Verteidigungspolitik); *Magiera* in Sachs, GG, Art. 45a Rn. 8; *Heun* in Dreier, GG II, Art. 45a Rn. 9. a.A. *Hernenkamp* in von Münch/Kunig, GG II, Art. 45a Rn. 10; *Hahnenfeld*, NJW 1963, S. 2145 (2146); *Willms*, Parlamentarische Kontrolle und Wehrverfassung, S. 70f. (nachdem der Bundestag den Verteidigungsausschuss nicht mit einem Beweisthema beauftragen kann, wird dieser nicht für den Deutschen Bundestag tätig, sondern kraft verfassungsrechtlicher Ermächtigung im eigenen Auftrag).

715 *Glauben/Brocker*, Das Recht der parlamentarischen Untersuchungsausschüsse in Bund und Ländern, Kapitel 1 Rn. 16; a.A. *Robbe*, Aktueller Begriff: Der Verteidigungsausschuss als Untersuchungsausschuss nach Art. 45a GG, S. 2.

716 *Geis* in HStR III, § 55 Rn. 27; BVerfGE 77, S. 1 (41).

717 *Achterberg/Schulte* in von Mangoldt/Klein/Starck, GG II, 6. Auflage, Art. 45a Rn. 35; *Glauben/Brocker*, Das Recht der parlamentarischen Untersuchungsausschüsse in Bund und Ländern, Kapitel 1 Rn. 17.

718 *Brocker* in Epping/Hillgruber, BeckOK GG, Art. 45a Rn. 11.

Organstreitverfahrens vor dem Bundesverfassungsgericht zur Durchführung einer Untersuchung zwingen.[719]

Sinn und Zweck dieser Alleinzuständigkeit ist, die parlamentarische Kontrolle über die Bundeswehr bei den sachverständigen Mitgliedern des Verteidigungsausschusses zu konzentrieren und im Interesse einer wirksamen Verteidigung den notwendigen Geheimhaltungsgrad durch die nichtöffentlichen Verhandlungen dieses besonderen Untersuchungsausschusses zu gewährleisten.[720] Überzeugen vermag diese Rechtfertigung nicht (mehr), denn ein Sachverstand im Bereich der Militärverteidigung können auch andere Parlamentarier haben, die nicht Mitglieder des Verteidigungsausschusses sind. Da sich der Wirkungsbereich der Bundeswehr mittlerweile ebenso auf Auslandseinsätze erstreckt, für die der Verteidigungsausschuss als Untersuchungsausschuss aber ebenfalls ein Enquetemonopol hat,[721] sind die Bedeutung und mediale Aufmerksamkeit für diesen besonderen Untersuchungsausschuss deutlich gestiegen. Weiter gibt es mit § 14 Abs. 1 Nr. 4 PUAG die Möglichkeit, die Öffentlichkeit von den Sitzungen des (regulären) Untersuchungsausschusses auszuschließen; die Geheimhaltung wäre auch damit ausreichend sichergestellt. Im Sinne einer größeren Transparenz wäre es daher wünschenswert, die Öffentlichkeit nur dann auszuschließen, wenn wirklich nur die Sicherheit der Bundesrepublik Deutschland gefährdet ist.[722] Der Verteidigungsausschuss als Untersuchungsausschuss hat daher bereits jetzt ausreichende Mittel, um die Wahrung der Geheimhaltung zu gewährleisten, was auch zwingend geboten ist.

---

719 *Glauben/Brocker*, Das Recht der parlamentarischen Untersuchungsausschüsse in Bund und Ländern, Kapitel 1 Rn. 17; *Dürig/Klein* in Maunz/Dürig, GG, Art. 45a Rn. 40; *Brocker* in Epping/Hillgruber, BeckOK GG, Art. 45a Rn. 11.

720 *Dürig/Klein* in Maunz/Dürig, GG, Art. 45a Rn. 39.

721 *Kluth* in Schmidt-Bleibtreu/Hofmann/Henneke, GG, Art. 45a Rn. 21; *Achterberg/ Schulte* in von Mangoldt/Klein/Starck, GG II, Art. 45a Rn. 20; *Brocker* in Epping/ Hillgruber, BeckOK GG, Art. 45a Rn. 6.

722 Der Kundus-Untersuchungsausschuss im Jahr 2009 war solch ein Ausschuss nach Art. 45a Abs. 3 GG. Dort fasste der Untersuchungsausschuss einen Beschluss (Beschluss 8 zum Verfahren Nichtöffentlichkeit der Sitzungen; BT-Drs. 17/7400, S. 14), dass die Sitzungen zwar grundsätzlich nichtöffentlich abzuhalten sind, bei der Einvernahme von Zeugen hiervon aber im Einzelfall durch Beschluss abgewichen und die Einvernahme öffentlich durchgeführt werden kann, sofern das öffentliche Interesse dies gebietet und der Beweisgegenstand es zulässt. Auch hier war eine strikte Geheimhaltung politisch nicht gewünscht.

b) Der Verteidigungsausschuss als Untersuchungsausschuss bedarf einer gesonderten Konstituierung

Die Besonderheit beim Verteidigungsausschuss liegt darin, dass er sich als Untersuchungsausschuss konstituieren und die besonderen Instrumente investigativer parlamentarischer Kontrolle, die Art. 44 GG zur Verfügung stellt, nutzen kann.[723] Er führt damit seine Untersuchungen kraft eines eigenen Entschlusses und gerade nicht durch einen Parlamentsbeschluss, wie bei einem herkömmlichen Untersuchungsausschuss.[724] Solch eine Befugnis – ein verfassungsunmittelbares Enqueterecht[723] –, einen Ausschuss zu einem Untersuchungsausschuss aufzuwerten, steht sonst keinem weiteren Ausschuss zu. Diese Sonderkonstellation erfolgte, um eine effektive parlamentarische Kontrolle zu ermöglichen, gleichzeitig aber auch, um geeignete Vorkehrung zum Geheimschutz zu schaffen.[725] Aus dem Wortlaut von Art. 45a Abs. 2 Satz 1 GG wurde teilweise abgeleitet, der Verteidigungsausschuss sei ein „Dauer-Untersuchungsausschuss".[726] Sinn dieser Regelung ist es, den Verteidigungsausschuss in ständiger Bereitschaft zu halten und ihn jederzeit als Untersuchungsausschuss zu aktivieren.[727] Die Norm ist so zu verstehen, dass die Kontrolltätigkeit im Militärbereich für diesen Ausschuss eine ununterbrochene Aufgabe ist, die durch das permanente Untersuchungsrecht abgesichert wird.[728] Insoweit ist der Verteidigungsausschuss als Untersuchungsausschuss ein Ad-hoc-Ausschuss

---

723 *Brocker* in Epping/Hillgruber, BeckOK GG, Art. 45a Rn. 7.

724 *Geis* in HStR III, § 55 Rn. 27; zum Verfahren: BT-Drs. 13/11005, S.12.

725 *Geis* in HStR III, § 55 Rn. 27. Der Verteidigungsausschuss tagt nach Art. 45a Abs. 3 i.V.m. Art. 44 Abs. 1 GG und § 69 Abs. 1 GO-BT nicht öffentlich.

726 *Lechner/Hülshoff*, Parlament und Regierung, S. 214, Fn. 4 zu § 63 GO-BT; *Frank* in Alternativkommentar GG, hinter Art. 87 Rn. 44, begrüßt dies als treffende Charakterisierung. a.A. *Gerland* in Morlok/Schliesky/Wiefelspütz, Parlamentsrecht, § 29 Rn. 46; *Dürig/Klein* in Maunz/Dürig, GG, Art. 45a Rn. 34; *Unger* in von Mangoldt/Klein/Starck, GG II, 7. Auflage, Art. 45a Rn. 18; *Brocker* in Glauben/Brocker, Das Recht der parlamentarischen Untersuchungsausschüsse in Bund und Ländern, Kapitel 1 Rn. 19: Der Verteidigungsausschuss als ein ständiger Ausschuss ist ein sog. Dauerausschuss, jedoch ist eine Konstituierung zu einem Untersuchungsausschuss notwendig.

727 *Dürig/Klein* in Maunz/Dürig, GG, Art. 45a Rn. 34: Der Verteidigungsausschuss wird als eine „fleet in being" in ständiger Bereitschaft gehalten.

728 *Frank* in Alternativkommentar GG, hinter Art. 87 Rn. 44; so auch *Achterberg/Schulte* in von Mangoldt/Klein/Starck, GG II, 6. Auflage, Art. 45a, Rn. 30.

und kein ständiger Untersuchungsausschuss.[729] Dementsprechend bedarf es für den Verteidigungsausschuss als Untersuchungsausschuss einer eigenständigen Konstituierung.[730] Die vorgenannte Meinung zum Dauer-Untersuchungsausschuss dürfte auch durch die einfachgesetzliche Regelung in § 34 Abs. 1 Satz 1 PUAG mittlerweile überholt sein. In Kenntnis der Literaturmeinungen zum Vorliegen oder Nichtvorliegen eines Dauer-Untersuchungsausschusses des Verteidigungsausschusses hat sich der Gesetzgeber entschieden, nach § 34 Abs. 1 Satz 1 PUAG einen gesonderten Einsetzungsbeschluss zu verlangen. Dies scheint auch zweckmäßig, da ein Untersuchungsausschuss ein Kontrollinstrument ist und der Verteidigungsausschuss neben der Kontrolle der Bundeswehr sich auch laufenden Geschäften widmen muss.

c) Qualität und Umfang des Minderheitenschutzes nach Art. 45a Abs. 2 Satz 2 GG

Wie bereits eingangs erwähnt, hat der Untersuchungsausschuss nach Art. 45a Abs. 2 Satz 2 GG die Pflicht, eine Angelegenheit zum Gegenstand seiner Untersuchung zu machen, wenn dies auf Antrag eines Viertels der Mitglieder erfolgt. Umstritten ist jedoch, ob dieses Quorum von einem Viertel bereits bei der Antragstellung erreicht sein muss, oder ob auch ein qualifizierter Minderheitenbeschluss zu einem nicht das Quorum erreichenden Antrag eine Einberufungspflicht auslöst.[731] Ein Ausschussvorsitzender ist nach § 60 Abs. 2 GO-BT zur Einberufung einer Ausschusssitzung verpflichtet, wenn dies von einer Fraktion im Ausschuss oder mindestens von einem Drittel der Mitglieder im Ausschuss unter Angabe der Tagesordnung verlangt wird. Dieses Einberufungsrecht beinhaltet aber auch das Recht, bestimmte Punkte auf die Tagesordnung setzen zu lassen.[732] Jedoch ist für die Ausübung dieses Minderheitenrechts zumindest

---

729 *Robbe*, Aktueller Begriff: Der Verteidigungsausschuss als Untersuchungsausschuss nach Art. 45a GG, S. 1; *Brocker* in Glauben/Brocker, Das Recht der parlamentarischen Untersuchungsausschüsse in Bund und Ländern, Kapitel 1 Rn. 19.

730 *Gerland* in Morlok/Schliesky/Wiefelspütz, Parlamentsrecht, § 29 Rn. 46; *Magiera* in Sachs, GG, Art. 45a Rn. 7; *Brocker* in Epping/Hillgruber, BeckOK GG, Art. 45a Rn. 8; *Heun* in Dreier, GG II, Art. 45a Rn. 8; *Hernenkamp* in von Münch/Kunig, GG II, Art. 45a Rn. 8; *Dürig/Klein* in Maunz/Dürig, GG, Art. 45a Rn. 35; *Glauben/Brocker*, Das Recht der parlamentarischen Untersuchungsausschüsse in Bund und Ländern, Kapitel 1 Rn. 19.

731 *Achterberg/Schulte* in von Mangoldt/Klein/Starck, GG II, 6. Auflage, Art. 45a Rn. 33; *Berg*, Der Verteidigungsausschuss des Deutschen Bundestags, S. 229.

732 *Ritzel/Bücker/Schreiner*, HbdPP, GO-BT, § 60 II. lit. a).

Fraktionsstärke im Ausschuss erforderlich.[733] Es steht nichts dagegen, dass der Antrag auf Einsetzung des Verteidigungsausschusses als Untersuchungsausschuss nicht von einer qualifizierten Minderheit gestellt, jedoch einvernehmlich, mit Mehrheit oder auf Verlangen einer Fraktion auf die Tagesordnung der Ausschusssitzung, gesetzt werde.[734] Im Sinne einer parlamentarischen Kontrolle und eines parlamentarischen Minderheitenschutzes sei Art. 45a Abs. Satz 2 GG jedoch nur so zu verstehen, dass der Verteidigungsausschuss aufgrund eines angenommenen Antrags von einem Viertel seiner Mitglieder die Pflicht hat, sich zu konstituieren.[735] Nach dieser Ansicht kommt es daher nur auf den Zeitpunkt der Beschlussfassung an, was auch sachgerecht erscheint. Die Minderheit muss lediglich im Zeitpunkt der Beschlussfassung das nötige Quorum von einem Viertel erfüllen.

d) Zusammenfassung

Der Verteidigungsausschuss als Untersuchungsausschuss ist eine historisch begründete Ausnahme. Hinsichtlich des Minderheitenschutzes unterscheidet sich der Verteidigungsausschuss als Untersuchungsausschuss aber nicht von Art. 44 Abs. 1 GG, denn durch Art. 45a Abs. 2 Satz 1 GG wird auf die „*Rechte eines Untersuchungsausschusses*" Bezug genommen. Der Verfassungsgeber wollte hier nicht ein System bzw. eine Hierarchie von Untersuchungsausschüssen schaffen, sondern lediglich den Besonderheiten der Landesverteidigung Rechnung tragen. Im Ergebnis ist dieser besondere Untersuchungsausschuss hinsichtlich der Minderheitenrechte auch nicht anders zu behandeln als ein Untersuchungsausschuss nach Art. 44 Abs. 1 Satz 1 GG. Daher ist es konsequent, die Rechte eines Viertel der Ausschussmitglieder nicht an ungeschriebenen Tatbestandsmerkmalen festzumachen, sondern nur an deren rein zahlenmäßigem Quorum. Jedoch gilt auch in diesem Fall, dass hier durch das Grundgesetz Minderheitenschutz – jedoch nicht der Oppositionsschutz – vermittelt werden soll.

Zu beachten ist jedoch, dass der Untersuchungsausschuss nur von einem Viertel der Mitglieder des Verteidigungsausschusses und nicht durch das Parlament erzwungen werden kann. Grundsätzlich gilt der Grundsatz der

---

733 *Hilgers*, Der Verteidigungsausschuss als Unterausschuss, S. 168, mit Verweis auf § 60 Abs. 2 GO-BT.

734 *Hilgers*, Der Verteidigungsausschuss als Unterausschuss, S. 168f.

735 *Berg*, Der Verteidigungsausschuss des Deutschen Bundestags, S. 230.

Spiegelbildlichkeit von Parlament und Ausschüssen,[736] jedoch sind insbesondere Abweichungen hiervon zulässig, wenn hierdurch dem in Art. 42 Abs. 2 Satz 1 GG verankerten Mehrheitsprinzip Rechnung getragen wird – also dass sich die die Regierung tragende parlamentarische Mehrheit bei Sachentscheidungen ebenso in verkleinerten Abbildungen des Bundestages durchsetzen können muss.[737] Bei der Abbildung des Plenums in Ausschüssen kann es daher rein faktisch aufgrund der begrenzten Größe des Ausschusses zu Abbildungsunschärfen kommen und dazu führen, dass es für die Minderheit im Verteidigungsausschuss noch schwieriger wird, einen Untersuchungsausschuss zu erzwingen.[738] Die Abgeordneten, die nicht die Regierung tragen, sind insoweit aber auch nicht schutzlos einer übermächtigen Großen Koalition ausgeliefert. Es verhält sich zwar so, dass im Bereich der Militärverteidigung der Untersuchungsausschuss über eine Monopolstellung verfügt, jedoch gilt dieses Enquetemonopol nicht schrankenlos. Im Fall von Missbrauch[739] oder Willkür muss dieses Monopol gebrochen werden können, um dem Zweck des Untersuchungsausschusses – einer wirksamen und effektiven Kontrolle der Exekutiven – Geltung zu verschaffen. Weigert sich ein Verteidigungsausschuss, sich missbräuchlich nicht als Untersuchungsausschuss zu konstituieren, kann das Plenum gegen diese Blockadehaltung rechtlich vor dem Bundesverfassungsgericht im Wege eines Organstreitverfahrens vorgehen. Dem Deutschen Bundestag als oberstem Bundesorgan nach Art. 93 Abs. 1 Nr. 1 GG steht insoweit das Organstreitverfahren offen. Der einzelne Abgeordnete kann zwar nicht die Rechte des Deutschen Bundestages im Rahmen der Prozessstandschaft in einem Organstreitverfahren vor dem Bundesverfassungsgericht

---

736 Ein Ausschuss muss ein verkleinertes Abbild des Plenums sein und in seiner Zusammensetzung die Zusammensetzung des Plenums widerspiegeln (BVerfGE 80, S. 188 [222]; 84, S. 304 [323]; 112, S. 118 [133]; 130, S. 318 [354]; 131, S. 230 [235]; 135, S. 317 [396]). Dies erfordert eine möglichst getreue Abbildung der Stärke der im Plenum vertretenen Fraktionen (BVerfGE 130, S. 318 [354]; 131, S. 230 [235]).

737 BVerfGE 112, S. 118 (140); 130, S. 318 (354).

738 In der 18. Wahlperiode bestand der Verteidigungsausschuss aus 32 Mitgliedern, wovon 16 der Fraktion CDU/CSU, zehn der Fraktion SPD und jeweils drei der Fraktion Die Linke und Bündnis 90/Die Grünen angehörten; Deutscher Bundestag, Seite: „Mitglieder des Verteidigungsausschusses in der 18. Wahlperiode" https://www.bundestag.de/ ausschuesse/ausschuesse18/a12/mitglieder/260632. Die parlamentarische Opposition, bestehend aus den Fraktionen Die Linke und Bündnis 90/Die Grünen, verfügte demnach über 18,75% der Sitze und konnte keinen Untersuchungsausschuss erzwingen.

739 *Achterberg/Schulte* in von Mangoldt/Klein/Starck, GG II, 6. Auflage, Art. 45a Rn. 35; *Brocker* in *Glauben/Brocker*, Das Recht der parlamentarischen Untersuchungsausschüsse in Bund und Ländern, Kapitel 1 Rn. 17.

geltend machen,[740] jedoch eine einzelne Fraktion[741] im Deutschen Bundestag. Dies erscheint als ausreichender Rechtsschutz genügend.

Aufgrund einer effektiven Rechtsschutzmöglichkeit des Plenums des Deutschen Bundestages hat eine Große Koalition mit Zweidrittelmehrheit keinen schädlichen Einfluss. Die nicht die Regierungsmehrheit tragenden Abgeordneten können zur rechtlichen Klärung des Verhaltens der Großen Koalition mit Zweidrittelmehrheit das Bundesverfassungsgericht anrufen.

6. Änderung des Grundgesetzes nach Art. 79 Abs. 2 GG

Eine Änderung des Grundgesetzes nach Art. 79 Abs. 2 GG ist gegen eine Sperrminorität von einem Drittel der Mitglieder des Deutschen Bundestages und einem weiteren Abgeordneten nicht möglich.[742] Nur eine Zweidrittelmehrheit der Mitglieder des Deutschen Bundestages und eine Zweidrittelmehrheit der Mitglieder des Bundesrates können das Grundgesetz abändern.

a) Problemaufriss

Es stellt sich die Frage, inwieweit eine Große Koalition mit einer Zweidrittelmehrheit den Sinn und Zweck der erschwerten Änderungen des Grundgesetzes unterlaufen kann. Eine Verfassungsrevision ist durch eine erschwerte Abänderbarkeit des Grundgesetzes nur im breiten politischen Konsens möglich.[743] *Badura* meint hierzu:

> *„Die Notwendigkeit qualifizierter Mehrheiten in beiden gesetzgebenden Körperschaften bietet eine Gewähr dafür, dass die Verfassungsänderung durch eine breite Zustimmung der politischen Kräfte gebilligt wird. Nach der bisherigen und gefestigten Machtverteilung im Parteistaat der Bundesrepublik kann keine der beiden große Parteiengruppierungen (CDU/CSU, SPD) gegen die andere Seite ein Verfassungsänderung durchsetzen, auch nicht bei Koalitionen mit den kleineren im Bundestag vertretenen Parteien."[743]*

---

740 st.Rspr. BVerfG: BVerfGE 90, S. 286 (343 f.); 94, S. 351 (365); 99, S. 19 (29); 117, S. 359 (367); 123, S. 267 (337). *Walter* in Walter/Grünewald, BeckOK BVerfGG, § 64 Rn. 14; *Bethge* in Maunz/Schmidt-Bleibtreu/Klein/Bethge, BVerfGG, § 64 Rn. 89: ebenso wenig für Gruppen von Abgeordneten unter Fraktionsstatus.

741 st.Rspr. BVerfG: BVerfGE 1, S. 351 (359); 45, S. 1 (28); 90, S. 286 (344); 100, S. 266 (268); 104, S. 151 (193); 106, S. 253 (262); 124, S. 78 (106); BVerfG, Urteil vom 3. Mai 2016, Az. 2 BvE 4/14, Rn. 33, 92.

742 *Steffani* in Schneider/Zeh, Parlamentsrecht und Parlamentspraxis, § 49 Rn. 113, hebt die politische Bedeutung einer oppositionellen Sperrminorität hervor.

743 *Badura* in HStR XII, § 270 Rn. 28.

Im Falle einer Großen Koalition mit Zweidrittelmehrheit ändert sich hierbei grundsätzlich nichts, weder die Fraktionen der CDU/CSU noch der SPD können für sich gegen die andere Partei(engruppierung) eine Verfassungsänderung durchsetzen. Stillschweigend wird hierbei aber wohl davon ausgegangen, dass die Fraktionen CDU/CSU und SPD nicht in einer Koalition miteinander verbunden sind, was in der 18. Wahlperiode des Deutschen Bundestages aber gerade der Fall war. Die (noch) großen Parteiengruppierungen[744] sollen sich demnach in Regierung und parlamentarischer Opposition gegenüberstehen und sich zu einer Verfassungsänderung abstimmen und aufeinander zugehen. Dieser Grundgedanke wird aber auf den Kopf gestellt, wenn beide großen Parteiengruppierungen auf Zeit miteinander in einer Großen Koalition verbunden sind.

b) Historische Spurensuche

Wie die gegenwärtige Lage verfassungsrechtlich zu würdigen ist, ist zunächst mittels eines Rückblicks auf den historischen Verfassungsgeber zu würdigen. Art. 106 Abs. 1 Ch.E.[745] sah noch vor, dass eine Verfassungsrevision nur durch eine Zweidrittelmehrheit im Deutschen Bundestag und Bundesrat sowie durch eine Annahme durch einen Volksentscheid möglich sein sollte. Die Voraussetzungen für eine Verfassungsänderung waren daher ursprünglich höher als

---

744 Die Bundesrepublik Deutschland war seit der Gründung durch zwei große Parteiengruppierungen geprägt, die CDU/CSU und die SPD. Zu den großen Parteiengruppierungen traten danach zunächst die FDP und später Bündnis 90/Die Grünen hinzu. Diese gefestigte Parteienlandschaft wurde nach der Wiedervereinigung um die PDS ergänzt. Mitte der 2000er begann zunächst eine Zersplitterung des „linken" Parteienspektrums indem sich Teile der SPD und deren Wähler in der WASG formierten, die sich später mit der PDS zur Partei Die Linke vereinigte. Kurzfristig trat auch die Piratenpartei, insbesondere bei der 17. Wahlperiode zum Berliner Abgeordnetenhaus in Erscheinung und verschwand wieder nach einer Wahlperiode. Diese Zersplitterung der Volksparteien ist auch im konservativen Lager erkennbar, als sich die AfD als rechtspopulistische Partei in der Parteienlandschaft etabliert. Die Ära der großen Parteiengruppierungen scheint demnach sich ihrem Ende zu nähern.

745 „Ein Gesetz, das das Grundgesetz ändert, bedarf im Bundestag und Bundesrat (Senat) der Zustimmung von zwei Dritteln der gesetzlichen Stimmenzahl und außerdem der Annahme durch Volksentscheid. Das Gesetz ist nur dann angenommen, wenn am Volksentscheid mindestens die Hälfte der Stimmberechtigten teilgenommen hat und wenn die Mehrheit der Abstimmenden sowohl insgesamt wie auch in der Mehrzahl der Länder für die Annahme gestimmt hat."

heutzutage, wie dies im jetzigen Art. 79 Abs. 2 GG[746] vorgesehen ist. Dem dar-
stellenden Teil des Herrenchiemsee-Entwurfs ist sogar zu entnehmen, dass die
starke Erschwerung von Änderungen des Grundgesetzes von einigen Mitgliedern des Konvents kritisiert wurde; so soll entweder eine Abstimmung im Deutschen Bundestag und Bundesrat oder ein Volksentscheid für sich genügen.[747]
Diese Diskussion um die Höhe der verfassungsrechtlichen Hürden für eine
Verfassungsrevision setzte sich in der Beratung des Organisationsausschusses
des Parlamentarischen Rates fort, und das Erfordernis eines Volksentscheides
als Voraussetzung für eine Verfassungsänderung wurde grundsätzlich beibehal-
ten.[748] Ohne nähere Begründung schlug der interfraktionelle Fünferausschuss
des Parlamentarischen Rates dem Hauptausschuss vor, auf die Erfordernis oder
die Möglichkeit eines Volksentscheides zu verzichten; dieser Vorschlag wurde
auch ohne weitere Debatte weiterverfolgt.[749] Die historische Analyse führt nicht
zu einem Ergebnis, welches von der einen oder anderen Seite – von Fürsprecher
für eine effektive Opposition oder von den Anhängern der gegenwärtigen Ver-
fassungslage – für sich beansprucht werden kann. Es kann insoweit nur festgehalten werden: Der historische Verfassungsgeber wollte, dass eine Abänderbarkeit
des Grundgesetzes an hohe Hürden geknüpft ist. Die Änderung bedürfe aber
nicht einer weiteren Legitimation durch das Volk.

c) Ansichten in der Literatur

In der Verfassungswirklichkeit erwies sich die Hürde des Parlamentarischen
Rates nicht als sonderlich hoch; eine Mehrheit von zwei Drittel der Stimmen
war trotz einer starken Opposition auch in der Vergangenheit zu erreichen
gewesen.[750] *Bryde* weist sogar darauf hin, dass eine Große Koalitionen oder
politische Entwicklung zu einer *„dem Parlamentarischen Rat angesichts der
Weimarer Erfahrungen kaum vorstellbare 2/3-Mehrheit der Regierungsparteien"*
in der Bundesrepublik Deutschland nicht undenkbar sei.[750] Hierbei ist aber zu

---

746 Eine Zweidrittelmehrheit im Bundestag und Bundesrat reicht nunmehr für eine Ver-
     fassungsänderung aus.
747 *Häberle*, JöR n.F. 1 (1951), S. 574: Es wurde diskutiert, dass bei einem Volksentscheid
     in der Mehrzahl der Länder die Mehrheit erreicht werden muss.
748 *Häberle*, JöR n.F. 1 (1951), S. 575: Einhellig wurde befürwortet, dass eine Mehrheit
     von zwei Drittel sämtlicher Mitglieder der Häuser erforderlich sein muss; bei einem
     Volksentscheid für eine Verfassungsänderung und deren Mindestvoraussetzungen
     gingen jedoch die Meinungen auseinander.
749 *Häberle*, JöR n.F. 1 (1951), S. 578.
750 *Bryde* in von Münch/Kunig, GG III, Art. 79 Rn. 55.

berücksichtigen, dass der Parlamentarische Rat überhaupt kein Verhältnis von Regierung zur parlamentarischen Opposition vor Augen gehabt haben konnte, da es seit dem Niedergang der Weimarer Republik keine freien Wahlen mehr auf deutschem Boden gegeben hatte. Der historische Verfassungsgeber wollte demnach lediglich die Änderung der Verfassung mit höheren Hürden versehen, aber nicht konkret übermächtige Mehrheiten einschränken.

d) Zwischenergebnis

Eine Große Koalition mit Zweidrittelmehrheit hat auf Verfassungsänderungen nicht weniger Einfluss als ein Konsens zwischen den großen Fraktionen CDU/CSU und SPD im Deutschen Bundestag bei Verfassungsänderungsvorhaben. Die gegenwärtige politische Landschaft zeigt, dass eine Große Koalition im Bund nicht unbedingt spiegelbildlich in den Ländern vollzogen wird. Es war immer das erklärte Ziel eine Verfassungsänderung, auf eine breite politische Basis zu stellen, indem der Deutsche Bundestag und der Bundesrat jeweils mit einer Zweidrittelmehrheit einer Verfassungsänderung zustimmen müssen. Bedenklich wird die Entwicklung erst, wenn eine ‚Einheitspartei‘ einmal eine Mehrheit von zwei Dritteln im Deutschen Bundestag und im Bundesrat auf sich vereinigen könnte, denn nur dann wäre eine Verfassungsrevision nicht mehr auf eine breite politische Basis gestellt. Solch eine Entwicklung ist jedoch in der 18. Wahlperiode und danach auch nicht absehbar; eher das Gegenteil ist der Fall.[751]

An dieser Stelle ist daher auch noch in Betracht zu ziehen, dass die Abgeordneten der Nichtregierungsfraktionen mittels einer abstrakten Normenkontrolle gegen missbilligte Verfassungsänderungen vorgehen können und einen Verfassungsbruch oder einen etwaigen Machtmissbrauch der Großen Koalition vor dem Bundesverfassungsgericht rechtlich zur Klärung bringen können.

7. Die abstrakte Normenkontrolle nach Art. 93 Abs. 1 Nr. 2 GG

Das Bundesverfassungsgericht hatte sich in der Anfangszeit gerne noch als *„oberster Hüter der Verfassung"*[752] bezeichnet, was in der Literatur[753] zu Recht als

---

751 Bereits in der Fußnote 744 wurde darauf hingewiesen, dass der politische Trend in Richtung einer Zersplitterung der klassischen politischen Lager ‚Rechts‘ und ‚Links‘ deutet.

752 BVerfGE 1, S. 184 (195); 1, S. 396 (408); 2, S. 124 (131); 6, S. 300 (304); 40, S. 88 (93); 119, S. 247 (258).

753 *Voßkuhle* in von Mangoldt/Klein/Starck, GG III, Art. 93 Rn. 18; *Pieroth* in Jarass/Pieroth, GG, Art. 93 Rn. 5, weist darauf hin, dass das BVerfG nicht außerhalb der

begrifflich irreführend kritisiert wurde. Gleichwohl unterliegt die Verfassungsgerichtsbarkeit – wie alle Organe der öffentlichen Gewalt – der Verfassung und
agiert verfassungsakzessorisch und gesetzesdeterminiert.[754]

a) Die abstrakte Normenkontrolle als objektives Beanstandungsverfahren eines beschränkten Antragstellerkreises

Noch in der Weimarer Republik wurde die Verfassungsgerichtsbarkeit vorwie-
gend vom Staatsgerichtshof ausgeübt,[755] die beim Reichsgericht eingerichtet war
und organisatorisch an dessen Tropf hing.[756] Eine verfassungsgerichtliche Kontrolle der Reichsgesetze, Organstreitigkeiten zwischen den Verfassungsorganen
des Reiches, gleichwohl aber föderative Streitigkeiten zwischen Reich und Ländern sowie eine Verfassungsbeschwerde kannte die Weimarer Verfassung nicht.[757]
Aufgrund der Erfahrungen aus dem nationalsozialistischen Unrechtsstaat wollte
der Parlamentarische Rat eine besondere verfassungsrechtliche Absicherung
schaffen, denn der Gesetzgeber war nicht allein für den Schutz der Verfassung
zuständig.[758] Der Parlamentarische Rat entschied sich demnach für eine kompe-
tenzstarke Verfassungsgerichtsbarkeit, die den Schutz der Verfassungsordnung
sicherstellen sollte.[759] Das Bundesverfassungsgericht mit seiner gewohnten weiten Zuständigkeit hatte keinen vergleichbaren Vorgänger gehabt.[757] Durch diese
Form der Verfassungsgerichtsbarkeit sollten die Verfassungsbindung des staatlichen Handelns und der Vorrang der Verfassung garantiert werden;[759] Carlo
Schmid, ein Mitglied des Parlamentarischen Rates, bezeichnete dies sogar als
„Krönung der Dritten Gewalt"[760].

Nach Art. 93 Abs. 1 Nr. 2 GG ist das Bundesverfassungsgericht bei Meinungsverschiedenheiten oder Zweifeln über die förmliche und sachliche Vereinbarkeit
von Bundesrecht mit dem Grundgesetz auf Antrag der Bundesregierung, einer
Landesregierung oder eines Viertels der Mitglieder des Bundestages zuständig.
Bei einer abstrakten Normenkontrolle nach Art. 93 Abs. 1 Nr. 2 GG wird daher

---

Verfassung steht, sondern unter ihr, und Aufgabe die Wahrung selbiger mit den anderen Organen der öffentlichen Gewalt ist.

754 *Bethge* in Maunz/Schmidt-Bleibtreu/Klein/Bethge, BVerfGG, Vorbemerkung Rn. 24;
Voßkuhle in von Mangoldt/Klein/Starck, GG III, Art. 93 Rn. 18.

755 *Wieland* in Dreier, GG III, Art. 93 Rn. 62.

756 *Roellecke*, NJW 2001, S. 2924 (2926).

757 *Schlaich/Korioth*, Das Bundesverfassungsgericht, Rn. 2.

758 *Säcker*, Festschrift für Wolfgang Zeidler, S. 265 (270).

759 *Hopfauf* in Schmidt-Bleibtreu/Hofmann/Henneke, GG, Art. 93 Rn. 30.

760 *Schmid*, Erinnerungen, S. 346

nur eine Norm als solche in ihrer Vereinbarkeit mit dem Grundgesetz Gegenstand des Verfahrens.[761] Es handelt sich folglich um ein objektives Beanstandungsverfahren.[762] Art. 93 GG macht demnach die Nachprüfung der materiellen Verfassungsbindung aller Staatsgewalt durch das Bundesverfassungsgericht in einem gerichtlichen Verfahren am Maßstab des spezifischen Maßstabs der Verfassung zugänglich.[763] Die Antragsberechtigten werden in Art. 93 Abs. 1 Nr. 2 GG jedoch abschließend aufgezählt, sodass die Antragsbefugnis nicht ausgeweitet werden kann oder analogiefähig ist.[764] Demnach ist der Wortlaut von Art. 93 Abs. 1 Nr. 2 GG unüberwindbar; weder der Bundesrat noch Fraktionen oder Gruppen können dieses Recht für sich in Anspruch nehmen. Einer Erweiterung der Antragsberechtigung bei der abstrakten Normenkontrolle durch ein einfaches Bundesgesetz steht Art. 93 Abs. 1 Nr. 2 und Art. 93 Abs. 3 GG nicht entgegen.[765] Der Gesetzgeber muss dem Bundesverfassungsgericht für die vorgenannten Zusammenschlüsse weitere Kompetenzen aktiv zuweisen.

b) Die Bedeutung der abstrakten Normenkontrolle als Recht der parlamentarischen Minderheit

Ursprünglich hatte die abstrakte Normenkontrolle nach Art. 93 Abs. 1 Nr. 2 GG noch ein Quorum von einem Drittel der Mitglieder des Deutschen Bundestages vorgesehen.[766] Erst im Jahr 2008 wurde das vorgenannte Quorum auf ein Viertel im Zuge der Einführung der Subsidiaritätsklage nach Art. 23 Abs. 1a Satz 2 GG gesenkt.[767] Entsprechend wurde auch § 76 Abs. 1 BVerfGG angepasst.[768] Mittels dieser Änderung sollte bewusst die „Wächterrolle der Opposition" aktiviert werden, gerade in Zeiten einer Großen Koalition, in der die Oppositionsfraktionen nicht ein höheres Quorum erfüllen können.[769] Der wirkungsvolle Ausbau der abstrakten Normenkontrolle beim Bundesverfassungsgericht ist eine Frage

---

761 bereits BVerfGE 1, S. 396 (414).

762 BVerfGE 1, S. 396 (407); 2, 213 (217); 20, 56 (95); 67, 26 (37); 83, S. 37 (49).

763 *Meyer* in von Münch/Kunig, GG III, Art. 93 Rn. 3.

764 BVerfGE 21, S. 52 (53f.); 68, S. 346 (349).

765 *Krajewski*, Kurzgutachten zur Erweiterung des Antragsrechts für die abstrakte Normenkontrolle durch einfaches Bundesgesetz nach Art. 93 Abs. 3 GG, S. 7.

766 *Bauer/Jestaedt*, Das Grundgesetz im Wortlaut, Art. 93 GG, S. 325. Von einem Drittel auf ein Viertel durch Gesetz zur Änderung des Grundgesetzes (Artikel 23, 45 und 93) vom 8. Oktober 2008, BGBl. I, 2008, S. 1926, gesenkt.

767 BGBl. I, 2008, S. 1926.

768 BGBl. I, 2009, S. 3822.

769 *Benda/Klein/Klein*, Verfassungsprozessrecht, Rn. 668.

der rechtsstaatlichen Gediegenheit.[770] Vereinzelt will man in dem Quorum von einem Viertel eine Orientierung an landesverfassungsrechtlichen Regelungen erblicken.[771] Diese Auslegungen lassen sich jedoch aus der Beschlussempfehlung und dem Bericht des Innenausschusses des Deutschen Bundestages nicht ableiten; hier wird nur ein Gleichlauf von Subsidiaritätsklage und abstrakter Normenkontrolle angestrebt.[772] Außerdem beschloss der Parlamentarische Rat das ursprüngliche Quorum von einem Drittel der Bundestagsabgeordneten zur Erhebung der abstrakten Normenkontrolle im Rechtspflegeausschuss ohne größere Diskussion.[773]

Die abstrakte Normenkotrolle hat sich im Modell der verselbstständigten Verfassungsgerichtsbarkeit als natürliche Verfahrensart etabliert.[774] Zu einer direkten Gegenüberstellung bzw. zu einer Konfrontation[775] zwischen

---

770 *Schmidt-Jortzig* in Butzer/Kaltenborn/Meyer, Festschrift für Friedrich E. Schnapp, S. 271 (272).

771 *Rozek* in Maunz/Schmidt-Bleibtreu/Klein/Bethge, BVerfGG § 76 Rn. 11, mit Verweis auf entsprechende Viertelquoren in landesverfassungsgerichtlichen Verfahren der abstrakten Normenkontrolle nach Art. 68 Abs. 1 Nr. 2 i.V.m. Abs. 2 Nr. 2 BWVerf; Art. 84 Abs. 2 Nr. 2 BerlVerf; § 43 BerlVerfGHG; Art. 81 Abs. 1 Nr. 2 SächsVerf; § 21 SächsVerfGHG; Art. 75 Nr. 3 LSAVerf; § 39 LSAVerfGG.

772 BT-Drs. 16/8912, S. 2. Die Oppositionsfraktionen Die Linke, FDP und Bündnis 90/ Die Grünen waren sich aber hier auch nicht einig. Die Fraktion Die Linke wollte das Quorum lediglich für die Subsidiaritätsklage senken und zwar von einem Viertel auf bereits einen Antrag einer Fraktion (S. 4), die Fraktionen FDP und Bündnis 90/ Die Grünen lehnte eine weitere Absenkung des Quorums ab (S. 4f.). Zu dem Quorum der abstrakten Normenkontrolle gab keine Fraktion eine weitere Stellungnahme ab.

773 *Deutscher Bundestag/Bundesarchiv*, Der Parlamentarische Rat 1948–1949, Band 13: Ausschuss für Organisation des Bundes/Ausschuss für Verfassungsgerichtshof und Rechtspflege, Ausschuss für Verfassungshof und Rechtspflege, 7. Sitzung vom 6. Dezember 1948, S. 1347 (1374); *Deutscher Bundestag/Bundesarchiv*, Der Parlamentarische Rat 1948 – 1949, Band 14: Hauptausschuss, 37. Sitzung des Hauptausschusses vom 13. Januar 1949, S. 1131 (1133f.): Der Abgeordnete *Seebohm* des Parlamentarischen Rates scheiterte mit seinem Begehren die Antragsbefugnis bereits einem Fünftel der Mitglieder des Bundestages oder eines Landtags sowie dem Bundespräsidenten zuzusprechen. Die Anträge des Abgeordneten *Seebohm* wurde mit überwiegender Mehrheit abgelehnt (aaO, S. 1131 [1135]).

774 *Wahl* in Badura/Dreier, Festschrift 50 Jahre BVerfG, Bd. 1, S. 461 (473).

775 nach *Hopfauf* in Schmidt-Bleibtreu/Hofmann/Henneke, GG, Art. 93 Rn. 270 zählen zu den bedeutsamen und teilweise heftig umstrittenen Entscheidungen (auszugsweise) die Urteile zum Schwangerschaftsabbruch (BVerfGE 39, S. 1; 88, S. 203), zum Grundlagenvertrag (BVerfGE 36, S. 1), zur Absetzbarkeit von Parteispenden (BVerfGE

Bundesverfassungsgericht und Parlament kommt es (gelegentlich), da das Gericht den parlamentarischen Gesetzgeber ohne fachgerichtliche Vorprüfung überprüft.[774] Es verwundert daher nicht, dass dieses Verfahren ‚gerne' von der parlamentarischen Minderheit bzw. der parlamentarischen Opposition angestoßen wird. Der abstrakten Normenkontrolle kommt daher eine eminente praktisch-politische Bedeutung zu, indem es gerade der Opposition im Bund die Möglichkeit eröffnet, jedes von ihr abgelehnte Bundesgesetz verfassungsrechtlich zur Überprüfung zu stellen, sofern die Zulässigkeitsvoraussetzungen erfüllt werden.[776] Demnach ist es das wichtigste Kontrollinstrument der Opposition.[777] Es überrascht folglich bei so einem politisch relevanten Rechtsschutz nicht, dass bisweilen auch die Abschaffung der abstrakten Normenkontrolle in der Literatur gefordert wurde.[778] Die verfassungsrechtliche Zulässigkeit einer generellen Abschaffung der abstrakten Normenkontrolle ist jedoch umstritten.[779] Außerdem wird den Abschaffungsbefürwortern zutreffend entgegengehalten, anstelle der abstrakten Normenkontrolle würden diese Gesetzgebungsstreitigkeiten im Wege einer konkreten Normenkontrolle oder einer Verfassungsbeschwerde in vergleichbarer Form vor das Bundesverfassungsgericht gebracht, jedoch somit lediglich verspätet einer verfassungsrechtlichen Prüfung unterstellt.[777]

52, S. 63), zum Staatshaftungsgesetz (BVerfGE 61, S. 145), zum Kriegsdienstverweigerungsrecht (BVerfGE 69, S. 1), zum Länderfinanzausgleich (BVerfGE 72, S. 330; 86, S. 148) und zur eingetragenen Lebenspartnerschaft (BVerfGE 106, S. 310).

776 *Hillgruber/Goos*, Verfassungsprozessrecht, § 6 I. Rn. 496.

777 *Wieland* in Dreier, GG III, Art. 93 Rn. 55.

778 *Rinken* in Alternativkommentar GG, vor Art. 93/94 Rn. 105: Es wird von *Rinken* ein Legitimationsproblem des Bundesverfassungsgerichts gesehen, denn ihm werde über das Normenkontrollkompetenz eine hochkomplexe Entscheidung übertragen, welche in der jeweiligen Entscheidung Gesetzeskraft entfaltet; *Holtfort*, Praktische Vorschläge, das Bundesverfassungsgericht in eine demokratieangemessene Rolle zurückzuführen, S. 191 (193); *Landfried*, Bundesverfassungsgericht und Gesetzgeber, S. 177: Wegen des gelegentlichen Missbrauchs um politisch missbilligte Entscheidungen revidieren zu wollen.

779 *Schenke*, NJW 1979, S. 1321 (1322): Aufgrund des Strukturprinzips, welches nach Art. 79 Abs. 3 GG einer Verfassungsänderung entzogen ist, dass durch eine Etablierung der Verfassungsgerichtsbarkeit ihr Gepräge erhält, provoziert eine Verfassungsänderung schwere Bedenken.

c) Einfluss einer Großen Koalition mit Zweidrittelmehrheit auf die Ausübung der abstrakten Normenkontrolle durch eine parlamentarische Minderheit

Dimroth bringt es mit dem Titel seines Aufsatzes „*Antragsberechtigung beim Normenkontrollverfahren - Wächterfunktion oder Minderheitenschutz?*"[780] pointiert auf den Punkt. Sollen die Abgeordneten des Deutschen Bundestages als Antragsteller einer abstrakten Normenkontrolle als Wächter der Verfassung anzusehen sein, oder sollen diese verfassungsrechtlich als Minderheit geschützt werden? Die parlamentarische Minderheit ist bei der abstrakten Normenkontrolle januskÖpfig, einmal ist sie Wächter (einer unter mehreren) der Verfassung, anders aber auch schützenswerte und schutzbedürftige Minderheit. Der Parlamentarische Rat hat gerade diese Rolle der parlamentarischen Minderheit zugedacht, ein Wächter der Verfassung zu sein, der als letzte Bastion das Bundesverfassungsgericht zur Hilfe ruft.

Aus verfassungsrechtlicher Sicht besteht bei der aktuellen Regelung keine Bedenken, denn der Katalog der Antragsberechtigten ist in Art. 93 Abs. 1 Nr. 2 GG abschließend, auch wenn die die Opposition tragenden Abgeordneten das Quorum nicht erfüllen können.[781] Auch hier ist wieder der Einwand vorzubringen, das Minderheitenrecht ist kein Oppositionsschutzrecht. Eine parlamentarische Minderheit soll mit der abstrakten Normenkontrolle die Möglichkeit haben, Gesetzesbeschlüsse gerichtlich revidieren zu lassen. Weiter ist zu beachten, dass ein jetzt situationsabhängig herabgesetzter Minderheitenschutz eventuell zukünftig dazu führen kann, dass Teile der parlamentarischen Opposition die Minderheitenrechte nutzen, um das Bundesverfassungsgericht mit Anträgen zu fluten – insoweit erfüllt das Quorum von einem Viertel der Mitglieder des Deutschen Bundestages auch eine Filterfunktion für das Bundesverfassungsgericht. Ferner ist nach *Cancik* die Gesetzgebungskontrolle vor dem Maßstab der Verfassung nicht primäre Funktion der Opposition im Parlament, selbst wenn diese als Akteurin bei der Gewährleistung von Verfassungsrecht faktisch eine erhebliche Rolle spielt.[782] Das Bundesverfassungsgericht ließ es in der Vergangenheit nicht zu, dass der Katalog der Antragsteller nach Art. 93 Abs. 1 Nr. 2 GG – sei es durch eine Analogie oder einer ergänzenden Verfassungsauslegung – geöffnet wird.

---

780 *Dimroth*, ZRP 2006, S. 50 (50).

781 *Dimroth*, ZRP 2006, S. 50 (51). Jedoch hält *Dimroth* es verfassungspolitisch wünschenswert, das zur Antragstellung erforderliche Quorum so herunterzusetzen, dass auch die Abgeordneten der Oppositionsparteien einen solchen Antrag stellen können.

782 *Cancik*, NVwZ 2014, S. 18 (22).

Diese bisherige restriktive Auslegung des Bundesverfassungsgerichts setzt sich wohl auch in Zeiten einer und im Wissen um eine übermächtige Regierungsfraktion fort. Der Gesetzgeber kann sogar über Art. 93 Abs. 3 GG einfachgesetzlich eine abstrakte Normenkontrolle mit einem niedrigeren Quorum als einem Viertel der Mitglieder des Deutschen Bundestages einführen; dem stehen jedenfalls der Wortlaut, Kontext, Ziel und Entstehungsgeschichte der Art. 93 Abs. 1 Nr. 2 und Art. 93 Abs. 3 GG nicht entgegen.[783] Dem Gesetzgeber fehlt lediglich die Bereitschaft an der weiteren Zuweisung von Rechten. Da die fehlende Antragsbefugnis aufgrund der Stimmenverteilung in der 18. Wahlperiode des Deutschen Bundestages keine unerträgliche Kontrolllücke[784] darstellt, sah sich wohl auch das Bundesverfassungsgericht nicht dazu veranlasst, dem Gesetzgeber eine Regelung vorzuschreiben, um die gegenwärtige Übermacht der Regierungsfraktionen in der 18. Wahlperiode auszugleichen.[785] Neben der abstrakten Normenkontrolle gibt es für die Abgeordneten der Nichtregierungsfraktionen weiter die Möglichkeit einer Verfassungsbeschwerde oder ggf. mittels der Parteikollegen in den Bundesländern die Möglichkeit, eine abstrakte Normenkontrolle nach Art. 93 Abs. 1 Nr. 2 GG einzulegen. Gleichwohl sind die Ausweichungen nicht gleich effektiv, da bei der Verfassungsbeschwerde zumindest eine Selbstbetroffenheit benötigt wird und die Parteikollegen in den Bundesländern nicht unbedingt die gleichen Interessen verfolgen müssen. Es entsteht durch die übermächtige Große Koalition zwar kein unerträglicher Rechtsschutzdefizit, gleichwohl wird der Rechtsschutz erschwert, da das objektive Beanstandungsverfahren nicht mehr als einfaches Mittel zur Verfügung steht. Insgesamt ist die Antragsberechtigung zur abstrakten Normenkontrolle nicht als verfassungsrechtlich zentral für die Oppositionsausübung zu bewerten;[782] verfassungsrechtlich ist daher keine Korrektur geboten. Unter verfassungspolitischen Gesichtspunkten wäre aber eine situationsbedingte Anpassung des Quorums wünschenswert.

---

783 *Krajewski*, Kurzgutachten zur Erweiterung des Antragsrechts für die abstrakte Normenkontrolle durch einfaches Bundesgesetz nach Art. 93 Abs. 3 GG, S. 7.

784 *Ennuschat*, VR 2015, S. 1 (5).

785 Das Bundesverfassungsgericht hat in der Entscheidung BVerfG, Urteil vom 3. Mai 2016, Az. 2 BvE 4/14, Rn. 109, abermals die Nichtanalogiefähigkeit der abstrakten Normenkontrolle nach Art. 93 Abs. 1 Nr. 2 GG betont.

8. Das Rederecht des einzelnen Abgeordneten im Licht einer Großen Koalition mit Zweidrittelmehrheit

Als Grundsätze der parlamentarischen Verhandlung zählen u.a. Öffentlichkeit und Mündlichkeit.[786] Die Maxime der Öffentlichkeit wird durch die öffentliche Verhandlung des Deutschen Bundestages nach Art. 42 Abs. 1 Satz 1 GG gewährleistet. Das Wesen des demokratischen Parlamentarismus bilden das öffentliche Verhandeln von Argumenten und Gegenargumenten, öffentliche Debatte und öffentliche Diskussion.[787] Demnach lässt sich die Plenardebatte als ein Streitgespräch definieren, dessen Teilnehmer nach formalen Regeln ihre gegenläufigen Standpunkte im Zusammenhang einer politischen Entscheidung oder Positionierung an einem hervorgehobenen Ort öffentlichkeitswirksam klar- und darstellen.[788] Der Deutsche Bundestag ist demnach ein *„Forum für Rede und Gegenrede"*[789].

Die Verteilung der Redezeit im Plenum wird nach dem parlamentarischen Gewohnheitsrecht mittels interfraktioneller Vereinbarung im Rahmen des Ablaufs der parlamentarischen Verhandlung abgesprochen und vom Ältestenrat bestätigt.[790] Hierzu gehören die Absprache über Gegenstand und Reihenfolge der Tagesordnungspunkte sowie über Zahl und Reihenfolge der Sprecher[791] sowie die Länge der Diskussionsbeiträge oder die Reihenfolge der Redner.[790] Der Umfang der jeweiligen Redezeit wurde bisher nach Proporzgesichtspunkten, also im Verhältnis der Fraktionsstärke, verteilt.[792] Wegen der Kräfteverteilung zwischen den Abgeordneten, welche die Regierung tragen, und den Abgeordneten, welche nicht die Regierung tragen, kann grundsätzlich die Frage gestellt werden, inwiefern hier noch ein Forum von Rede und Gegenrede vorhanden ist, wenn die Redezeitverteilung nach Fraktionsstärke erfolgt und die Große Koalition über eine Zweidrittelmehrheit verfügt. Die parlamentarische Opposition hat es schwer, ihren Standpunkt in Rede und Gegenrede vorzubringen. In der Literatur wurde daher bereits früh zu Beginn der Großen Koalition in der

---

786 *Achterberg*, Parlamentsrecht, S. 561.

787 BVerfGE 131, S. 152 (205).

788 *Schürmann* in Morlok/Schliesky/Wiefelspütz, Parlamentsrecht, § 20 Rn. 2.

789 BVerfGE 10, S. 4 (13); 84, S. 304 (329); 96, S. 264 (284).

790 *Achterberg*, Parlamentsrecht, S. 66; *Linn/Sobolewski*, So arbeitet der Deutsche Bundestag, S. 64.

791 *Loewenberg*, Parlamentarismus im politischen System der Bundesrepublik Deutschland, S. 254f.

792 *Linn/Sobolewski*, So arbeitet der Deutsche Bundestag, S. 64.

18. Wahlperiode die Frage aufgeworfen, ob eine überproportionale Berücksichtigung der Oppositionsfraktionen insbesondere bei der Berechnung der Redezeit verfassungsrechtlich gerechtfertigt oder sogar geboten sei.[793] Die Verfassung enthält etwa zu konkreten Redezeitanteilen oder zu beantragenden Aktuellen Stunden keine Vorgaben, und ein Abstellen allein auf die bislang geübte Verteilung der Redezeit nach Fraktionsstärken ist bei den Mehrheitsverhältnissen einer Großen Koalition mit Zweidrittelmehrheit, wie in der 18. Wahlperiode des Deutschen Bundestages, unzureichend.[794]

In der 18. Wahlperiode des Deutschen Bundestages trafen die Fraktionen mittels einer interfraktionellen Vereinbarung eine Übereinkunft: Bei kurzen Debatten von insgesamt 25 Minuten Länge solle jede Oppositionsfraktion vier Redeminuten, bei 38-Minuten-Debatten fünf Minuten erhalten, und bei einstündigen Debatten solle der Anteil der Oppositionsfraktionen künftig je acht Minuten betragen.[795] Falls die Debatten Anträge oder Gesetzentwürfe der Opposition behandeln, solle der einbringenden Fraktion eine weitere Minute Zeit für ihre Begründung zustehen.[795] Bei Aktuellen Stunden, bei denen die Redezeiten je Redner auf fünf Minuten begrenzt ist, sollen beiden Oppositionsfraktionen je zwei Redebeiträge zugestanden werden.[795] Es wurde demnach eine disquotale Aufteilung der Redezeit zugunsten der Oppositionsfraktionen vorgenommen.[796] Umgerechnet bedeutet dies, dass jede Oppositionsfraktion über etwas mehr als 13 % Redezeit verfügt und damit über etwa ein Drittel mehr, als ihnen nach ihrer jeweiligen Fraktionsstärke gemessen an der Parlamentsstärke zusteht.[796]

a) Die Geschäftsordnungsautonomie des Deutschen Bundestages nach Art. 40 Abs. 1 Satz 2 GG

Die Geschäftsordnungsautonomie des Deutschen Bundestages ist direkter Ausfluss der Parlamentsautonomie[797] und gilt als Kernstück des Parlamentsrechts[798]. Jedoch bedeutet diese Geschäftsordnungsautonomie nicht eine völlige Gestaltungsfreiheit; vielmehr ergibt sich eine Bindung an verfassungsgerichtliche Entscheidungen.[799] Bei der Ausgestaltung der Verfahrensregeln darf der Deutsche

---

793 *Schuster*, DÖV 2014, S. 516 (517).
794 *Cancik*, NVwZ 2014, S. 18 (23).
795 *Leithäuser*, Die Opposition darf länger reden, FAZ vom 10. Dezember 2013.
796 *Schuster*, DÖV 2014, S. 516 (519).
797 BVerfGE 44, S. 308 (315); 80, S. 188 (218); 84, S. 304 (321).
798 *Pietzcker* in Schneider/Zeh, Parlamentsrecht und Parlamentspraxis, § 10 vor Rn. 18.
799 *Morlok* in Dreier, GG II, Art. 40 Rn. 7.

Bundestag daher insbesondere nicht den Schutz der Minderheitenrechte außer Acht lassen und muss ein Gleichgewicht zwischen der Sicherung der Entscheidungsfähigkeit und der Kontroll- und Integrationsfunktion herstellen.[800] Aufgrund der weitreichenden Geschäftsordnungsautonomie ist der Deutsche Bundestag angehalten, seine Angelegenheiten selbst zu regeln. Eine Ausweitung der Redezeit für die Oppositionsfraktionen ist im Licht der verfassungsgerichtlichen Einschränkungen demnach möglich.

b) Die Rolle des einzelnen Abgeordneten nach Art. 38 Abs. 1 Satz 2 GG

Der Status und Anspruch des Abgeordneten als „Vertreter des ganzen Volkes" werden in Art. 38 Abs. 1 Satz 2 GG definiert. Zur Wahrnehmung der parlamentarischen Aufgaben steht dem einzelnen Abgeordneten das Recht zu, im Plenum, in den Ausschüssen und anderen Gremien des Bundestages, denen er angehört, das Wort zu ergreifen.[801] Jedoch ist dieses Recht, um einen geordneten Ablauf der Plenardebatte zu gewährleisten, einschränkbar.[802] Dies wird u.a. dadurch gerechtfertigt, dass das Erfordernis der Funktionsfähigkeit des Parlaments als Verfassungsrechtsgut durch das Bundesverfassungsgericht bestätigt wurde.[803] Vom Bundesverfassungsgericht wird hierzu selber gesagt, eine unter allen Aspekten befriedigende Regelung finde sich nur in den wenigsten Fällen und trage nur zu einer unangemessen Verkomplizierung bei.[804] Es wurde daher vom Bundesverfassungsgericht nicht beanstandet, dass die Festlegung einer Gesamtredezeit oder Verteilung der Redezeit auf die Fraktionen und Gruppen nach deren Stärke erfolgte.[805] Das Bundesverfassungsgericht urteilte in seiner Wüppesahl-Entscheidung, dass fraktionslose Abgeordnete dieselben Rechte haben wie fraktionsangehörige Abgeordnete, die Gestaltung ihrer Mitwirkungsrechte dennoch aber nicht zu einer Verzerrung der Stärkenverhältnisse führen dürfe.[806] Jedoch bezog sich diese Feststellung nur auf das Stimmrecht

---

800 *Schuster*, DÖV 2014, S. 516 (518).

801 *Klein* in Maunz/Dürig, GG, Art. 38 Rn. 231.

802 *Sachs* in Sachs, GG, Art. 38 Rn. 63; *Morlok* in Dreier, GG II, Art. 43 Rn. 24; *Klein* in Maunz/Dürig, GG, Art. 38 Rn. 218; *Butzer* in Epping/Hillgruber, BeckOK GG, Art. 38 Rn. 111.

803 BVerfGE 80, S. 188 (222); 96, S. 264 (278); 113, S. 318 (348).

804 BVerfGE 10, S. 4 (20).

805 BVerfGE 10, S. 4 (14f.); 96, S. 264 (284).

806 BVerfGE 80, S. 188 (224): Jeder Abgeordnete hat Anspruch auf Mitwirkung in einem Ausschuss, ein möglicherweise überproportionales Stimmrecht muss ihm dort aber nicht zugestanden werden.

im Ausschuss – eine Mehrheitsverschiebung durch fraktionslose Abgeordneten sollte verhindert werden. Bei der Kontingentierung der Redezeit war das Bundesverfassungsgericht großzügiger: Eine streng an den Stärkeverhältnissen orientierte Proportionalität wurde abgelehnt, die Bemessung der Redezeit eines fraktionslosen Abgeordneten müsse sich am Gewicht und an der Schwierigkeit des Verhandlungsgegenstandes sowie der Dauer der Aussprache orientieren, und es wurde auch berücksichtigt, ob gleichgerichtete politische Ziele von anderen fraktionslosen Abgeordneten verfolgt werden.[807]

Es wird vertreten, dass die verfassungsrechtliche Wertung des Art. 42 Abs. 1 Satz 1 GG sowie die Kontrollfunktion des Deutschen Bundestages eine Ausnahme vom Prinzip der Chancengleichheit der Abgeordneten rechtfertigen könne; demnach sei die Ausweitung des Rederechts der Opposition verfassungsrechtlich geboten.[808] *Schuster* sieht aufgrund der aktuellen Mehrheitsverhältnisse und der vereinbarten Redezeitverteilung das Gebot von Rede und Gegenrede und das eines diskursiven Austausches als gestört an.[809] Weiter nimmt er es als nicht sichergestellt an, dass der Bürger im Plenum umfassend über die Kontroversen zwischen den Fraktionen im parlamentarischen Willensbildungsprozess informiert wird.[809] Eine Ausweitung des Rederechts für die ‚parlamentarische Opposition' gebietet die Wahrnehmung des Kontrollauftrages des Parlaments gegenüber der Exekutive nach Art. 20 Abs. 2 GG, da sich der Kontrollauftrag des Parlaments in Teilen auf den Dualismus zwischen Regierung/Regierungsfraktion(en) und Oppositionsfraktion(en) verschoben hat.[810] Diese Gründe sind nachvollziehbar, gebieten für sich jedoch verfassungsrechtlich keine Verpflichtung zum Handeln. Auch wenn das Prinzip von Rede und Gegenrede in der 18. Wahlperiode im Plenum aufgrund der Mehrheitsverhältnisse erschwert und eingeschränkt war, heißt das nicht, dass das Plenum als Forum von Rede und Gegenrede abgeschafft ist. Die Abgeordneten der Nichtregierungsfraktionen können ihre Standpunkte weiterhin darlegen, müssen dies jedoch pointierter in der Kürze der Zeit darlegen. Zudem wird von einem Idealbild eines modernen *Zoon Politikon* ausgegangen, der sich über die Kontroversen von Regierung und Opposition mittels der Plenardebatten informiert. Die Parlamentsdebatten und die Kontroversen werden medial weiterhin ihre Aufmerksamkeit bekommen, sofern den Abgeordneten der Nichtregierungsfraktionen ausreichend Zeit

---

807 BVerfGE 80, S. 188 (228f.).
808 *Schuster*, DÖV 2014, S. 516 (521).
809 *Schuster*, DÖV 2014, S. 516 (522).
810 *Schuster*, DÖV 2014, S. 516 (522f.).

gegeben wird, ihren Standpunkt darzulegen. Es ist daher eine besondere verfassungspolitische Verantwortung der Abgeordneten der Nichtregierungsfraktionen, ihre Redezeit sinnvoll zu nutzen. Der Kontrollauftrag des Parlaments
gegenüber der Exekutiven wird mehr über die Untersuchungsausschüsse als
über die Redezeit wahrgenommen. Es bleibt daher dabei: Eine Erweiterung der
Redezeit für die Abgeordneten der Nichtregierungsfraktionen ist verfassungspolitisch wünschenswert, jedoch verfassungspolitisch nicht zwingend geboten.

c) Zwischenfazit

Das Rederecht des einzelnen Abgeordneten als wichtiges Teilnahmerecht im
laufenden Parlamentsbetrieb ist immer gewissen Einschränkungen und faktischen Zwängen unterlegen. Das Bundesverfassungsgericht hat sich bei der Einschränkung dieses Rechtes auch großzügig zugunsten eines handlungsfähigen
Parlamentes gezeigt. Eine Große Koalition mit Zweidrittelmehrheit führt zwar
dazu, dass die Abgeordneten der Nichtregierungsfraktionen weniger Redezeit
zur Verfügung haben, jedoch begründet diese Einschränkung keine verfassungsrechtlich untragbare Situation. Da der Deutsche Bundestag in der 18. Wahlperiode den Abgeordneten der Oppositionsfraktion mehr Redezeit zubilligte, als
nach bisherigem Brauch üblich gewesen war, setzte er einen verfassungspolitisch
gebotenen, aber nicht verpflichtenden Schritt. Diese Abweichung von der bisherigen parlamentarischen Praxis und dem Gewohnheitsrecht ist begrüßenswert.

C. Korrekturmöglichkeiten zur Aufwertung der effektiven parlamentarischen Opposition bei einer Großen Koalition mit Zweidrittelmehrheit

Die Mehrheitssituation in der 18. Wahlperiode des Deutschen Bundestages, in der sich die Abgeordneten der Nichtregierungsfraktion einer übermächtigen – mit über zwei Drittel der Sitze verfügenden – Regierungsfraktion konfrontiert sahen, ist verfassungspolitisch nicht begrüßenswert. Verfassungsrechtlich bedenklich ist diese Situation jedoch nur, insoweit die Rechte des Parlaments derart eingeschränkt sind, dass eine effektive Kontrolle der Regierung nicht mehr oder nur erschwert möglich ist. Es hat sich jedoch auch gezeigt, dass die Große Koalition in der 18. Wahlperiode verantwortungsvoll mit ihrer Zweidrittelmehrheit umgegangen ist und durch § 126a GO-BT diesen Zustand zugunsten der Nichtregierungsfraktionen korrigiert hat. Das Urteil des Bundesverfassungsgerichts vom 3. Mai 2016, Az. 2 BvE 4/14, und die weiteren Entscheidungen des Bundesverfassungsgerichts[811] und des Bundesgerichtshofs[812] sind jedoch als Auftrag an den verfassungsändernden Gesetzgeber zu sehen, dass zumindest die Rechte der parlamentarischen Opposition im Untersuchungsausschussverfahren bei jeder Mehrheitssituation gewahrt werden. Nur weil die Große Koalition in der 18. Wahlperiode verantwortungsvoll mit ihrer Macht umgegangen ist und eine Korrekturvorschrift in § 126a GO-BT geschaffen hat, heißt das nicht, dass eine anderweitige oder eine vorbeugende Regelung nicht sinnvoll und zweckmäßig wäre.

Ein Blick in die Landesverfassungen zeigte, die Rechte der parlamentarischen Opposition werden dort zwar normiert und in ihrer Regelungstiefe vielschichtig ausformuliert, jedoch ist deren genauer Inhalt weitestgehend unklar. Aus diesem Grund bietet es sich auch nicht an, einen eigenen Artikel für die parlamentarische Opposition zu beschaffen, welcher im Wesentlichen eine Zusammenfassung der bisherigen verfassungsgerichtlichen Rechtsprechung entsprechen würde. Aus diesem Grund sollten die neuralgischen Punkte im Grundgesetz direkt korrigiert werden. In der Literatur wurde daher gefordert, bei der Antragsbefugnis für abstrakte Normenkontrolle diese auch auf Fraktionen auszuweiten

---

811 siehe B.II.3.b), S. 152 – BVerfG, Beschluss vom 13. Oktober 2016, Az. 2 BvE 2/15.
812 siehe B.II.3.c), S. 153 – BGH, Beschluss vom 23. Februar 2017, Az. 3 Ars 20/16.

und das Quorum für die Minderheitenenquete zu senken.[813] Eine Erweiterung der Rechte der parlamentarischen Opposition im Untersuchungsausschuss ist zwingend, eine Erweiterung der Rechte bei einer abstrakten Normenkontrolle wünschenswert. Daher wird nachfolgend eine Quorensenkung für die abstrakte Normenkontrolle gefordert, damit eine parlamentarische Opposition dieses Mittel nutzen und effektiv die Regierung bzw. deren Gesetzesbeschlüsse kontrollieren kann. Im Sinne eines Gleichlaufes der verfassungsmäßigen Minderheitenrechte sollte das Verfahren zur Durchführung einer Subsidiaritätsklage vor dem Europäischen Gerichtshof nach Art. 23 Abs. 1a Satz 2 GG auch auf das vorgeschlagene Quorum harmonisiert werden, was jedoch in diesem Fall fakultativ ist. Bei der Formulierung ist darauf zu achten, dass keine direkten Oppositionsschutzrechte geschaffen werden, da diese aufgrund der neuesten Entscheidung des Bundesverfassungsgerichts vom 3. Mai 2016, Az. 2 BvE 4/14, wohl verfassungswidrig wären. Es muss daher eine Anknüpfung an eine gewisse, zahlenmäßige parlamentarische Minderheit erfolgen. Es wird hier jedoch darauf verzichtet, direkt an den Fraktionsstatus anzuknüpfen, da die Quotenregelungen im Grundgesetz keine Fraktion kennen und diese daher systemfremd sind. Außerdem ist die Fraktion in § 10 Abs. 1 GO-BT zahlenmäßig als eine Vereinigung von mindestens fünf vom Hundert der Mitglieder des Deutschen Bundestages definiert. Diese Anzahl könnte aber wiederum durch eine Große Koalition mit Zweidrittelmehrheit nach § 126 GO-BT geändert werden; das heißt, den potenziellen Nichtregierungsfraktionen könnte hierdurch der Fraktionsstatus entzogen werden. Es erscheint daher am konsequentesten, beim bisherigen System eines zahlenmäßigen Quorums zu bleiben. Die Festlegung dieser Anzahl ist schwierig, insbesondere da die Rechtsordnung bei der Zumessung von Minderheitenrechten keine Systematik erkennen lässt.[814] Bereits im Parlamentarischen Rat war ein Quorum von einem Viertel und einem Fünftel diskutiert worden,

---

813 *Heinig*, Seite: „Opposition tut not!" (verfassunsgblog.de); *Krämmerer*, NVwZ 2014, S. 29 (32); *Beckermann/Weidemann*, Der Staat 53 (2014), S. 313 (323f.), schlagen indes vor, die Quoren der Minderheitenrechte relativ zur Wirkung der Sperrklausel auszugestalten (flexible Quoren).

814 Nur auszugsweise (i.Ü. siehe B.I, Seite 75): Ein Quorum von einem Drittel der Mitglieder des Deutschen Bundestages kann die Einberufung des Deutschen Bundestages nach Art. 39 Abs. 3 S. 3 GG erzwingen. Ein Viertel der Mitglieder des Deutschen Bundestages kann den Deutschen Bundestag zur Einsetzung eines Untersuchungsausschusses nach Art. 44 Abs. 1 GG zwingen oder nach Art. 93 Abs. 1 Nr. 1 GG eine abstrakte Normenkontrollklage erheben. Ein Zehntel der Abgeordneten des Deutschen Bundestages kann eine Beschwerde gegen den Beschluss des Deutschen Bundestages über die Gültigkeit einer Wahl, die Verletzung von Rechten bei der Vorbereitung oder

man entschied sich jedoch – aufgrund der Negativerfahrungen in der Weimarer Republik – für das höhere Quorum von einem Viertel.[815] Nachdem sich die Bundesrepublik Deutschland als gefestigte Demokratie etabliert hat und die Parteienstruktur eine andere als zu Weimarer Zeiten ist, erscheint es demnach zweckmäßig, das Quorum auf ein Fünftel zu senken:

Art. 44

(1) Der Bundestag hat das Recht und auf Antrag ~~eines Viertels~~ **eines Fünftels** seiner Mitglieder die Pflicht, einen Untersuchungsausschuss einzusetzen, der in öffentlicher Verhandlung die erforderlichen Beweise erhebt. Die Öffentlichkeit kann ausgeschlossen werden.

(2) Auf Beweiserhebungen finden die Vorschriften über den Strafprozess sinngemäß Anwendung. Das Brief-, Post- und Fernmeldegeheimnis bleibt unberührt.

(3) Gerichte und Verwaltungsbehörden sind zur Rechts- und Amtshilfe verpflichtet.

(4) Die Beschlüsse der Untersuchungsausschüsse sind der richterlichen Erörterung entzogen. In der Würdigung und Beurteilung des der Untersuchung zugrunde liegenden Sachverhaltes sind die Gerichte frei.

Art. 45a

(1) Der Bundestag bestellt einen Ausschuß für auswärtige Angelegenheiten und einen Ausschuß für Verteidigung.

(2) Der Ausschuß für Verteidigung hat auch die Rechte eines Untersuchungsausschusses. Auf Antrag ~~eines Viertels~~ **eines Fünftels** seiner Mitglieder hat er die Pflicht, eine Angelegenheit zum Gegenstand seiner Untersuchung zu machen.

(3) Artikel 44 Abs. 1 findet auf dem Gebiet der Verteidigung keine Anwendung.

Notwendigerweise müssen bei einer Änderung des (parlamentarischen) Einsetzungsquorums nach Art. 44 Abs. 1 Satz 1, 45a Abs. 2 GG auch die einfachgesetzlichen Quoren im Untersuchungsausschussgesetz[816] von einem Viertel auf ein Fünftel gesenkt werden. Hier darf es keine unterschiedlichen Quoren geben.

Durchführung der Wahl sowie den Verlust der Mitgliedschaft im Bundestag nach § 48 Abs. 1 BVerfGG vor dem Bundesverfassungsgericht erheben. Auf Verlangen von 100 Abgeordneten des Deutschen Bundestages muss der Bundespräsident Einspruch gegen die Gültigkeit der Wahl nach § 14 Abs. 2 WahlPrG einlegen. Eine Fraktion oder fünf vom Hundert der Mitglieder des Deutschen Bundestages können bei Einsätzen von geringer Intensität und Tragweite die Befassung durch den Deutschen Bundestag nach § 4 Abs. 1 S. 4 ParlBG verlangen. Die Quoren sind durchweg in der Rechtsordnung unterschiedlich geregelt.

815 siehe hierzu Fn. 526 und 527.

816 §§ 1 Abs. 1; 2 Abs. 1; 8 Abs. 2 und 3; 10 Abs. 1; 17 Abs. 2, 3 und 4; 18 Abs. 3 und 4 Satz 2; 27 Abs. 2; 29 Abs. 2 Satz 2 und Abs. 3 Satz 1; 30 Abs. 4 Satz 2; 34 Abs. 1 Satz 2 PUAG.

Art. 93
(1) Das Bundesverfassungsgericht entscheidet:
(...)
2. bei Meinungsverschiedenheiten oder Zweifeln über die förmliche und sachliche Vereinbarkeit von Bundesrecht oder Landesrecht mit diesem Grundgesetze oder die Vereinbarkeit von Landesrecht mit sonstigem Bundesrechte auf Antrag der Bundesregierung, einer Landesregierung oder ~~eines Viertels~~ **eines Fünftels** der Mitglieder des Bundestages;
(...)

Schließlich sollte noch in Art. 79 GG ein Auftrag an die zukünftigen Bundesregierungen formuliert werden:

Art. 79

(1) Das Grundgesetz kann nur durch ein Gesetz geändert werden, das den Wortlaut des Grundgesetzes ausdrücklich ändert oder ergänzt. Bei völkerrechtlichen Verträgen, die eine Friedensregelung, die Vorbereitung einer Friedensregelung oder den Abbau einer besatzungsrechtlichen Ordnung zum Gegenstand haben oder der Verteidigung der Bundesrepublik zu dienen bestimmt sind, genügt zur Klarstellung, daß die Bestimmungen des Grundgesetzes dem Abschluß und dem Inkraftsetzen der Verträge nicht entgegenstehen, eine Ergänzung des Wortlautes des Grundgesetzes, die sich auf diese Klarstellung beschränkt. **Die Minderheitenrechte nach Art. 44 Abs. 1 Satz 1 und Art. 45a Abs. 2 sind durch ein Gesetz nach Art. 79 Abs. 1 Satz 1 anzupassen, wenn sich die Quoren für die vorgenannten Minderheitenrechte als zu hoch darstellen.**

(2) Ein solches Gesetz bedarf der Zustimmung von zwei Dritteln der Mitglieder des Bundestages und zwei Dritteln der Stimmen des Bundesrates.

(3) Eine Änderung dieses Grundgesetzes, durch welche die Gliederung des Bundes in Länder, die grundsätzliche Mitwirkung der Länder bei der Gesetzgebung oder die in den Artikeln 1 und 20 niedergelegten Grundsätzen berührt werden, ist unzulässig.

Das Quorum von einem Viertel der Mitglieder des Deutschen Bundestages nach Art. 44 Abs. 1 Satz 1, 45a Abs. 2 und Art. 93 Abs. 1 Nr. 2 GG sollte auf ein Fünftel der Mitglieder des Deutschen Bundestages gesenkt werden. Bei diesem Quorum ist die Arbeitsfähigkeit des Parlamentes weiterhin gesichert, und der Untersuchungsausschuss wird nicht missbräuchlich durch kleine Fraktionen zur politischen Agitation genutzt. Die politischen Verhältnisse in der Bundesrepublik Deutschland haben sich als mehr als gefestigt erwiesen, sodass sich die einstigen Befürchtungen des parlamentarischen Rates zum Glück nicht manifestiert haben. Wie bereits dargestellt, müssen aufgrund der Rechtsprechung des Bundesverfassungsgerichts die Rechte der Minderheit an eine gewisse Zahl an Abgeordneten zugewiesen werden und nicht z.B. an den Status als parlamentarische

Oppositionsfraktion. Die Ergänzung in Art. 79 Abs. 1 GG soll den zukünftigen Regierungen den Auftrag geben, bei einer (noch) übermächtigeren Großen Koalition oder anderen Zusammenschlüssen die Quoren anzupassen, ohne die zukünftige Regierung jedoch zu sehr einzuengen. Dieser Auftrag soll vielmehr eine letzte Bastion für den Fall sein, dass Rechte einer kleinen parlamentarischen Minderheit vor dem Bundesverfassungsgericht eingeklagt werden und das Bundesverfassungsgericht einen Ansatzpunkt in der Verfassung zur Begründung seiner Entscheidung benötigt. Bei allen Bedenken gegenüber einer übermächtigen Großen Koalition soll die letztendliche Verantwortung bei den zukünftigen Verfassungsorganen liegen; daher wird davon abgesehen, diese durch noch eindeutigere Formulierungen zu binden.

D. Thesen

1. Die Normierung der parlamentarischen Opposition im Grundgesetz unterblieb durch den historischen Verfassungsgeber, da er aufgrund der Erfahrungen in der Weimarer Republik eine destruktive Opposition fürchtete. Diese Wertung stellte sich als unzutreffend heraus. Trotz diverser späterer Reformversuche wurde die parlamentarische Opposition bis heute nicht ins Grundgesetz aufgenommen.

2. In den Landesverfassungen ist die parlamentarische Opposition teilweise verfassungsrechtlich verankert, jedoch wird dieser dadurch nahezu ausschließlich keine konkreten Rechte vermittelt. Das Recht auf Chancengleichheit der parlamentarischen Opposition gegenüber der Regierung ist rein deklaratorisch.

3. Durch das Bundesverfassungsgericht ist das Recht der Abgeordneten, die nicht die Regierung tragen, auf verfassungsmäßige Bildung und Ausübung einer Opposition klar konturiert und kann als ein Recht auf Chancengleichheit gegenüber der Regierung verstanden werden. Die Minderheitenrechte leiten sich aus dem Statusrecht des einzelnen Abgeordneten nach Art. 38 Abs. 1 Satz 2 GG ab.

4. Es ist zwischen der parlamentarischen Opposition und der parlamentarischen Minderheit zu unterscheiden; lediglich Letztere ist nach der Rechtsordnung mit besonderen Rechten ausgestattet. Nur bei absoluten Minderheitenrechten – im Gegensatz zu den relativen Minderheitenrechten – können Entscheidungen durch eine Minderheit unmittelbar herbeigeführt werden.

5. Sofern Abgeordnete der Nichtregierungsfraktionen keine eigene Fraktion aufgrund der fehlenden Fraktionsmindeststärke bilden können, müssen diese zwingend auf Antrag als eine parlamentarische Gruppe nach § 10 Abs. 4 GO-BT anerkannt werden. Diese parlamentarische Gruppe hat dann die gleichen Rechte wie eine Fraktion.

6. In der Rechtsordnung findet sich eine Vielzahl von Rechten, die von einer parlamentarischen Minderheit im Deutschen Bundestag geltend gemacht werden können. Größtenteils handelt es sich hier aber um reine Ordnungsrechte und keine absoluten Minderheitenrechte. Verfassungsrechtlich problematisch bei einer Großen Koalition mit Zweidrittelmehrheit sind nur verfassungsunmittelbare Rechte und deren direkter Ausfluss im Untersuchungsausschussgesetz.

7. In der 18. Wahlperiode hat der Deutsche Bundestag einen ausreichenden Schutz für die nicht die Regierung tragenden Abgeordneten mit der Korrekturvorschrift des § 126a GO-BT geschaffen. Die Missbrauchssperre in § 126a Abs. 2 GO-BT, welche eine punktuelle Ausschaltung der zugebilligten Minderheitenrechte verhindern soll, ist Symbolik und schützt die parlamentarische Opposition nicht besonders effektiv.

8. Nach der Rechtsprechung des Bundesverfassungsgerichts ist die Erweiterung der Rechte der parlamentarischen Opposition mit § 126a GO-BT in der 18. Wahlperiode mit § 126a Abs. 1 Nr. 2 und 7 bis 10 GO-BT verfassungswidrig, da hier an den Oppositionsfraktionsstatus und nicht an ein neutrales, zahlenmäßiges Quorum angeknüpft wird.

9. In der Entscheidung des Bundesverfassungsgerichts, Urteil vom 3. Mai 2016, Az. 2 BvE 4/14, hat man sich unnötig einer Selbstbeschränkung unterworfen, indem ausgeschlossen wurde, dass einer Opposition(sfraktion) verfassungsrechtlich spezielle Rechte zugewiesen werden können. Realpolitisch sind die Übergänge zwischen parlamentarischer Opposition und parlamentarischer Minderheit fließend.

10. Das Urteil des Bundesverfassungsgerichts vom 3. Mai 2016, Az. 2 BvE 4/14, vermittelt der parlamentarischen Opposition als einer Erscheinungsform der parlamentarischen Minderheit keine neuen Rechte. Die bisherige oppositionsfreundliche Rechtsprechung des Bundesverfassungsgerichts wird nicht weiterentwickelt.

11. Die Rechtsprechung geht in neueren Entscheidungen[817] während der 18. Wahlperiode davon aus, dass eine Minderheit von einem Viertel der Mitglieder im Untersuchungsausschuss nur dann Minderheitsrechte geltend machen kann, wenn diese von der Einsetzungsminderheit nach Art. 44 Abs. 1 Alt. 2 GG getragen wird. Dem ist nicht zu folgen, da die Minderheitenrechte bei einer Einsetzung eines Untersuchungsausschusses vom Deutschen Bundestag ein ungeschriebenes Tatbestandsmerkmal erhalten, das es bei der Einsetzung eines Verteidigungsausschusses als Untersuchungsausschuss nicht gibt.

12. Der parlamentarischen Opposition als parlamentarischer Minderheit muss es möglich sein, einen Untersuchungsausschuss nach Art. 44 Abs. 1 Satz 1 GG auch gegen den Willen der Parlamentsmehrheit einzusetzen. Die

---

817 Beschlüsse des Bundesverfassungsgerichts vom 13. Oktober 2016, Az. 2 BvE 2/15, und Bundesgerichtshofs vom 23. Februar 2017, Az. 3 ARs 20/16, zum NSA-Untersuchungsausschuss.

parlamentarische Opposition hat weitestgehend die Kontrolle der Regierung im Parlament übernommen.

13. Indem die Oppositionsfraktionen als parlamentarische Minderheit nicht die Einsetzung eines Untersuchungsausschusses erzwingen können, ist ein verfassungsrechtlich unbilliger, aber nicht verfassungswidriger Status entstanden. Eine Änderung des Grundgesetzes ist notwendig.

14. Da eine Verfassungsänderung nach Art. 79 Abs. 2 GG nur aufgrund eines breiten politischen Konsenses erfolgen soll, stellt eine Große Koalition mit Zweidrittelmehrheit im Deutschen Bundestag keine besondere Gefahr hierfür dar.

15. Die Möglichkeit einer abstrakten Normenkontrolle nach Art. 93 Abs. 1 Nr. 2 GG muss nicht zwingend den Oppositionsfraktionen als parlamentarische Minderheit zugebilligt werden, jedoch wäre dies verfassungspolitisch wünschenswert und im Rahmen einer Verfassungsänderung ebenfalls zu ändern. Alternativ kann eine Rechtezuweisung an ein (niedrigeres als bisheriges) Quorum auch über Art. 93 Abs. 3 GG durch einfaches Gesetz erfolgen.

16. Sofern eine Verteilung der Redezeit entsprechend der parlamentarischen Praxis nach Fraktionsstärke erfolgt, entsteht bei einer Großen Koalition mit Zweidrittelmehrheit noch kein unerträgliches Ungleichgewicht zulasten der Nichtregierungsfraktionen. Eine völlige Entwertung des Plenums darf hierdurch aber nicht erfolgen.

17. Eine Verfassungsänderung ist notwendig, da die parlamentarische Opposition als parlamentarische Minderheit sich bei einer erneuten Großen Koalition mit Zweidrittelmehrheit wieder ihre Rechte im parlamentarischen Verfahren erkämpfen muss. § 126a GO-BT gilt nur für die 18. Wahlperiode.

18. Entsprechend dem bisherigen System der verfassungsmäßigen Minderheitenrechte ist die Ausübung dieser Rechte an ein zahlenmäßiges Quorum zu knüpfen.

19. Um die Systematik des Minderheitenschutzes beizubehalten, müssen die Quoren von Art. 44 Abs. 1 Satz 1, 45a Abs. 2 und 93 Abs. 1 Nr. 2 GG gesenkt werden. Durch einen Auftrag an den verfassungsändernden Gesetzgeber sind die Quoren für die Minderheitsenquete nach Art. 79 Abs. 2 Satz 3 (neu) GG ggf. anzupassen.

Literaturverzeichnis

Abmeier, Klaus, Die parlamentarischen Befugnisse des Abgeordneten des Deutschen Bundestages nach dem Grundgesetz, 1984.

Achterberg, Norbert, Grundzüge des Parlamentsrechts, 1971.

Achterberg, Norbert, „Die Grundsätze der parlamentarischen Verhandlung", Deutsches Verwaltungsblatt 1980, S. 512–521.

Achterberg, Norbert, Parlamentsrecht, 1984.

Altmeier, Peter, „Die Subsidiaritätskontrolle der nationalen Parlamente nach dem Subsidiaritätsprotokoll zum EU-Verfassungsvertrag" in: Hans-Jörg Derra, Freiheit, Sicherheit und Recht. Festschrift für Jürgen Meyer zum 70. Geburtstag, 2006, S. 301–337.

Andersen, Uwe/Woyke, Wichard, Handwörterbuch des politischen Systems der Bundesrepublik Deutschland. 7., vollständig aktualisierte Auflage, 2013.

Bachmaier, Hermann, „Der Ermittlungsbeauftragte im Spannungsfeld zwischen gerichtsähnlicher Aufklärungsarbeit und parlamentarischer Auseinandersetzung - ein gesetzgeberisches Experiment mit Zukunft", Neue Juristische Wochenschrift 2002, S. 348–349.

Badura, Peter, „Die parlamentarische Demokratie" in: Josef Isensee/Paul Kirchhof (Hrsg.), Handbuch des Staatsrechts, Bd. II: Verfassungsstaat, 3., völlig neu bearbeitete und erweiterte Auflage, 2004, § 25, S. 497–540.

Badura, Peter, „Verfassungsänderung, Verfassungswandel, Verfassungsgewohnheitsrecht" in: Josef Isensee/Paul Kirchhof (Hrsg.), Handbuch des Staatsrechts, Bd. XII: Normativität und Schutz der Verfassung – Internationale Beziehungen, 3., völlig neu bearbeitete und erweiterte Auflage, 2014, § 270, S. 591–612.

Bauer, Angela/Jestaedt, Matthias, Das Grundgesetz im Wortlaut: Änderungsgesetze, Synopse, Textstufen und Vokabular zum Grundgesetz, 2007.

Beckermann, Benedikt/Weidemann, Daniel, „K(L)EINE OPPOSITION OHNE RECHTE? Parlamentarische Minderheitenrechte im Schatten der Fünfprozenthürde", Der Staat 53 (2014), S. 313–329.

Benda, Ernst/Klein, Eckart/Klein, Oliver, Verfassungsprozessrecht. Ein Lehr- und Handbuch, 3., völlig neu bearbeitete Auflage, 2012.

Berg, Hans-Joachim, Der Verteidigungsausschuß des Deutschen Bundestags. Kontrollorgan zwischen Macht und Ohnmacht, 1982.

Bergmoser, Ulrich, Zweckgerechte Vitalisierung des Budgetrechts der Legislative, 2011.

Bickenbach, Christian, „Das Subsidiaritätsprinzip in Art. 5 EUV und seine Kontrolle", Zeitschrift Europarecht 2013, S. 523–548.

Birk, Dieter, „Gleichheit im Parlament", Neue Juristische Wochenschrift 1988, S. 2521–2525.

Böhm, Monika, „Die Rechtsstellung parlamentarischer Gruppierungen ohne Fraktionsstatus – Anmerkungen zum Urteil des BVerfG vom 16. Juli 1991", Zeitschrift für Parlamentsfragen 23 (1992), S. 231–238.

Boldt, Hans, Deutsche Verfassungsgeschichte, Band 2: Von 1806 bis zur Gegenwart, 2. durchgesehene und ergänzte Auflage, 1993.

Bönninger, Karl, „Verfassungsdiskussion im Lande Sachsen", Landes- und Kommunalverwaltung 1991, S. 9–12.

Borchert, Hartmut, „Die Fraktion – eine eigenständige, demokratisch legitimierte Repräsentation im parteistaatlichen parlamentarischen System", Archiv des öffentlichen Rechts 102. Band (1977), S. 210–242.

Bräcklein, Susann, Investigativer Parlamentarismus. Parlamentarische Untersuchungen in der Bundesrepublik Deutschland und den Vereinigten Staaten von Amerika, 2006.

Brocker, Lars, „Urteilsanmerkung zu BayVerfGH, Entscheidung vom 10.10.2006", Bayerische Verwaltungsblätter 2007, S. 171–175.

Brocker, Lars, „Die ‚Splitterenquete‘: Rechte der nicht qualifizierten (‚einfachen‘) Minderheit im parlamentarischen Untersuchungsverfahren", Die Öffentliche Verwaltung 2014, S. 475–479.

Brocker, Lars/Droege, Michael/Jutzi, Siegfried, Verfassung für Rheinland-Pfalz, 2014.

Bülow, Erich, Vortrag Erich Bülow in Thaßysen/Schüttemeyer (Hrsg.), Bedarf das Recht der parlamentarischen Untersuchungsausschüsse einer Reform? Beiträge und Materialien zur Seminartagung der Deutschen Vereinigung für Parlamentsfragen e.V. und des Niedersächsischen Landtags Hannover, 20. und 21. November 1987, 1988, S. 151–159.

Burkiczak, Christian, Parlamentsbeteiligungsgesetz (Kommentar), 2012.

Burkiczak, Christian/Dollinger, Franz-Wilhelm/Schorkopf, Frank, Bundesverfassungsgerichtsgesetz. Neuausgabe, 2015.

Cancik, Pascale, Parlamentarische Opposition in den Landesverfassungen. Eine verfassungsrechtliche Analyse der neuen Oppositionsregelungen, 2000.

Cancik, Pascale, „Vom Charme formaler Anknüpfungen im Parlamentsrecht. Zur Änderung des Auftrags eines Untersuchungsausschusses", Der Staat 49 (2010), S. 251–273.

Cancik, Pascale, „Wirkungsmöglichkeiten parlamentarischer Opposition im Falle einer qualifizierten Großen Koalition - Anforderungen des

Grundgesetzes. Kurzgutachten." https://www.gruene-bundestag.de/fileadmin/media/gruenebundestag_de/themen_az/innenpolitik/131016_Grosse_Koalition_Kurzgutachten_Cancik.pdf, Bearbeitungsstand: 16.10.2013, zuletzt aufgerufen am 14. März 2019, 19:55 Uhr.

Cancik, Pascale, „Wirkungsmöglichkeiten parlamentarischer Opposition im Falle einer qualifizierten Großen Koalition", Neue Zeitschrift für Verwaltungsrecht 2014, S. 18–24.

Cancik, Pascale, Seite: „Der Grundsatz (in)effektiver Opposition: zum Urteil des Bundesverfassungsgerichts in Sachen Oppositionsfraktionsrechte", http://verfassungsblog.de/der-grundsatz-ineffektiver-opposition-zum-urteil-des-bundesverfassungsgerichts-in-sachen-oppositionsfraktionsrechte/, Bearbeitungsstand: 9. Mai 2016, zuletzt aufgerufen am 14. März 2019, 19:55 Uhr.

Cancik, Pascale, „Effektive Opposition" im Parlament – eine ausgefallene Debatte?, Zeitschrift für Parlamentsfragen 48 (2017), S. 516–534.

Caspar, Johann/Ewer, Wolfgang/Nolte, Martin/Waack, Hans-Jochen, Verfassung für Schleswig-Holstein. Kommentar, 2006.

Classen, Claus Dieter/Litten, Rainer/Wallerath, Maximilian, Verfassung des Landes Mecklenburg-Vorpommern, 2. Auflage, 2015.

Damkowski, Wulf, „Für eine gesetzliche Neuordnung der Rechte und Pflichten Parlamentarischer Untersuchungsausschüsse", Zeitschrift für Rechtspolitik 1988, S. 340–344.

Darsow, Thomas, „Die Kommunalverfassung für das Land Mecklenburg-Vorpommern", Landes- und Kommunalverwaltung 1994, S. 417–422.

David, Klaus, Verfassung der Freien und Hansestadt Hamburg. Kommentar. 2., neu bearbeitete Auflage, 2004.

Degenhart, Christoph, Staatsrecht I, Staatsorganisationsrecht. Mit Bezügen zum Europarecht, 34. neu bearbeitete Auflage, 2018.

Demmler, Wolfgang, Der Abgeordnete im Parlament der Fraktionen, 1994.

Dreier, Horst, Grundgesetz. Kommentar, Band II Artikel 20–82, 3. Auflage, 2015.

Dreier, Horst, Grundgesetz. Kommentar, Band III Artikel 83–146, 3. Auflage, 2018.

Driehaus, Hans-Joachim, Verfassung von Berlin. Taschenkommentar. 3. Auflage, 2009.

Ennuschat, Jörg, „Große Koalition und Oppositionsrechte", Verwaltungsrundschau 2015 S. 1–5.

Epping, Volker/Hillgruber, Christian, BeckOK Grundgesetz, 39. Edition, Stand: 15.11.2018.

Eschenburg, Theodor, Staat und Gesellschaft in Deutschland, 1956.

Feldkamp, Michael, Datenhandbuch zur Geschichte des Deutschen Bundestages seit 1990. Kapitel 8.9 Untersuchungsausschüsse, https://www.bundestag.de/resource/blob/196178/0894c8246e632a32d847922cc9b90461/Kapitel_08_09_Untersuchsungsaussch__sse-data.pdf, Bearbeitungsstand: 31.10.2018, zuletzt aufgerufen am 14. März 2019, 20:00 Uhr.

Feuchte, Paul, Verfassung des Landes Baden-Württemberg. Kommentar, 1987.

Friauf, Karl Heinrich/Höfling, Wolfram, Berliner Kommentar zum Grundgesetz, Band 3, Stand: 23. Ergänzungslieferung II/08.

Gascard, Johannes Rainer, Das parlamentarische Untersuchungsrecht in rechtsvergleichender Sicht (England, USA, Deutschland), 1966.

Geis, Max-Emanuel, „Die Organklage des Bundestagsabgeordneten als ‚Waffe‘ gegen Organisationsakte der Bundesregierung", Zeitschrift für Gesetzgebung 1993, S. 148–161.

Geis, Max-Emanuel, „Parlamentsausschüsse", in: Josef Isensee/Paul Kirchhof (Hrsg.), Handbuch des Staatsrechts, Bd. III: Demokratie - Bundesorgane, 3., völlig neu bearbeitete und erweiterte Auflage, 2005, § 54, S. 853–880.

Geis, Max-Emanuel, „Untersuchungsausschuss", in: Josef Isensee/Paul Kirchhof (Hrsg.), Handbuch des Staatsrechts, Bd. III: Demokratie - Bundesorgane, 3., völlig neu bearbeitete und erweiterte Auflage, 2005, § 55, S. 881–908.

Geis, Max-Emanuel, Kommunalrecht. Ein Studienbuch. 4., neu bearbeitete Auflage, 2016.

Giesing, Hans-Horst, „‚Kleine Reform‘ im Deutschen Bundestag", Die Öffentliche Verwaltung 1970, S. 124–125.

Glauben, Paul, „Minderheitenrechte im Untersuchungsrecht und staatlicher Geheimnisschutz mit Verfassungsrang", Neue Zeitschrift für Verwaltungsrecht 2017, S. 129–130.

Glauben, Paul/Brocker, Lars, Das Recht der parlamentarischen Untersuchungsausschüsse in Bund und Ländern. Ein Handbuch mit Kommentierung zum PUAG, 3. Auflage 2016.

Grabitz, Eberhard/Hilf, Meinhard/Nettesheim, Martin, Das Recht der Europäischen Union, Band I EUV/AEUV, 65. Ergänzungslieferung, Stand: August 2018.

Grimm, Christoph/Caesar, Peter, Verfassung für Rheinland-Pfalz. Kommentar, 2001.

Groß, W., „Die Entwicklung des Öffentlichen Rechts, Betrachtungen", Deutsches Verwaltungsblatt 1954, S. 422–423.

Häberle, Peter, Entstehungsgeschichte der Artikel des Grundgesetzes, Neuausgabe des Jahrbuchs des öffentlichen Rechts der Gegenwart, Band 1 n.F. (1951), 1951.

Häberle, Peter, „Öffentlichkeitsarbeit der Regierung zwischen Parteien- und Bürgerdemokratie", Juristenzeitung 1977, S. 361–371.

Hagebölling, Lothar, Niedersächsische Verfassung, 2. Auflage, 2011.

Hagelstein, Bilfried, Die Rechtsstellung der Fraktionen im Deutschen Parlamentswesen, 1992.

Hahn, Dittmar, „Die Beteiligtenfähigkeit von Fraktionen im Kommunalverfassungsstreit", Deutsches Verwaltungsblatt 1974, S. 509–512.

Hahnenfeld, Günter, „Bundestag und Bundeswehr", Neue Juristische Wochenschrift 1963, S. 2145–2192.

Hain, Karl-Eberhard, „Anmerkung zum Urteil des Bundesverfassungsgerichts vom 3. Mai 2016, Az. 2 BvE 4/14", Juristenzeitung 2016, S. 1172–1173.

Hassenpflug-Hunger, Dorothee, Verfassungsrechtliche Abmessungen parlamentarischer Opposition nach dem Grundgesetz und Art. 12 der Verfassung des Landes Schleswig-Holstein.

Hauenschild, Wolf-Dieter, Wesen und Rechtsnatur der parlamentarischen Fraktionen, 1968.

Heck, Karl, Das parlamentarische Untersuchungsrecht. Tübinger Abhandlungen zum Öffentlichen Recht, 7. Heft, 1925.

Heinig, Hans Michael, Seite: „Opposition tut not", https://verfassungsblog.de/opposition-tut-not/, Bearbeitungsstand: 21. Oktober 2013, zuletzt aufgerufen am 14. März 2019, 20:10 Uhr.

Heitsch, Christian, „Mehr Rechte für die Landtagsopposition?", Bayerische Verwaltungsblätter 1998, S. 715–716.

Henke, Wilhelm, Das Recht der politischen Parteien, 2. neubearbeitete Auflage, 1972.

Hermes, Georg, „Das Minderheitenrecht auf eine parlamentarische Untersuchung" in: Ernst Gottfried Mahrenholz, Herta Däubler-Gmelin (Hrsg.) Gegenrede: Aufklärung, Kritik, Öffentlichkeit: Festschrift für Ernst Gottfried Mahrenholz, 1994, S. 349–369.

Hesse, Joachim Jens/Ellwein, Thomas, Das Regierungssystem der Bundesrepublik Deutschland, 10. vollständig neu bearbeitete Auflage, 2012.

Hilgers, Hans Anton, Der Verteidigungsausschuss als Untersuchungsausschuss gemäß Art 45a Abs. 2 des Grundgesetzes, 2015.

Hillgruber, Christian, „Kein grundgesetzliches Gebot zur Schaffung spezifischer Oppositionsfraktionsrechte", Juristische Arbeitsblätter 2016, S. 638–640.

Hillgruber, Christian/Goos, Christian, Verfassungsprozessrecht, 4. neu bearbeitete Auflage, 2015.

Hölscheidt, Sven, Frage und Antwort im Parlament, 1992.

Hölscheidt, Sven, Das Recht der Parlamentsfraktionen, 2000.

Holtfort, Werner, „Praktische Vorschläge, das Bundesverfassungsgericht in eine demokratieangemessene Rolle zurückzuführen" in: Wolfgang Däubler, Gudrun Küsel (Hrsg.), Verfassungsrecht und Politik. Kritische Beiträge zu problematischen Urteilen, 1979, S. 191–203.

Hömig, Dieter/Wolff, Heinrich Amadeus, Grundgesetz für die Bundesrepublik Deutschland. Handkommentar, 12. Auflage, 2018.

Huber, Ernst Rudolf, Deutsche Verfassungsgeschichte seit 1789, Band III Bismarck und das Reich. Dritte wesentlich überarbeitete Auflage, 1988.

Huber, Ernst Rudolf, Dokumente zur deutschen Verfassungsgeschichte, Band 1: Deutsche Verfassungsdokumente 1803–1850, Dritte neubearbeitete und vermehrte Auflage, 1978.

Huber, Peter M., „Regierung und Opposition", in: Josef Isensee/Paul Kirchhof (Hrsg.), Handbuch des Staatsrechts, Bd. III: Demokratie – Bundesorgane, 3., völlig neubearbeitete und erweiterte Auflage, 2005, § 47, S. 605–638.

Ingold, Albert, Das Recht der Oppositionen. Verfassungsbegriff – Verfassungsdogmatik – Verfassungstheorie, 2015.

Isensee, Josef, „Europäische Nation? Die Grenzen der politischen Einheitsbildung Europas" in: Frank Decker (Hrsg.), Die Verfassung Europas. Perspektiven des Integrationsprojekts, 2009, S. 254–280.

Jarass, Hans/Pieroth, Bodo, Grundgesetz für die Bundesrepublik Deutschland. Kommentar, 15. Auflage, 2018.

Jestaedt, Matthias, „Grundlagen des Rechts" in: Wolfgang Hofmann-Riem/Eberhard Schmidt-Aßmann/Andreas Voßkuhle (Hrsg.), Grundlage des Verwaltungsrechts, Band 1: Grundbegriffe des Verwaltungsorganisationsrechts, 2. Auflage, 2012, § 14, S. 953–1004.

Kahl, Wolfgang/Waldhoff, Christian/Walter, Christian, Bonner Kommentar zum Grundgesetz, Loseblattsammlung: 196. Aktualisierung, Stand: Februar 2019.

Kämmerer, Jörn Axel, Deutschland auf dem Weg zur „Lame Duck Democracy"? – Eine kleine Systemkritik, Neue Zeitschrift für Verwaltungsrecht 2014, S. 29–32.

Kevenhörster, Paul, Artikel: „Opposition" in: Görres-Gesellschaft (Hrsg.): Staatslexikon. Recht, Wirtschaft, Gesellschaft, Band. 4, 7. völlig neu bearbeitete Auflage, 1988, S. 170–173.

Kindhäuser, Urs/Neumann, Ulfried/Paeffgen, Hans-Ulrich, Strafgesetzbuch. Kommentar, 5. Auflage, 2017.

Kipke, Rüdiger, Die Untersuchungsausschüsse des Deutschen Bundestages. Praxis und Reform der parlamentarischen Enquete, 1985.

Kirchhof, Paul, „Das Parlament als Mitte der Demokratie" in: Michael Brenner/Peter M. Huber/Markus Möstl (Hrsg.), Der Staat des Grundgesetzes – Kontinuität und Wandel, Festschrift für Peter Badura, 2004, S. 237–262.

Klein, Hans Georg, „Zur Rechtsstellung des Bundestagsabgeordneten als Ausschußmitglied", Die Öffentliche Verwaltung 1972, S. 329–331.

Klein, Hans Hugo, „Status des Abgeordneten" in: Josef Isensee/Paul Kirchhof (Hrsg.), Handbuch des Staatsrechts, Bd. III: Demokratie - Bundesorgane, 3., völlig neu bearbeitete und erweiterte Auflage, 2005, § 51, S. 741–767.

Klein, Hans Hugo, „Gruppen und fraktionslose Abgeordnete" in: Martin Morlok/Utz Schliesky/Dieter Wiefelspütz (Hrsg.), Parlamentsrecht. Praxishandbuch, 2015, § 18, S. 553–567.

Krajewski, Markus, „Kurzgutachten zur Erweiterung des Antragsrechts für die abstrakte Normenkontrolle durch einfaches Bundesgesetz nach Art. 93 Abs. 3 GG", https://www.gruene-bundestag.de/fileadmin/media/gruenebundestag_de/themen_az/innenpolitik/Kurzgutachten_Abstrakte-Normenkontrolle.pdf, Bearbeitungsstand: 28. November 2013, zuletzt aufgerufen am 14. März 2019, 20:20 Uhr.

Kretschmer, Gerald, „Zum Recht und Verfahren von Enquete-Kommissionen des Deutschen Bundestags", Deutsches Verwaltungsblatt 1986, S. 923–929.

Kunzmann, Bernd/Baumann-Hasske, Harald, Die Verfassung des Freistaates Sachsen. Kommentar. 3., völlig neu bearbeite Auflage, 2013.

Landfried, Christine, Bundesverfassungsgericht und Gesetzgeber. Wirkungen der Verfassungsrechtsprechung auf parlamentarische Willensbildung und soziale Realität, 1984.

Lassahn, Philipp, „BVerfG: Kein Anspruch auf Schaffung spezifischer Oppositionsfraktionsrechte (Urteil mit Anmerkungen)", Neue Zeitschrift für Verwaltungsrecht 2016, S. 922–930.

Lebenstein, Walter, Die Rechtsstellung der Parteien und Fraktionen nach deutschem Reichsstaatsrecht, 1925.

Lechner, Hans/Hülshoff, Klaus, Parlament und Regierung. Textsammlung des Verfassungs- und Geschäftsordnungsrechts der obersten Bundesorgane, 2., völlig neubearbeitete Auflage, 1958.

Lechner, Hans/Zuck, Rüdiger, Bundesverfassungsgerichtgesetz, 7., neu bearbeitete und erweiterte Auflage, 2015.

Lenz, Christofer/Hansel, Roland, Bundesverfassungsgerichtsgesetz, Handkommentar, 2. Auflage, 2015.

Lewinski von, Kai, „Nationale und internationale Staatsverschuldung" in: Josef Isensee/Paul Kirchhof (Hrsg.), Handbuch des Staatsrechts, Bd. X: Deutschland in der Staatengemeinschaft, Dritte, völlig neubearbeitete und erweiterte Auflage, 2012, § 217, S. 461–506.

Lieber, Hasso/Iwers, Steffen Johann/Ernst, Martina, Verfassung des Landes Brandenburg. Kommentar, 2012.

Linck, Joachim, „Die Parlamentsöffentlichkeit", Zeitschrift für Parlamentsfragen 23 (1992), S. 673–708.

Linck, Joachim/Baldus, Manfred/Lindner, Joachim/Poppenhäger, Holger/Ruffert Matthias, Die Verfassung des Freistaates Thüringen. Handkommentar, 2013.

Lindner, Josef Franz/Möstl, Markus/Wolff, Heinrich Amadeus, Verfassung des Freistaates Bayern. Kommentar, 2. Auflage, 2017.

Loewenberg, Gerhard, Parlamentarismus im politischen System der Bundesrepublik Deutschland, 1971.

Loibl, Peter, Status der Abgeordnetengruppe im Deutschen Parlament, 1995.

Lorenz, Astrid, „Schutz vor der Mehrheitstyrannei? Parlamentarische Opposition, Bundesverfassungsgericht und Bundespräsident als Kontrolleure der Zweidrittelmehrheit" in: Sebastian Bukow/Wenke Seemann (Hrsg.), Die Große Koalition. Regierung – Politik – Parteien 2005–2009, 2010, S. 59–83.

Lorenz, Dieter, „Der Organstreit vor dem Bundesverfassungsgericht" in: Christian Stark (Hrsg.), Bundesverfassungsgericht und Grundgesetz. Festgabe aus Anlass des 25jährigen Bestehens des Bundesverfassungsgerichts. Erster Band, Verfassungsgerichtbarkeit, 1976, S. 225–259.

Lorz, Ralph Alexander/Richterich, Maike, „Die Rechtsstellung der Regierung im Parlament" in: Martin Morlok/Utz Schliesky/Dieter Wiefelspütz (Hrsg.), Parlamentsrecht. Praxishandbuch, 2015, § 35, S. 1063–1109.

Löwer, Wolfgang, „Zuständigkeit und Verfahren des Bundesverfassungsgerichts" in: Josef Isensee/Paul Kirchhof (Hrsg.), Handbuch des Staatsrechts, Bd. III: Demokratie - Bundesorgane, 3., völlig neu bearbeitete und erweiterte Auflage, 2005, § 70, S. 1285–1526.

Löwer, Wolfgang, „Der Aktenvorlageanspruch des parlamentarischen Untersuchungsausschusses vor dem Bundesverfassungsgericht", Jura 1985, S. 358–368.

Magiera, Siegfried, „Rechte des Bundestags und seiner Mitglieder gegenüber der Regierung", in: Hans-Peter Schneider/Wolfgang Zeh, Parlamentsrecht und Parlamentspraxis, 1989, § 52, S. 1421–1446.

Mangoldt von, Hermann/Klein, Friedrich, Das Bonner Grundgesetz, Band II, Zweite, neubearbeitete und vermehrte Auflage, 1964.

Mangoldt von, Herman/Klein, Friedrich/Starck, Christian, Kommentar zum Grundgesetz, Band 2: Artikel 20 bis 82, Sechste, vollständig neubearbeitete Auflage, 2010.

Mangoldt von, Herman/Klein, Friedrich/Starck, Christian, Grundgesetz. Kommentar, Band 2: Artikel 20–82, 7. Auflage 2018.

Mangoldt von, Herman/Klein, Friedrich/Starck, Christian, Grundgesetz. Kommentar, Band 3: Artikel 83–146, 7. Auflage 2018.

Mardini, Martina, Die Finanzierung der Parlamentsfraktionen durch staatliche Mittel und Beiträge der Abgeordneten, 1990.

Martens, Wolfgang, Grundgesetz und Wehrverfassung, 1961.

Masing, Johannes, Parlamentarische Untersuchungen privater Sachverhalte. Art. 44 GG als staatsgerichtetes Kontrollrecht, 1998.

Maunz, Theodor/Dürig, Günter, Grundgesetz für die Bundesrepublik Deutschland, 85. Auflage, Stand: November 2018.

Maunz, Theodor/Schmidt-Bleibtreu, Bruno/Klein, Franz/Bethge, Herbert, Bundesverfassungsgerichtsgesetz, Kommentar, 55. Ergänzungslieferung, Stand: Oktober 2018.

Meder, Theodor/Brechmann, Winfried, Die Verfassung des Freistaates Bayern. Kommentar, 5., neu bearbeitete Auflage, 2014.

Melin, Patrick, „Die Rolle der deutschen Bundesländer im Europäischen Rechtssetzungsverfahren nach Lissabon", Europarecht 2011, S. 655–682.

Merg, Erwin, Die Öffentlichkeit der Parlamentsverhandlung, Rechtswissenschaftliche Studien, Heft 10, 1920.

Moecke, Hans-Jürgen, „Die Rechtsnatur der parlamentarischen Fraktionen", Neue Juristische Wochenschrift 1965, S. 276–282.

Moecke, Hans-Jürgen, „Die parlamentarischen Fraktionen als Vereine des öffentlichen Rechts", Neue Juristische Wochenschrift 1965, S. 567–572.

Möllers, Christoph, „Dogmatik der grundgesetzlichen Gewalten-gliederung", Archiv des öffentlichen Rechts 132. Band (2007), S. 493–538.

Müller, Klaus, Verfassung des Freistaates Sachsen. Kommentar, 1993.

Münch von, Ingo/Kunig, Philip, Grundgesetz. Kommentar, Band 1: Präambel bis Art. 69, 6. neubearbeitete Auflage, 2012.

Münch von, Ingo/Kunig, Philip, Grundgesetz. Kommentar, Band 2: Art. 70 bis 146, 6. neubearbeitete Auflage, 2012.

Mundil, Daniel, Die Opposition. Eine Funktion des Verfassungsrechts, 2014.

Nawiasky, Hans, Die Grundgedanken des Grundgesetzes für die Bundesrepublik Deutschland. Systematische und kritische Würdigung, 1950.

Neumann, Heinzgeorg, Die Verfassung der Freien Hansestadt Bremen. Kommentar, 1996.

Niedermayer, Oskar, „Das fluide Fünfparteiensystem nach der Bundestagswahl 2005" in: Oskar Niedermayer (Hrsg.), Die Parteien nach der Bundestagswahl 2005, 2008, S. 9–36.

Nohlen, Dieter/Schultze, Rainer-Olaf, Lexikon der Politikwissenschaft, Theorie, Methoden, Begriffe. Band 2: N – Z, 4., aktualisierte und erweiterte Auflage, 2010.

Ortloff, Karsten-Michael, „Die Rechtsangleichung in Berlin nach dem Einigungsvertrag", Landes- und Kommunalverwaltung 1991, S. 145–148.

Partsch, Karl Josef, „Empfiehlt es sich, Funktion, Struktur und Verfahren der parlamentarischen Untersuchungsausschüsse grundlegend zu ändern?", Gutachten für den 45. Deutschen Juristentag, 1964.

Perels, Kurt, „Die Zulässigkeit und Bedeutung geheimer Plenarverhandlungen des deutschen Reichstags", Archiv des öffentlichen Rechts 15. Band (1900), S. 548–563.

Pestalozza, Christian, Verfassungsprozessrecht, 3., völlig neu bearbeitete Auflage, 1991.

Pieper, Ulrich Stefan, Verfassungsrichterwahlen. Die Besetzung der Richterbank des Bundesverfassungsgerichts und die Besetzung des Europäischen Gerichtshofes sowie des Europäischen Gerichtshofes für Menschenrechte und des Internationalen Gerichtshofes mit deutschen Kandidaten, 1998.

Pieper, Ulrich Stefan/Spoerhase, Claudia, Gesetz zur Regelung des Rechts der Untersuchungsausschüsse des Deutschen Bundestages (Untersuchungsausschussgesetz – PUAG). Kommentar, 2012.

Pietzcker, Jost, „Schichten des Parlamentsrechts: Verfassung, Gesetze und Geschäftsordnung" in: Hans-Peter Schneider/Wolfgang Zeh, Parlamentsrecht und Parlamentspraxis, 1989, § 19, S. 333–358.

Platter, Julia, Das parlamentarische Untersuchungsverfahren vor dem Verfassungsgericht. Eine Betrachtung zum Rechtsschutz vor und nach dem Erlaß des Gesetzes zur Regelung des Rechts der Untersuchungsausschüsse des Deutschen Bundestages (PUAG) und in Thüringen, 2004.

Rabe, Hans-Jürgen, „Zur Metamorphose des Europäischen Verfassungsvertrag", Neue Juristische Wochenschrift 2007, S. 3153–3157.

Redlich, Josef, Recht und Technik des Englischen Parlamentarismus. Die Geschäftsordnung des House of Commons in ihrer geschichtlichen Entwicklung und gegenwärtigen Gestalt, 1905.

Reich, Andreas, Verfassung des Landes Sachsen-Anhalt. Kommentar, 2. völlig neubearbeite Auflage, 2004.

Ritzel, Heinrich/Bücker, Joseph/Schreiner, Hermann, Handbuch für die Parlamentarische Praxis mit Kommentar zur Geschäftsordnung des Deutschen Bundestags, Loseblattsammlung Stand: Dezember 2018.

Robbe, Patrizia, „Aktueller Begriff: Der Verteidigungsausschuss als Untersuchungsausschuss nach Art. 45a GG", Wissenschaftlicher Dienst des Deutschen Bundestags, Nr. 24/13 https://www.bundestag.de/blob/194568/9d86fc9080a1bd508973e161679b50d4/der_verteidigungsausschuss_als_untersuchungsausschuss-data.pdf, Bearbeitungsstand: 1. Juli 2013, zuletzt aufgerufen am 14. März 2019, 21:03 Uhr.

Roellecke, Gerd, „Roma locuta - Zum 50-jährigen Bestehen des BVerfG", Neue Juristische Wochenschrift 2001, S. 2924–2931.

Rohn, Stephan, „Verfassungsreform in Schleswig-Holstein", Neue Juristische Wochenschrift 1990, S. 2782–2786.

Röhring, Hans-Helmut/Sontheimer, Kurt, Handbuch des deutschen Parlamentarismus, 1970.

Rossi, Matthias, „Anmerkung zum Urteil des Bundesverfassungsgerichts vom 3. Mai 2016, Az. 2 BvE 4/14", Juristenzeitung 2016, S. 1169–1172.

Sachs, Michael, Grundgesetz Kommentar, 8. Auflage, 2018.

Sachs, Michael, „Staatsorganisationsrecht: Untersuchungsausschüsse", Juristische Schulung 2017, S. 185–187.

Sachs, Michael, „Rechte von parlamentarischen Minderheiten und Oppositionsfraktionen; Urteilsanmerkung zu BVerfG, Urteil vom 03.05.2016, Az. 2 BvE 4/14"; Juristische Schulung 2016, S. 764–766.

Sachs, Michael, „Zur Verfassung des Landes Brandenburg", Landes- und Kommunalverwaltung 1993, S. 241–248.

Säcker, Horst, „Die Verfassungsgerichtsbarkeit im Konvent von Herrenchiemsee" in: Walther Fürst, Roman Herzog, Dieter Umbach (Hrsg.), Festschrift für Wolfgang Zeidler, Band 1, 1987, S. 266–279

Schachtschneider, Karl Albrecht, „Das Hamburger Oppositionsprinzip. Zum Widerspruch des entwickelten Parteienstaates zur republikanischen Repräsentation", Der Staat Nr. 28 (1989), S. 173–200.

Schenke, Wolf-Rüdiger, „Der Umfang der bundesverfassungsgerichtlichen Überprüfung", Neue Juristische Wochenschrift 1979, S. 1321–1329.

Scherrer, Philipp, Das Parlament und sein Heer, Das Parlamentsbeteiligungsgesetz, 2010.

Scheuner, Ulrich, „Zur Entwicklung des parlamentarischen Verfahrens im Deutschen Bundestag" in: Gerhard Lehmbruch, Klaus von Beyme, Iring Fetscher

(Hrsg.), Demokratisches System und politische Praxis der Bundesrepublik. Festschrift für Theodor Eschenburg, S. 143–160.

Scheytt, Oliver, „Rechts- und Verwaltungshilfe in den neuen Bundesländern am Beispiel der Kommunalverwaltung" in: Rainer Pitschas (Hrsg.), Verwaltungsintegration in den neuen Bundesländern. Vorträge und Diskussionsbeiträge der Verwaltungswissenschaftlichen Arbeitstagung 1992 des Forschungsinstituts für öffentliche Verwaltung bei der Hochschule für Verwaltungswissenschaften Speyer, 1993.

Schindler, Peter, Datenhandbuch zur Geschichte des Deutschen Bundestages 1949 bis 1999. Gesamtausgabe in drei Bänden. Band I: Kapitel 1–6, 1999.

Schindler, Peter, Datenhandbuch zur Geschichte des Deutschen Bundestages 1949 bis 1999. Gesamtausgabe in drei Bänden. Band II: Kapitel 7–13, 1999.

Schlaich, Klaus/Korioth, Stefan, Das Bundesverfassungsgericht. Stellung, Verfahren, Entscheidung. Ein Studienbuch, 11., neu bearbeitete Auflage, 2018.

Schleich, Albrecht, Das parlamentarische Untersuchungsrecht des Bundestages, 1985.

Schmid, Carlo, Erinnerungen, Dritter Band der Gesammelten Werke, 1979.

Schmidt-Bleibtreu, Bruno/Klein, Franz/Hofmann, Hans/Hopfau, Axel, Kommentar zum Grundgesetz, 11. Auflage 2008.

Schmidt-Bleibtreu, Bruno/Hofmann, Hans/Henneke, Hans-Günther, Kommentar zum Grundgesetz, 14. Auflage 2018.

Schmidt-Jortzig, Edzard, „Die Absenkung des parlamentseigenen Antragsquorums zur abstrakten Normenkontrolle im Grundgesetz" in: Hermann Butzer/ Markus Kaltenborn/Wolfgang Meyer (Hrsg.), Organisation und Verfahren im sozialen Rechtsstaat. Festschrift für Friedrich E. Schnapp zum 70. Geburtstag, 2008, S. 271–285.

Schmidt-Jortzig, Edzard, „Rechte der Ratsfraktion gegenüber der Gemeindeverwaltung", Deutsches Verwaltungsblatt 1980, S. 719–723.

Schmidt, Walter, „Chancengleichheit der Fraktionen unter dem Grundgesetz", Der Staat Nr. 9 (1970), S. 481–500.

Schnakenberg, Ulrich, Democracy-bulding. Britische Einwirkungen auf die Entstehung der Verfassungen Nordwestdeutschlands 1945–1952, 2007.

Schneider, Hans, „Die Reichsverfassung vom 11. August 1919" in: Josef Isensee/Paul Kirchhof (Hrsg.), Handbuch des Staatsrechts, Bd. I: Historische Grundlagen, 3., völlig neu bearbeitete und erweiterte Auflage, 2003, § 5, S. 177–234.

Schneider, Hans-Peter, Die parlamentarische Opposition im Verfassungsrecht der Bundesrepublik Deutschland, Band I: Grundlagen, 1974.

Schneider, Hans-Peter, „Entscheidungsdefizite der Parlamente. Über die Notwendigkeit einer Wiederbelebung der Parlamentsreform", Archiv des öffentlichen Rechts 105. Band (1980), S. 4–34.

Schneider, Hans-Peter, „Das parlamentarische System" in: Ernst Benda, Werner Maihofer, Hans-Jochen Vogel (Hrsg.), Handbuch des Verfassungsrechts der Bundesrepublik Deutschland, 2., neubearbeitete und erweiterte Auflage, 1994, § 13, S. 537–598.

Schneider, Hans-Peter, „Spielregeln für den investigativen Parlamentarismus - Das neue Untersuchungsausschuss-Gesetz des Bundestages", Neue Juristische Wochenschrift 2001, S. 2604–2608.

Scholz, Peter, „Parlamentsreform seit 1969. Eine Bilanz ihrer Wirkungen im Deutschen Bundestag", Zeitschrift für Parlamentsfragen 12 (1981), S. 273–286.

Scholz, Rupert, „Parlamentarischer Untersuchungsausschuss und Steuergeheimnis", Archiv des öffentlichen Rechts 105. Band (1980), S. 564–622.

Scholz, Rupert, „Staatsleitung im parlamentarischen Regierungssystem" in: Peter Badura/Horst Dreier (Hrsg.), Festschrift 50 Jahre Bundesverfassungsgericht, Zweiter Band. Klärung und Fortbildung des Verfassungsrechts, 2001, S. 663–692.

Schönberger, Sophie, Seite: „L'isola che non c'è – ein Vorgeschmack auf Opposition in Zeiten der Großen Koalition", https://verfassungsblog.de/lisola-che-non-ce-vorgeschmack-auf-opposition-in-zeiten-grossen-koalition/, Bearbeitungsstand: 19. November 2013, zuletzt aufgerufen am 14. März 2019, 21:33 Uhr.

Schreiber, Wolfgang, Bundeswahlgesetz – Kommentar zum Bundeswahlgesetz unter Einbeziehung des Wahlprüfungsgesetzes, des Wahlstatistikgesetzes, der Bundeswahlordnung, der Bundeswahlgeräteverordnung und sonstiger wahlrechtlicher Vorschriften, 10. vollständig neubearbeitete Auflage, 2017.

Schröder, Meinhard, „Empfiehlt sich eine gesetzliche Neuordnung der Rechte und Pflichten parlamentarischer Untersuchungsausschüsse?" in: Verhandlungen des siebenundfünfzigsten Deutschen Juristentages, Band I Gutachten, 1988, S. E 7–130.

Schröder, Meinhard, „Neuerungen im Rechtsschutz der Europäischen Union durch den Vertrag von Lissabon", Die Öffentliche Verwaltung 2009, S. 61–66.

Schröder, Stephen, „Das parlamentarische Untersuchungsrecht der Weimarer Reichsverfassung im Spiegel der zeitgenössischen Staatsrechtslehre und Rechtsprechung. Damals wie heute: ‚Es wimmelt von Streitfragen...'", Zeitschrift für Parlamentsfragen 30 (1999), S. 715–738.

Schubert, Klaus/Klein, Martina, Das Politiklexikon: Begriffe. Fakten. Zusammenhänge. 7. vollständig überarbeitete und erweiterte Auflage, 2018.

Schuster, Simon, „Verfassungsrechtliche Anforderungen an die öffentliche parlamentarische Debatte in Zeiten einer Großen Koalition", Die Öffentliche Verwaltung 2014, S. 516–526.

Schwarz, Kyrill-Alexander, „Unkontrollierbare Regierung – Die Rechte der Opposition bei der Bildung einer Großen Koalition im Deutschen Bundestag", Zeitschrift für Rechtspolitik 2013, S. 226–228.

Starski, Paulina, „Die ‚Große Koalition' als Problem des Verfassungsrechts", Die Öffentliche Verwaltung 2016, S. 750–761.

Steffani, Winfried, Die Untersuchungsausschüsse des Preußischen Landtages zur Zeit der Weimarer Republik. Ein Beitrag zur Entwicklung, Funktion und politischen Bedeutung parlamentarischer Untersuchungsausschüsse, 1960.

Steffani, Winfried, „Formen, Verfahren und Wirkung der parlamentarischen Kontrolle" in: Hans-Peter Schneider/Wolfgang Zeh, Parlamentsrecht und Parlamentspraxis, 1989, § 49, S. 1325–1367.

Steiger, Heinhard, Organisatorische Grundlagen des parlamentarischen Regierungssystems. Eine Untersuchung zur rechtlichen Stellung des Deutschen Bundestages, 1973.

Steinhof, Willy, Die rechtliche Stellung der parlamentarischen Untersuchungsausschüsse in strafprozessualer Beziehung, 1929.

Strasser, Susanne/Sobolewski, Frank, So arbeitet der Deutsche Bundestag. Organisation und Arbeitsweise. Die Gesetzgebung des Bundes (19. Wahlperiode), 2018.

Streinz, Rudolf, EUV/AEUV, Vertrag über die Europäische Union, Vertrag über die Arbeitsweise der Europäischen Union, Charta der Grundrechte der Europäischen Union, 3. Auflage, 2018.

Strohmeier, Gerd, „Große Koalitionen in Deutschland und Österreich" in: Zeitschrift für Politikwissenschaft 2009, Heft 1, S. 5–37.

Thaysen, Uwe/Schindler, Peter, „Bundestagsreform 1969: Die Änderungen Der Geschäftsordnung", Zeitschrift für Parlamentsfragen 0 (1969), S. 20–27.

Thiele, Alexander, „Das Rechtsschutzsystem nach dem Vertrag von Lissabon – (K)ein Schritt nach vorn?", Europarecht 2010, S. 30–50.

Troßmann, Hans, Parlamentsrecht des Deutschen Bundestages. Kommentar zur Geschäftsordnung des Deutschen Bundestages unter Berücksichtigung des Verfahrensrechts, 1977.

Uerpmann-Wittzack, Robert/Edenharter, Andrea, „Subsidiaritätsklage als parlamentarisches Minderheitsrecht?", Europarecht 2009, S. 313–330.

Umbach, Dieter/Clemens, Thomas/Dollinger, Franz-Wilhelm, Bundesverfassungsgerichtsgesetz. Mitarbeiterkommentar und Handbuch. 2., völlig neu bearbeitete Auflage, 2005.

Vogt, Hannah, Parlamentarische und außerparlamentarische Opposition, 1972.

Waldhoff, Christian/Gärditz, Klaus Ferdinand, Gesetz zur Regelung des Rechts der Untersuchungsausschüsse des Deutschen Bundestages. Kommentar, 2015.

Waller, Sybille, Die Entstehung der Landessatzung von Schleswig-Holstein vom 13.12.1949, 1988.

Walter, Christian/Grünewald, Benedikt, BeckOK Bundesverfassungsgerichtsgesetz, 6. Edition, Stand: 01.12.2018.

Wassermann, Rudolf, Kommentar zum Grundgesetz für die Bundesrepublik Deutschland. Band 2, Art. 21–146. Reihe Alternativkommentare.

Wiefelspütz, Dieter, „Die qualifizierte Minderheit im Untersuchungsausschuss", Neue Justiz 2002, S. 398–402.

Wiefelspütz, Dieter, Das Untersuchungsausschussgesetz, 2003.

Willms, Gerd, Parlamentarische Kontrolle und Wehrverfassung, 1959.

Willoweit, Dietmar, Deutsche Verfassungsgeschichte. Vom Frankenreich bis zur Wiedervereinigung Deutschlands. Ein Studienbuch, 7. überarbeitete und wiederum erweiterte Auflage, 2013.

Zeh, Wolfgang, „Gliederung und Organe des Bundestags", in: Josef Isensee/Paul Kirchhof (Hrsg.), Handbuch des Staatsrechts, Bd. II: Demokratische Willensbildung – Die Staatsorgane des Bundes - 1987, § 42, S. 391–423.

Ziemske, Burkhardt, Das parlamentarische Untersuchungsrecht in England – Vorbild einer deutschen Reform?, 1991.

Sonstige Quellen

Bayerisches Landesamt für Statistik, Seite: „Landtagswahlen in Bayern seit 1946" (o.J.), https://www.wahlen.bayern.de/lw/lt0sit.htm, zuletzt aufgerufen am 14. März 2019, 22:00 Uhr.

beck-aktuell Redaktion, Seite: „Gysi fordert Grundgesetzänderung zur Sicherung der Oppositionsrechte", Nachricht vom 18. Dezember 2013; becklink 1030225, https://beck-online.beck.de/Dokument?vpath=bibdata%2Freddok%2Fbecklink%2F1030225.htm, zuletzt aufgerufen am 17. Juli 2017, 11:08 Uhr [depubliziert].

beck-aktuell Redaktion, Seite: „Union: Keine Grundgesetzänderung zur Stärkung der Minderheitenrechte im Bundestag", Nachricht vom 21. Oktober 2013; becklink 1029208, https://beck-online.beck.de/Dokument?vpath=bibdata%2Freddok%2Fbecklink%2F1029208.htm, zuletzt aufgerufen am 17. Juli 2017, 11:09 Uhr [depubliziert].

beck-aktuell Redaktion, Seite: „Koalition legt Vorschlag zur Erweiterung der Oppositions-Rechte im Bundestag vor", Nachricht vom 11. Februar 2014; becklink 1030954, https://beck-online.beck.de/Dokument?vpath=bibdata%2Freddok%2Fbecklink%2F1030954.htm, zuletzt aufgerufen am 17. Juli 2017, 11:10 Uhr [depubliziert].

Bundeskanzleramt Österreich, Seite: „Kanzler und Regierungen seit 1945". https://www.bundeskanzleramt.at/regierungen-seit-1945, zuletzt aufgerufen am 14. März 2019, 22:02 Uhr.

Bundeswahlleiter, Seite: „Wahl zum 5. Deutschen Bundestag am 19. September 1965", https://www.bundeswahlleiter.de/bundestagswahlen/1965.html, zuletzt aufgerufen am 14. März 2019, 22:03 Uhr.

Bundeswahlleiter, Seite: „Wahl zum 15. Deutschen Bundestag am 22. September 2002", https://www.bundeswahlleiter.de/bundestagswahlen/2002.html, zuletzt aufgerufen am 14. März 2019, 22:04 Uhr.

Bundeswahlleiter, Seite: „Bundestagswahl 2013" https://www.bundeswahlleiter.de/bundestagswahlen/2013/ergebnisse.html, zuletzt aufgerufen am 14. März 2019, 22:04 Uhr.

Bundeswahlleiter, Wahl zum 18. Deutschen Bundestag am 22. September 2013, Heft 3–Endgültige Ergebnisse nach Wahlkreisen, https://www.bundeswahlleiter.de/dam/jcr/a832ae2d-3ffc-4805-92c6-c92cc8668d17/btw13_heft3.pdf, zuletzt aufgerufen am 14. März 2019, 22:05 Uhr.

Deutscher Bundestag, Die Fraktionen im 16. Deutschen Bundestag, https://www.bundestag.de/blob/190450/62ecba0815a88ed79772d97db5a3d87e/fraktionen_16wp-data.pdf, Bearbeitungsstand: Mai 2006, zuletzt aufgerufen am 14. März 2019, 22:05 Uhr.

Deutscher Bundestag, Seite: „Zusammensetzung des 1. Untersuchungsausschusses in der 18. Wahlperiode" http://www.bundestag.de/ausschuesse/ausschuesse18/ua/1untersuchungsausschuss, zuletzt aufgerufen am 14. März 2019, 22:06 Uhr.

Deutscher Bundestag, Seite: „Mitglieder des Verteidigungsausschusses in der 18. Wahlperiode" https://www.bundestag.de/ausschuesse/ausschuesse18/a12/mitglieder/260632, zuletzt aufgerufen am 14. März 2019, 22:06 Uhr.

Deutscher Bundestag, Ausfertigung des Beweisbeschlusses Z-1 vom 08.04.2014, https://www.bundestag.de/blob/282894/98535a5e8c41e03312e5c5ce5099 8ee6/z-001-pdf-data.pdf, zuletzt aufgerufen am 14. März 2019, 22:07 Uhr.

Deutscher Bundestag, Bundesarchiv (Hrsg.), Der Parlamentarische Rat 1948–1949. Akten und Protokolle. Band 14: Hauptausschuss, Teilband I, 2009.

Deutscher Bundestag, Bundesarchiv (Hrsg.), Der Parlamentarische Rat 1948–1949. Akten und Protokolle. Band 14: Ausschuß für Organisation des Bundes/Ausschuß für Verfassungsgerichtshof und Rechtspflege, Teilband I, 2009.

Duden, „Opposition, die" auf Duden online, http://www.duden.de/node/650230/revisions/1372311/view, zuletzt aufgerufen am 14. März 2019, 22:08 Uhr.

Fuchs, Christian/Goetz, John/Obermaier, Frederik, Seite: „Verfassungsschutz beliefert NSA", Süddeutsche Zeitung vom 13.09.2013, http://www.sueddeutsche.de/politik/spionage-in-deutschland-verfassungsschutz-beliefert-nsa-1.1770672, zuletzt aufgerufen am 14. März 2019, 22:10 Uhr.

Koalitionsvertrag CDU/CSU und SPD, „Deutschlands Zukunft gestalten", Koalitionsvertrag zwischen CDU, CSU und SPD, 18. Legislaturperiode, https://www.tagesspiegel.de/downloads/9134794/3/koalitionsvertrag.pdf, zuletzt aufgerufen am 14. März 2019, 22:11 Uhr.

Lange, Erhard, Seite: „Die Mütter und Väter des Grundgesetzes" in: Stephan Trinius, Matthias Jung (Hrsg.), Grundgesetz und Parlamentarischer Rat, http://www.bpb.de/geschichte/deutsche-geschichte/grundgesetz-und-parlamentarischer-rat/39043/biografien, Bearbeitungsstand: 1. September 2008, zuletzt aufgerufen am 14. März 2019, 22:15 Uhr.

Leithäuser, Johannes, Seite: „Die Opposition darf länger reden", Frankfurter Allgemeine Zeitung vom 10. Dezember 2013, http://www.faz.net/aktuell/politik/inland/bundestag-die-opposition-darf-laenger-reden-12704757.html, Bearbeitungsstand: 10. Dezember 2013, zuletzt aufgerufen am 14. März 2019, 22:15 Uhr.

Sonstige Quellen

Ministerpräsidenten-Konferenz Verfassungsausschuss (Hrsg.), Bericht i Verfassungskonvent auf Herrenchiemsee vom 10. bis 23. August 1948

Papier, Hans-Jürgen, „Das parlamentarische System würde eminent geschv Interview mit Deutschlandradio Kultur vom 12.10.2013, http:// deutschlandfunkkultur.de/das-parlamentarische-system-wuerde-emii geschwaecht.1008.de.html?dram:article_id=264993, zuletzt aufgerufen 14. März 2019, 22:17 Uhr.

Statistisches Amt für Hamburg und Schleswig-Holstein, Landtagsw in Schleswig-Holstein am 20. Februar 2005. Endgültiges Ergebn Statistischer Bericht B VII 2–5/05 S, https://www.statistik-nord.de/fileadmir Dokumente/Wahlen/Schleswig-Holstein/Statistische_Berichte/B_VII_2/B_ VII_2_5_05_S.pdf, Bearbeitungsstand: 7. April 2005, zuletzt aufgerufen am 14. März 2019, 22:20 Uhr.

Statistisches Landesamt Bremen, Statistische Mitteilungen, Heft 106/Mai 2003, Bürgerschaftswahl im Lande Bremen am 25. Mai 2003. Vorläufiges Wahlergebnis. http://statistik.bremen.de/sixcms/media.php/13/lw_2003.pdf, zuletzt aufgerufen 14. März 2019, 22:20 Uhr.

Zundel, Rolf, Seite: „Mehr Qualität – weniger Langeweile. An Ideen für einen besseren Bundestag fehlt es nicht", Die Zeit vom 14. Februar 1969, http://www.zeit.de/1969/07/mehr-qualitaet-weniger-langeweile, Bearbeitungsstand: 12. November 2012, zuletzt aufgerufen am 14. März 2019, 22:22 Uhr.